COORDENADOR

LUCIANO AMATO

PREFÁCIO DE

ANA PAULA PADRÃO

DIVERSIDADE E INCLUSÃO E SUAS DIMENSÕES

VOLUME III

Labrador

Coordenação editorial Pamela J. Oliveira
Assistência editorial Leticia Oliveira, Vanessa Nagayoshi
Direção de arte, projeto gráfico e capa Amanda Chagas
Diagramação Emily Macedo Santos
Preparação de texto Iracy Borges
Revisão Cris Negrão

Dados Internacionais de Catalogação na Publicação (CIP)
Jéssica de Oliveira Molinari — CRB-8/9852

Amato, Luciano
Diversidade e inclusão e suas dimensões : volume III / organizado por Luciano Amato.
São Paulo : Labrador, 2025.
336p.

ISBN 978-65-5625-814-0

1. Administração de empresas 2. Diversidade I. Amato, Luciano II. Série

25-0423 CDD 658

Índice para catálogo sistemático:
1. Administração de empresas

Labrador
Diretor-geral Daniel Pinsky
Rua Dr. José Elias, 520, sala 1
Alto da Lapa | 05083-030 | São Paulo | SP
editoralabrador.com.br | (11) 3641-7446
contato@editoralabrador.com.br

SUMÁRIO

PREFÁCIO

Quando fui convidada para escrever o prefácio desta nova edição de *Diversidade e inclusão e suas dimensões*, hesitei. Sou uma mulher branca, jornalista e empresária, meu lugar nesta conversa é, meramente e, antes de tudo, o de uma aliada. Não carrego em mim as vivências mais dolorosas que tantas pessoas enfrentam diariamente por serem quem são. Mas também acredito que, como todos nós, carrego em minha consciência que se deve refletir em atitudes cotidianas a responsabilidade de promover mudanças reais. Foi isso que me motivou a aceitar o convite: o desejo de contribuir, mesmo que modestamente, para um debate que considero essencial para o futuro das organizações, das relações humanas e da sociedade como um todo.

Este livro é um coral de muitas vozes, cada uma trazendo um tom, um ritmo e uma melodia únicos. A pluralidade é seu maior trunfo. Nesses tempos em que o mundo insiste em erigir muros, *Diversidade e inclusão e suas dimensões* nos convida a abrir portas, janelas e corações. Cada capítulo é um lembrete de que a diversidade não é apenas um conceito abstrato ou uma bandeira a ser hasteada em momentos convenientes. Ela é a essência de um mundo mais justo e criativo.

Como jornalista, passei boa parte da minha carreira buscando histórias que revelassem diferentes perspectivas. Esse sempre foi meu desafio e meu objetivo. Muitas vezes, essas narrativas foram de preconceito, discriminação e exclusão. Em outras, encontrei resistência, resiliência e vitória. Em ambos os casos, aprendi que o ato de ouvir é transformador e as páginas que se seguem nos convidam a ouvir: os desafios das mulheres no mercado de trabalho, a luta da população negra por reconhecimento e equidade, as batalhas cotidianas da comunidade LGBTQIA+, as barreiras enfrentadas por pessoas com deficiência e tantas outras vivências que só nos enriquecem como humanidade.

Mas ouvir não é suficiente. O conhecimento que ganhamos ao explorar este livro deve nos conduzir à ação. Empresas e líderes que apostam em diversidade e inclusão estão não apenas promovendo justiça social – estão investindo em inovação e sustentabilidade. Estudos já comprovaram que ambientes diversos são mais produtivos e criativos. No entanto, muito além dos números, a inclusão é um ato de humanização. É o reconhecimento de que, ao acolhermos o outro em sua totalidade, também nos tornamos mais completos.

Ao longo destas páginas, você encontrará práticas que já estão transformando realidades. Exemplos concretos de como políticas inclusivas podem mudar culturas organizacionais, como o olhar para as especificidades de cada indivíduo não é só um diferencial, mas uma necessidade. E, mais importante, como cada um de nós pode ser um agente dessa mudança.

Como aliada, minha jornada tem sido de aprendizado constante. Como já fui ingênua no meu olhar empático às dores e pouco responsável na ação! Errei, me desconstruí, aprendi e segui em frente. É um processo que exige humildade. Estar aqui, assinando este prefácio, é também um compromisso: o de continuar aprendendo e, sempre que possível, abrindo espaços para que as vozes de quem vive a diversidade sejam amplificadas.

É impossível ler este livro e sair ileso. Ele nos provoca, nos desafia e, acima de tudo, nos inspira. Se você está aqui é porque já tem interesse ou compromisso com o tema. Minha esperança é a de que este livro não seja somente uma leitura, mas um catalisador para que você se torne um multiplicador das boas práticas que ele apresenta. Que, ao fechá-lo, você se sinta movido a abrir novas portas e a criar novas oportunidades. Qualquer um de nós pode fazer isso. A diversidade é a nossa maior riqueza, e a inclusão é a ponte que nos leva a um futuro mais igualitário. Este livro é uma ferramenta poderosa para construir essa ponte. Que o usemos com coragem, sabedoria e, acima de tudo, amor.

ANA PAULA PADRÃO

ANGELA CASTRO

Conselheira, mentora, consultora e pesquisadora, com especialização em estratégia empresarial e gestão de pessoas e é sócia-fundadora da Araetá Sustentabilidade Social.

ELIAS DE SOUZA

Sócio-fundador da Araetá Sustentabilidade Social, advogado, mestre em políticas públicas e doutorando em arquitetura e urbanismo na Universidade Presbiteriana Mackenzie.

EVELYN CARVALHO

Jornalista com especialização em comunicação organizacional, é sócia-fundadora da Araetá Sustentabilidade Social e mestranda na ECA-USP.

CAPÍTULO 1

O PAPEL DA DIVERSIDADE NA CONSTRUÇÃO DA SUSTENTABILIDADE SOCIAL

ANGELA CASTRO | ELIAS DE SOUZA | EVELYN CARVALHO

Transição energética, mudanças climáticas, inteligência artificial e conflitos entre nações são temas que estão na mesa de pessoas que, todos os dias, tomam as decisões nas organizações. Para trafegar nesse cenário global dinâmico e incerto, é preciso compreender os impactos desses fatores de forma sistêmica, uma vez que são interconectados e interinfluentes. Pensar a sustentabilidade como um todo envolve considerar a preservação de sistemas naturais e a promoção de sistemas sociais viáveis, não como fatores isolados, mas intrinsecamente conectados (Missimer et al., 2017).

Compreendemos a sustentabilidade social como a promoção contínua de bem-estar, respeito e justiça por meio de ações intencionais. Do ponto de vista das organizações, isso significa administrar seus impactos sobre a sociedade, o que se reflete em um compromisso com a inclusão de grupos minorizados, a aderência aos direitos humanos, a promoção de oportunidades igualitárias e a contribuição para o desenvolvimento das comunidades nas quais operam.

A diversidade leva a uma maior variedade de recursos, o que permite às sociedades lidarem com um ambiente de constante mudança e incerteza e serem resilientes no longo prazo (Missimer et al., 2017). As experiências reunidas em um ambiente diverso facilitam a capacidade de adaptação, impulsionando a inovação e a efetividade da resposta a crises.

Em função das variações no ambiente sociocultural e regulatório entre os países, os esforços de diversidade e inclusão se colocam como desafiadores, mas são essenciais para a melhora do desempenho organizacional e a competitividade em um mercado global (Özbilgin; Erbil, 2024). A diversidade está no centro das capacidades de aprendizado, adaptação e evolução, essenciais em um mundo em constante transformação.

A DESIGUALDADE NÃO É NATURAL

De acordo com o *World Inequality Report 2022*, as pessoas que estão entre as 10% mais ricas da população global concentram 76% de toda a riqueza do mundo, enquanto a metade mais pobre detém apenas 2% desse montante. Ainda de acordo com o relatório, as desigualdades globais entre os países diminuíram; contudo, houve um aumento acentuado das desigualdades dentro dos países, indicando que o mundo continua particularmente desigual (World Inequality Lab, 2022).

No Brasil, a questão da desigualdade social se sobressai. O grupo do 1% mais rico do país tem um rendimento médio mensal de R$ 22.664, ou seja, 39,2 vezes maior do que os 40% com os menores rendimentos, que recebem, em média, R$ 527 (Miato, 2024).

Na esteira da desigualdade de renda está a desigualdade de acesso a direitos básicos, como saúde, educação, habitação e segurança. As distorções econômicas violam a participação plena e equânime das pessoas marginalizadas na sociedade, em um ciclo vicioso no qual a concentração de renda reforça dinâmicas de poder e exclusão.

E como a diversidade se relaciona com essa realidade? Se pensarmos que há uma sub-representação de grupos minorizados no mercado de trabalho, podemos compreender como questões relacionadas a gênero, raça, sexualidade e deficiência intensificam o quadro de desigualdade que marca o Brasil. Dados do IBGE indicam que, no país, a taxa de participação das mulheres no mercado de trabalho é de apenas 53,3%, comparada com 73,2% dos homens (Nakamura, 2024). No Brasil, as mulheres dedicam mais horas aos afazeres domésticos, são maioria entre as pessoas desocupadas, enfrentam dificuldades de crescimento profissional e ganham, em média, 22,3% menos do que os homens (Dieese, 2024).

Além de ser injusta, a desigualdade social é também ineficiente, pois impede que pessoas talentosas e capazes contribuam para o desenvolvimento da economia. Um estudo do McKinsey Global Institute revelou que dar às mulheres as mesmas oportunidades econômicas que são dadas aos homens poderia acrescentar R$ 67,5 trilhões ao PIB global até 2025 (Igualdade, 2024). Quantas oportunidades de geração de riqueza estamos perdendo por conta da desigualdade de gênero?

Nesse contexto, as organizações são entidades que refletem e dialogam com a dinâmica social mais ampla, assumindo uma posição privilegiada de influência e indução de práticas para tornar o ambiente de negócios mais justo e equânime.

O PAPEL DAS ORGANIZAÇÕES: SENSIBILIZAÇÃO, SISTEMATIZAÇÃO E SUSTENTAÇÃO

A transformação institucional é fundamental para se alcançar uma sociedade mais justa e sustentável. As organizações não são operações isoladas de seu contexto, pois impactam o sistema social em que operam. Crises e escândalos ocorridos na esfera de sustentabilidade social de uma organização podem trazer não apenas riscos de reputação e perdas financeiras para os investidores, mas também provocar um impacto sistêmico na economia, no meio ambiente e na sociedade (Goldin; Vogel, 2010 apud Ismail; Latiff, 2019).

Clientes, profissionais, conselho de administração, governo, órgãos reguladores, investidores, concorrentes, empresas parceiras e fornecedoras, institutos e fundações de empresas, academia, sociedade civil e comunidade do entorno interagem com as organizações em um complexo ecossistema social e de negócios. Empresas que compreendem a sua cadeia de valor como um ecossistema de sustentabilidade social não só estão criando valor econômico, mas também promovendo mudanças sociais de forma intencional e sistêmica.

Harari (2018, p. 282) defende que "a maior parte das injustiças do mundo contemporâneo resulta de vieses estruturais em grande escala, e não de preconceitos individuais". Nesse sentido, organizações, governos, movimentos sociais e demais instituições têm um papel crucial na dinâmica da promoção de justiça e igualdade.

As empresas que se comprometem com diversidade e inclusão estão mais bem posicionadas para atrair e reter talentos, atender às necessidades de seus clientes, inovar e contribuir para a solução de problemas sociais complexos, como a desigualdade. A gestão eficaz da inclusão envolve a elaboração de políticas que promovam a diversidade étnica, cultural, de habilidades e de gênero, melhorando a inovação, o comprometimento de profissionais e a competitividade organizacional (Sandoval; Gonzalez, 2022).

Assim, é imprescindível o compromisso da alta liderança na priorização de equidade e inclusão. Lideranças devem estar equipadas para gerenciar uma força de trabalho diversificada e alinhar as práticas de gestão de pessoas com as metas de inclusão para enfrentar os desafios de recrutamento, retenção e gestão de desempenho (Rubaca, 2023).

Fomentar uma cultura corporativa inclusiva é essencial para que as organizações se mantenham em sintonia com normas sociais que mudam rapidamente. Isso envolve adaptar comportamentos e validar o progresso por meio da mensuração e do reporte de indicadores confiáveis de sustentabilidade social.

A IMPORTÂNCIA DOS RELATÓRIOS SOCIAIS: CONFORMIDADE, EFETIVIDADE E VISIBILIDADE

Um dos principais desafios enfrentados pelas empresas é a baixa adesão a reportes e relatórios de sustentabilidade social e diversidade. A falta de transparência dificulta a avaliação do progresso e a identificação de áreas que necessitam de melhorias e mina a confiança dos públicos de interesse em relação ao desempenho e à reputação da organização.

Indicadores sociais podem ser tão úteis para a construção de valor de uma organização quanto indicadores ambientais já mais utilizados, como emissão de carbono e uso de água e energia, por exemplo. A construção de indicadores-chave de desempenho para as ações de sustentabilidade social pode diferir por geografia, indústria, porte e impacto nos negócios, entre outros fatores, mas tem como principal objetivo definir, estimular e aferir as metas de uma organização.

Há muitas formas de construir essa importante ferramenta; entre os principais indicadores sociais que podem ser utilizados estão:

- Diversidade e inclusão: programas desenvolvidos para aumentar a representatividade de grupos minoritários no ambiente de trabalho.
- Desenvolvimento de comunidades: investimento em projetos sociais que visam ao desenvolvimento das comunidades onde a empresa atua, incluindo iniciativas de educação e capacitação profissional.
- Bem-estar de profissionais: programas com foco em saúde mental, equilíbrio entre vida pessoal e profissional e segurança no trabalho.
- Responsabilidade social corporativa: participação em ações de responsabilidade social, como doações e parcerias com ONGs para apoiar causas sociais relevantes.

A comunicação precisa, transparente e assertiva das práticas de sustentabilidade social é umas das principais ferramentas de indução de uma cultura de confiança e cooperação, elementos essenciais para um direcionamento de negócios voltado à construção de legado.

NA VANGUARDA OU A REBOQUE?

Cada vez mais, as organizações se conscientizam da necessidade de estarem atentas às mudanças em demandas sociais e nas regulamentações governamentais relacionadas à sustentabilidade social. A conformidade com essas novas demandas não é apenas uma obrigação legal, é também uma oportunidade para que a empresa demonstre liderança e responsabilidade social em todo o ecossistema em que atua. As organizações que se antecipam às mudanças e adaptam suas práticas têm mais oportunidades para responder às expectativas de seus públicos de interesse.

Conforme a sociedade se transforma, novas demandas surgem e velhos conceitos são revistos. O que antes eram vistos como fatores de disrupção e ameaça podem se tornar chave para transformações estruturais na direção de um mundo com mais bem-estar, respeito e justiça. As organizações podem escolher estar a reboque dessa transformação ou se posicionar na vanguarda ao estruturarem suas ações em sustentabilidade social de forma sistêmica.

REFERÊNCIAS BIBLIOGRÁFICAS

DIEESE. Mulheres no mercado de trabalho: desafios e desigualdades constantes. São Paulo, 2024. Disponível em: https://www.dieese.org.br/boletimespecial/2024/mulheres2024.html. Acessado em: 27 nov. 2024.

HARARI, Yuval N. *21 lições para o século 21*. São Paulo: Companhia das Letras, 2018, p. 282.

IGUALDADE de gênero poderia acrescentar R$ 60 trilhões ao PIB global, diz estudo. *Exame*, 13 set. 2024. Disponível em: https://exame.com/economia/igualdade-de-genero-poderia-acrescentar-r-60-trilhoes-ao-pib-global-diz-estudo. Acessado em: 14 set. 2024.

ISMAIL, Aida Maria; LATIFF, Izrul Haida Mohd. "Board diversity and corporate sustainability practices: Evidence on environmental, social and governance (ESG) reporting". *International Journal of Financial Research*, [S. l.], v. 10, n. 3, 2019, pp. 31-50.

MIATO, Bruna. "Desigualdade no Brasil: rendimento mensal do 1% mais rico é 40 vezes maior que dos 40% mais pobres". *G1*, São Paulo, 19 abr. 2024. Disponível em: https://g1.globo.com/economia/noticia/2024/04/19/desigualdade-no-brasil-rendimento-mensal-do-1percent-mais-rico-e-40-vezes-maior-que-dos-40percent-mais-pobres.ghtml. Acessado em: 9 set. 2024.

MISSIMER, Merlina; ROBERT, Karl-Henrik; BROMAN, Göran. "A strategic approach to social sustainability - Part 1: Exploring the social system". *Journal of Cleaner Production* [S. l.], v. 140, p. 32-41, 2017.

NAKAMURA, João. "Mais escolarizadas, mulheres têm menor participação no mercado de trabalho e recebem 21% menos que homens, diz IBGE". *CNN Brasil*, São Paulo, 8 mar. 2024. Disponível em: https://www.cnnbrasil.com.br/economia/macroeconomia/apesar-de-maior-escolarizacao-mulheres-tem-menores-rendimentos-e-participacao-no-mercado-de-trabalho-diz-ibge/. Acessado em: 14 set. 2024.

ÖZBILGIN, Mustafa F.; ERBIL, Cihat. Global perspective on diversity and inclusion. In: GRIFFIN, Ricky W. *Oxford Bibliographies in Management*. Nova York: Oxford University Press, 2024.

RUBACA, Ume. Readiness to manage more diversity and inclusion to gain competitive advantage in changing landscape of the workplace. *Intech Open*, 2023. Disponível em: https://www.intechopen.com/chapters/1165415. Acessado em: 27 nov. 2024.

SANDOVAL, Nancy Patricia Calixto; GONZALEZ, Victor Andres Rincon. Management of inclusion in organizations: some basic pillars. In: PEREZ-URIBE, Rafael Ignacio; OCAMPO-GUZMAN, David; MORENO-MONSALVE, Nelson (org.). *Handbook of research on promoting an inclusive organizational culture for entrepreneurial sustainability*. Pensilvânia: IGI Global, 2022.

WORLD INEQUALITY LAB. "World Inequality Report 2022". [S. l.]: World Inequality Lab, 2022. Disponível em: https://wir2022.wid.world/. Acessado em: 27 nov. 2024.

REINALDO BULGARELLI

Sócio-diretor da Txai Consultoria e Educação, criada em 2001 para atuar com a agenda de sustentabilidade e responsabilidade social empresarial, sobretudo com diversidade, equidade e inclusão (DEI).

CAPÍTULO 2

O QUE APRENDER COM AS EMPRESAS RECONHECIDAS EM PROGRAMAS DE DEI

REINALDO BULGARELLI

O que podemos aprender com as empresas que estão sendo reconhecidas como as mais inclusivas do país? O que elas estão fazendo para isso? A referência mais recente é o levantamento realizado pelo Instituto Ethos, em parceria com o Movimento Mulher 360, Rede Empresarial pela Inclusão Social, Fórum de Empresas e Direitos LGBTI+ e Coalizão Empresarial para Equidade Racial e de Gênero, divulgado pela revista *Época Negócios* (2024).

O levantamento tem como título "O poder da diversidade para promover inovação", fazendo referência a 80% das empresas participantes afirmarem que DEI é uma estratégia para estimular a inovação.

Por um lado, diversidade gera inovação, mas também podemos dizer que é preciso inovação para gerar uma empresa com cultura inclusiva e plural, conectada com seu tempo e lugar. Inovação é um dos resultados por que as empresas adotam e testam conceitos, criando as condições para ações concretas.

Enfim, diversidade exige e gera mudanças ao mesmo tempo que é tema de transformação organizacional. Mudanças tratam da adaptação incremental, pequenas alterações, reagindo a demandas. A transformação está relacionada à liderança que a empresa quer assumir para se tornar sustentável. Envolve mudança na sua essência, mais do que apenas nos seus processos, políticas e procedimentos.

Não se trata de abrir a porta dos fundos para incluir algumas pessoas de maneira especial, enquanto a porta principal continua contratando sem cuidado algum. Muitas empresas listadas na revista *Época Negócios* podem ter iniciado abrindo essa porta dos fundos, mas avançaram quando perceberam que DEI implica a transformação para que todas as pessoas contratadas e promovidas expressem compromisso com diversidade.

DEI é tema relacionado às transformações exigidas pelas agendas de desenvolvimento sustentável, ou seja, agenda ASG e os Objetivos de Desenvolvimento Sustentável.

A encruzilhada atual está levando um conjunto de empresas a adotar a transformação organizacional na direção da sustentabilidade, enquanto outras se juntam a grupos de resistência a essa transformação, em geral negacionistas dos alertas que já se concretizaram, como a emergência climática.

Diversidade é meio e ao mesmo tempo é fim. É meio para enriquecer as visões e contribuições para a construção de soluções sustentáveis. É fim porque não se imaginam um presente e um futuro mais sustentáveis que não sejam inclusivos e plurais. Inovação, portanto, tem direção e ela é dada por essas agendas de sustentabilidade.

Essas agendas são as das transformações necessárias e têm por base direitos humanos, a ideia de respeito à dignidade humana como algo inegociável.

No entanto, os grupos de resistência à agenda ASG, relacionados atualmente à extrema direita, têm como alvo preferido a negação de direitos humanos a pessoas LGBTI+, sobretudo pessoas trans, o lado mais frágil.

Empresas comprometidas com DEI descobriram o vínculo do tema com direitos humanos, e seus negócios não obtêm resultados de qualquer jeito, a qualquer preço, mas contribuindo para o desenvolvimento sustentável.

Como agir quando parte dos clientes não aceita as mudanças e os compromissos que a empresa assume com direitos humanos e sustentabilidade? Não é um momento fácil para as empresas engajadas com DEI, mas são elas que têm algo a nos ensinar nesse sentido.

Com isso, empresas comprometidas com DEI se tornam capazes de enfrentar as crises com extremistas sem renunciar ao respeito à dignidade de todas as pessoas.

Diversidade é tema que tem imediata relação com a maneira de pensar, de ser, de fazer e de se relacionar da empresa, ou seja, com sua cultura, desafiada, mais que nunca, pelas rápidas e profundas transformações para sobreviver e contribuir com a construção de novos patamares civilizatórios baseados em direitos humanos. A cultura organizacional nunca foi tão importante.

Liderança e propósito caminham juntos para garantir o fôlego necessário a uma jornada nada imediatista e com percalços. Quem está efetivamente agindo com compromisso, assim, aprende a argumentar e não renuncia ao que é essencial.

O processo de transformação cultural conta com a valorização da diversidade para a reinvenção da empresa em termos de crenças, comportamentos, valores, aspectos concretos, materiais e simbólicos. Isso acontece com a constituição de equipes com características plurais e, sobretudo, com os esforços para que isso aconteça e a interação seja intensa, criativa e inovadora.

Novas características em ambientes mais inclusivos significam novas histórias de vida, perspectivas, demandas e contribuições para o todo. Há novas maneiras de interagir, nova etiqueta, nova forma de entregar resultados, avaliar desempenho e tantos outros aspectos da gestão empresarial.

Observando os resultados do levantamento citado, apresento cinco culturas presentes no processo de transformação organizacional e que impulsionam com maior consistência e efetividade as empresas reconhecidas.

A cultura da ação afirmativa – O conjunto de iniciativas demonstra que as empresas agem diante do que encontram em seus dados sobre público interno, seja por iniciativa própria ou em atenção a leis e normas nacionais e internacionais que estão avançando no tema. A maioria das empresas, infelizmente, não age, e ainda são raras as que levantam dados sobre o perfil de seus colaboradores, quanto mais de seus clientes, consumidores, fornecedores ou beneficiados pelas ações com a comunidade.

No Perfil Social, Racial e de Gênero das 1.100 Maiores Empresas do Brasil e suas Ações Afirmativas – 2023-2024, do Instituto Ethos, vemos a presença da indiferença e falta de ação. A mensagem na Carta dos Patrocinadores do levantamento fala sobre a necessidade de agir, de realizar ações afirmativas, sem retroceder, com posicionamento firme e pautas relevantes.

Ações afirmativas, conceito jurídico-social, são traduzidas no mundo empresarial como gestão, portanto, não podemos observar diferenças e desigualdades, assim como a riqueza da diversidade, sem agir sobre essa realidade.

A cultura de desenvolvimento das pessoas – O Brasil é uma das oito maiores economias do mundo, mas o único mais pobre e mais desigual a constar nessa lista. Nesse cenário, valorização da diversidade significa também enfrentamento da pobreza e da desigualdade no acesso a oportunidades, renda e direitos.

No entanto, a valorização da diversidade aparece como inimiga da meritocracia e vice-versa, instalando uma confusão que pode ser enfrentada com uma cultura de desenvolvimento das pessoas. Não se trata de renunciar à busca por excelência, mas de compreender que não existem pessoas prontas para as vagas na empresa.

Todas as pessoas precisam ser desenvolvidas do ponto de vista profissional e pessoal, assim como querem perceber que trabalhar na empresa as desenvolve. Mais do que olhar para o currículo, que demonstra de onde a pessoa veio e o que foi capaz de fazer, é mais interessante olhar para o potencial, o que poderá fazer no novo ambiente, novas condições, novos desafios e interações com colegas dentro de uma determinada área.

O foco em competências individuais também pode dar lugar à construção da competência organizacional por meio da gestão de pessoas, das interações que transformam o potencial da diversidade de características em efetiva adição de valor.

Não se está renunciando a padrões de qualidade e de justiça, pelo contrário, ele é fortalecido e trabalhado com a valorização, promoção e gestão da diversidade em ambientes que focam o desenvolvimento de pessoas. Valorização da diversidade não é filantropia, apesar de poder envolver essa dimensão em algumas atividades, assim como a tal meritocracia não é justiça nem garantia de oportunidades iguais.

Meritocracia é um sistema que coloca a empresa em risco ao defender que contrata os melhores e descobrir que construiu um ambiente marcado pela mesmice, colocando em risco a inovação, sem desenvolver as pessoas (elas já chegam prontas ou perfeitas), sem aproveitar, enfim, a riqueza das pessoas em seus processos permanentes de desenvolvimento, de interações criativas e transformadoras.

As empresas reconhecidas demonstram que acreditam nas suas pessoas, no potencial que possuem para a construção da competência organizacional, transformando o todo para dar conta dos desafios de um ambiente de negócios com mudanças rápidas e profundas.

A cultura do cuidado – O mundo da indústria e suas práticas de segurança física estão contribuindo para a ampliação desse conceito. Estamos falando de segurança física e psicológica de forma integrada, desenvolvendo novos conceitos, leis e normas nacionais e internacionais para essa integração.

É a cultura do cuidado com as pessoas, suas necessidades e demandas das mais variadas, sendo consideradas pela empresa e beneficiando não apenas quem nela trabalha, mas também os negócios e toda a sociedade.

As empresas reconhecidas demonstram que promovem essa cultura de cuidado com suas pessoas, com todas as pessoas, portanto, cuidando do ambiente seguro e saudável, agindo para corrigir desigualdades, para considerar características e desenvolver pessoas em torno de um propósito compartilhado.

A cultura do diálogo – A valorização da diversidade implica fortalecer a capacidade de diálogo entre todas as pessoas, mesmo porque a interação em novas bases, com novas perspectivas presentes, exige abertura ao aprendizado, à troca e às interações criativas.

Assim como a cultura da ação afirmativa, do desenvolvimento e do cuidado, a cultura do diálogo tem por base a cultura do respeito a todas as pessoas. Não é um ambiente sem conflitos. O respeito é uma forma de lidar e não de sumir com eles. Ambiente sem conflitos pode ser também ambiente que tem medo do erro, sem interações, sem criatividade e sem a necessidade de aprender a dialogar. O risco da mesmice cresce. DEI supõem desenvolver a capacidade de diálogo dentro das equipes e com todos os públicos de relacionamento.

Ambiente seguro é o que promove diálogos, incluindo conversas difíceis. Canais de reclamação e sistemas de apuração são cada vez mais aprimorados e levados a sério. O foco, contudo, é resolver na base e dialogando, sempre que possível. A cultura de diálogo contribui para o enfrentamento dos problemas com reacionários e negacionistas. Desenvolver a capacidade de dialogar em um mundo que apenas cancela, vira as costas ou ignora conflitos é uma competência essencial.

A cultura da colaboração – A valorização e a promoção da diversidade exigem colaboração para se tornarem presentes, mas são também o motivo para esse investimento. DEI visam tirar barreiras para que as pessoas colaborem melhor umas com as outras para cumprir com o propósito da empresa e das agendas de desenvolvimento sustentável.

Colaboração é a base do desenvolvimento sustentável e da busca por soluções inovadoras para os desafios e as oportunidades atuais. Parar na diversidade da demografia é muito pouco pelo potencial que o tema tem para a adição de valor.

Colaboração também tem por base a cultura de respeito que envolve todos esses aspectos. Mas empresas comprometidas com DEI vão além para buscar pessoas que representam pluralidade na composição das equipes e no cuidado com o ambiente, permitindo que diferentes perspectivas fluam e produzam resultados melhores.

Por fim, é importante parafrasear Gandhi quando era perguntado sobre o caminho para a paz: "Não há um caminho para a inclusão. A inclusão é o caminho".

Aprendemos com empresas que investem em valorização, promoção e gestão da diversidade que os resultados envolvem fortemente a inclusão de todas as pessoas. Sem isso as relações produtoras de violências não são transformadas em relações sustentáveis.

A divulgação do levantamento publicado na revista oferece abundância de práticas com foco em melhorar o desempenho da empresa na composição de equipes com diversidade de características, mas há também a fala das lideranças, de colaboradores, os esforços com o cuidado com o ambiente e a ênfase em um dos aspectos que foi tema central da edição: inovação.

REFERÊNCIAS BIBLIOGRÁFICAS

INSTITUTO ETHOS. Perfil Social, Racial e de Gênero das 1.100 Maiores Empresas do Brasil e suas ações afirmativas – 2023-2024. Disponível em: https://www.ethos.org.br/publicacao/perfil-social-racial-e-de-genero-das-1-100-maiores-empresas-do-brasil-e-suas-acoes-afirmativas-2023-2024/. Acessado em: 27 nov. 2024.

LOUREITO, Michele. "Conheça as empresas líderes em diversidade no Brasil, segundo a pesquisa Ethos/Época de Inclusão 2024". *Revista Época Negócios*. Editora Globo. Rio de Janeiro, n. 201, jun-jul 2024, pp. 92-105. Disponível em: https://epocanegocios.pressreader.com/epoca-negocios/20240607. Acessado em: 14 jun. 2024.

KEILA ALMEIDA

É empreendedora especialista em edutretenimento, atua como palestrante, mentora e escritora nos temas de DEIA&P e é certificada em liderança pela Cornell University.

CAPÍTULO 3

TRANSFORMANDO AÇÕES DE DIVERSIDADE E INCLUSÃO EM METAS DE PERFORMANCE

KEILA ALMEIDA

A diversidade e inclusão (D&I) têm sido frequentemente vistas como atividades de responsabilidade social dentro das empresas. Embora essas ações sejam fundamentais para promover um ambiente de trabalho mais justo e acolhedor, seu potencial para impactar o desempenho organizacional e gerar valor vai muito além disso. Para que as iniciativas de D&I possam verdadeiramente influenciar os resultados financeiros, é crucial que sejam integradas às metas de performance da empresa, alinhando essas ações com os objetivos estratégicos da organização.

A IMPORTÂNCIA DE REPOSICIONAR D&I: DE ATIVIDADE DE RESPONSABILIDADE SOCIAL PARA ESTRATÉGICA

Para muitas organizações, programas de D&I começaram como respostas a pressões sociais ou como demonstrações de compromisso com a responsabilidade corporativa. Embora esse seja um começo importante, manter essas iniciativas no campo da responsabilidade social limita seu potencial impacto. É essencial que as lideranças empresariais compreendam que D&I não são apenas uma questão de fazer o bem, mas uma estratégia de negócio que, quando bem implementada, pode impulsionar inovação, produtividade e crescimento.

Reposicionamento estratégico:

- **Visão e missão:** a primeira etapa é integrar D&I na visão e missão da empresa. Isso demonstra um compromisso de longo prazo e posiciona D&I como uma prioridade organizacional. Por exemplo, uma empresa de tecnologia pode revisar sua missão para incluir um compromisso explícito com a inclusão, reconhecendo que a diversidade de perspectivas é essencial para impulsionar a inovação em um setor em constante evolução.

- **Engajamento da liderança:** o apoio ativo da liderança é essencial. Quando CEOs e outros executivos seniores incluem D&I em suas próprias metas de performance, eles enviam uma mensagem clara de que essas ações são fundamentais para o sucesso da empresa. Além disso, é importante que essas metas sejam visíveis para todos os níveis da organização, promovendo uma cultura em que a inclusão é vista como um valor central e não apenas como uma iniciativa opcional.

DEFININDO METAS DE PERFORMANCE RELACIONADAS A D&I

Para transformar ações de D&I em metas de performance, é necessário estabelecer indicadores claros e mensuráveis que liguem diretamente essas iniciativas aos resultados organizacionais. Aqui estão algumas abordagens para fazer isso:

Estabelecimento de KPIs (*Key Performance Indicators*):

- *Diversidade na contratação e retenção*: metas claras de diversidade em todos os níveis da organização, incluindo a contratação de talentos de grupos sub-representados e a retenção dessas pessoas colaboradoras. Por exemplo, uma meta para aumentar ou equiparar a diversidade de gênero ao longo de dois anos. Para garantir o sucesso, essas metas devem ser acompanhadas de estratégias de recrutamento que alcancem o público-alvo, bem como de programas de desenvolvimento de liderança focados em preparar talentos diversos para cargos de C-level.
- *Engajamento e satisfação das pessoas colaboradoras*: uso de pesquisas de clima organizacional e engajamento para medir o impacto das iniciativas de D&I. A melhoria contínua nessas métricas pode ser

um indicador de que as práticas inclusivas estão funcionando, aplicar a Pirâmide de Maslow na medição do engajamento e satisfação de grupos sub-representados é uma opção, por exemplo:

1. *Necessidades fisiológicas*: a empresa garante que as instalações sejam acessíveis, e que o espaço respeite a identidade e as necessidades específicas das pessoas?
2. *Segurança*: além de oferecer planos de saúde inclusivos, que cubram necessidades específicas (como tratamentos hormonais para pessoas trans, equipe preparada para acolher e respeitar essas pessoas), a empresa adota políticas rígidas contra discriminação e assédio, promovendo um ambiente de trabalho seguro e acolhedor?
3. *Sociais*: são criados grupos de afinidade e redes de apoio, como comitês de diversidade ou grupos de mentoria, em que os colaboradores podem compartilhar experiências, fortalecer laços e encontrar apoio dentro da empresa?
4. *Estima*: a empresa promove o reconhecimento das conquistas dos colaboradores sub-representados, assegurando que eles sejam valorizados por suas contribuições e talentos?
5. *Realização pessoal*: a empresa oferece programas de desenvolvimento de carreira que são sensíveis às barreiras enfrentadas por esses grupos?

- *Impacto no cliente e no mercado*: aqui cabe, como exemplo, uma empresa estabelecer como objetivo aumentar a sua participação de mercado entre consumidores de comunidades étnicas sub-representadas ao longo de três anos, utilizando campanhas de marketing que destaquem a diversidade da empresa e a conexão com essas comunidades, e também desenvolver produtos sociais que gerem doação para organizações da sociedade civil e fortaleçam as causas desses grupos.

Integração com performance financeira:

- *Aumento da produtividade*: relacionar iniciativas de D&I ao aumento de produtividade, inovando por meio de equipes diversas. Estudos mostram que equipes diversas tendem a superar equipes homogêneas em termos de inovação e resolução de problemas, devido à variedade de perspectivas. A empresa pode, por exemplo, rastrear a correlação entre a diversidade em equipes de desenvolvimento de produtos e o número de novas patentes registradas ou a receita gerada por novos produtos.

- *Redução de custos*: definir metas para reduzir custos associados à alta rotatividade, a processos de recrutamento, ou até a litígios trabalhistas, todos impactados positivamente por práticas inclusivas. Empresas que conseguem criar um ambiente inclusivo geralmente retêm talentos por mais tempo, reduzindo os custos de rotatividade.

TRANSFORMANDO AÇÕES EM PROCESSOS ESTRUTURADOS

Para que D&I realmente se tornem uma parte do DNA da empresa, é fundamental que as ações sejam transformadas em processos estruturados, integrados ao dia a dia das pessoas colaboradoras e à cultura corporativa.

Implementação de processos de gestão:

- *Ciclos de feedback e melhoria contínua*: use informações de feedback para ajustar estratégias e garantir que as ações estejam alinhadas com os objetivos globais da empresa. Por exemplo, a cada trimestre, conduza uma revisão das metas de D&I com a alta liderança, ajustando as estratégias conforme necessário com base no feedback das pessoas colaboradoras e nos resultados mensuráveis.
- *Treinamento e desenvolvimento*: desenvolva programas de treinamento contínuos que ajudem líderes e pessoas colaboradoras a entenderem a importância de D&I e como podem contribuir para o cumprimento das metas.
- *Recompensas e reconhecimentos*: um exemplo seria incluir bônus baseados em atingimento de metas de diversidade ou prêmios para equipes que demonstram práticas inclusivas. Além disso, considere a inclusão de metas de D&I como parte das avaliações de desempenho anuais, vinculando diretamente o sucesso dessas iniciativas à progressão na carreira.

ALINHAMENTO COM A CULTURA ORGANIZACIONAL

Para que as metas de D&I sejam eficazes, elas precisam ser profundamente enraizadas na cultura da organização. Isso requer um compromisso de longo prazo para promover um ambiente inclusivo, onde a diversidade seja valorizada e onde todas as pessoas colaboradoras se sintam parte integrante e responsável pelos resultados da empresa.

Fomento de uma cultura inclusiva:

- *Comunicação aberta e transparente*: estabelecer canais de comunicação abertos em que pessoas colaboradoras possam discutir questões de D&I e sugerir melhorias. A transparência é crucial para construir confiança e engajamento. Além disso, considerar a criação de comitês de diversidade que incluam representantes de diferentes níveis e departamentos da empresa, garantindo que as vozes de todos os grupos sejam ouvidas; evitar o "copiar e colar" de um programa para outro, não é porque um programa funciona para pessoas LGBTQIAPN+ que irá também funcionar para pessoas com deficiência. São vivências e necessidades diferentes, além de que o grupo irá perceber que o programa não está sendo desenvolvido para eles, que estão sendo moldados para que suas necessidades sejam atendidas se o programa tiver a opção.
- *Celebrando a diversidade*: organizar eventos e campanhas que celebrem a diversidade dentro da empresa, conectando esses eventos às metas de negócio e reforçando a importância de D&I. Por exemplo, uma empresa pode instituir um "Mês da Diversidade" anual, com uma série de workshops, palestras e eventos sociais que destaquem a contribuição de diferentes grupos para o sucesso da organização.

Monitoramento e avaliação contínuos:

- *Auditorias internas*: realizar auditorias internas regulares para avaliar o progresso em relação às metas de D&I e identificar áreas de melhoria. Essas auditorias devem ser conduzidas por equipes independentes, garantindo imparcialidade na avaliação dos esforços de D&I.

- *Relatórios anuais*: publicar relatórios anuais que não apenas descrevam as iniciativas de D&I, mas também mostrem o impacto delas nos resultados financeiros e na posição competitiva da empresa. Esses relatórios devem incluir dados quantitativos, como taxas de retenção e diversidade em cargos de liderança, bem como histórias qualitativas de como D&I impactaram a vida das pessoas colaboradoras e o sucesso da empresa.

ESTUDO DE CASO: EXEMPLOS DE SUCESSO

A Association of American Medical Colleges (AAMC) é um excelente exemplo de como uma estratégia DEI forte e focada pode ajudar uma empresa a prosperar. O DEI Council da organização se concentra em estabelecer grupos de recursos de funcionários, avaliar sistemas de relatórios para vieses e ter um olhar crítico sobre inclusão em todos os níveis. A liderança da AAMC criou uma estratégia e estrutura formal para abordar o racismo e oferecer treinamento antirracismo por meio do Sustained Dialogue Institute. A empresa trabalhou para eliminar o preconceito na contratação para garantir um ambiente de trabalho mais diverso, identificando e eliminando terminologia problemática e implementando metas de DEI vinculadas ao desempenho da liderança. Tornou-se importante para a organização que eles modelassem o DEI de cima para baixo, tornando-o algo que colocassem em prática regularmente, em vez de apenas discurso.

Podemos concluir que, quando D&I são integrados ao núcleo da estratégia de negócio, deixam de ser apenas uma atividade de responsabilidade social e passam a ser uma poderosa ferramenta para impulsionar o sucesso organizacional, beneficiando a empresa e a sociedade como um todo.

REFERÊNCIAS BIBLIOGRÁFICAS

BOSTON CONSULTING GROUP (BCG). How Diverse Leadership Teams Boost Innovation, 2018. Disponível em: https://www.bcg.com/publications/2018/how-diverse-leadership-teams-boost-innovation. Acessado em: 24 fev. 2025.

Gender Diversity in the C-suite. Women's representation in the 2024 S&P 100. Disponível em: https://www.russellreynolds.com/en/insights/articles/gender-diversity-in-the-c-suite-women-representation-in-the-2024-sp-100. Acessado em: 22 jan. 2025.

DELOITTE. The Diversity and Inclusion Revolution: Eight Powerful Truths, 2018. Disponível em: https://www2.deloitte.com/us/en/insights/deloitte-review/issue-22/diversity-and-inclusion-at-work-eight-powerful-truths.html.

ELY, R. J.; THOMAS, D. A. "Cultural diversity at work: The effects of diversity perspectives on work group processes and outcomes". *Administrative Science Quarterly.*.

HARVARD BUSINESS REVIEW. *How and Where Diversity Drives Financial Performance.* 2018. Disponível em: https://hbr.org/2018/01/how-and--where-diversity-drives-financial-performance. Acessado em: 22 jan. 2025.

HOSSAIN, T.; TISDELL, C. (2005). "Closing the Gender Gap in Technology: A Case Study of XYZ Corporation". *Journal of Business Research,*

Making Diversity a Reality: Measuring the Impact of Diversity, 2015. Disponível em: https://www.pwc.com/gx/en/industries/financial-services/assets/pwc-diversity-and-inclusion-making-diversity-a-reality.pdf. Acessado em: 24 fev. 2025.

MCKINSEY & COMPANY. (2020). Diversity Wins: How Inclusion Matters, 2020. Disponível em: https://www.mckinsey.com/~/media/McKinsey/Featured%20Insights/Diversity%20and%20Inclusion/Diversity%20wins%20How%20inclusion%20matters/Diversity-wins-How-inclusion-matters-vF.pdfPwC. (2015). Acessado em: 24 fev. 2025.

MODUPE, N.; AKINOLA, D. A. Defining the Attributes and Processes that Enhance the Effectiveness of Workforce Diversity Initiatives in Knowledge Intensive Firms. *Workforce Diversity Initiatives.*

ROBERSON, Q. M.; HOLMES, O.; PERRY, J. L. "Developing a Multilevel Model of Workplace Inclusion". *Human Resource Management Review,* 30(2), 100701.

SHORE, L. M., RANDEL, A. E., CHUNG, B. G. et al. (2011). "Inclusion and diversity in work groups: A review and model for future research". *Journal of Management,* 37(4), 1262-1289.

WHITE, S. AAMC proves the power of a formal DEI strategy. *CIO.* Disponível em: https://www.cio.com/article/302340/aamc-proves-the-power-of-a-formal-dei-strategy.html. Acessado em: 10 fev. 2025.

PEDRO SAMPAIO

Homem trans e autista, fundador do IMPACTRANS, cofundador do DiverseMatch, psicanalista e especialista em diversidade, equidade e inclusão. Tem anos de experiência em diagnósticos e programas de DE&I em grandes empresas nacionais e internacionais.

CAPÍTULO 4

PESQUISAS, INDICADORES E METAS DE DIVERSIDADE, EQUIDADE E INCLUSÃO

PEDRO SAMPAIO

Nos últimos anos, as discussões em torno de diversidade, equidade e inclusão (DE&I) tornaram-se prioritárias nas agendas de organizações de diferentes setores. Essa mudança reflete uma crescente conscientização de que promover ambientes inclusivos vai além de uma responsabilidade social: é um fator estratégico que gera inovação, aumento da produtividade, atração de talentos e melhores resultados financeiros. Estudos como o da McKinsey indicam que empresas que possuem diversidade em seu quadro têm 35% mais chances de obter resultados acima da média em seus setores, reforçando que a diversidade não é apenas uma demanda social, mas também uma estratégia de negócios.

No entanto, simplesmente ter diversidade não garante o sucesso. A chave está na capacidade de promover um ambiente realmente inclusivo e seguro para todas as pessoas.

Para isso, medir e monitorar o progresso da agenda DE&I é de suma importância. Somente com dados concretos é possível identificar oportunidades, traçar um plano de ação, corrigir estratégias e garantir que as políticas implementadas realmente estejam gerando mudanças.

Este texto tem como objetivo trazer metodologias práticas para a criação de metas de diversidade, equidade e inclusão, fundamentadas em pesquisas, métricas e indicadores.

O DIAGNÓSTICO DE DE&I

Antes de pensar em indicadores, estabelecer metas e definir estratégias, é fundamental que as organizações realizem um diagnóstico detalhado de sua situação atual. Esse diagnóstico deve contemplar tanto dados quantitativos quanto qualitativos, capturando a diversidade demográfica da organização e a percepção das pessoas colaboradoras sobre a cultura de inclusão da empresa. Essa abordagem 360 é essencial para entender não apenas quem está na organização, mas também como as pessoas percebem questões de DE&I.

Os principais pilares a serem analisados no diagnóstico incluem:

Educação e comunicação: verificar o nível de conscientização das pessoas sobre temas de DE&I. Isso pode incluir a percepção sobre treinamentos realizados, a frequência e a eficácia das comunicações internas sobre diversidade e inclusão, além da percepção geral da cultura organizacional em relação a esses temas.

Atração e retenção de talentos: avaliar a eficácia dos processos de atração, seleção e retenção de grupos sub-representados. Aqui, é essencial examinar não apenas a diversidade nas contratações, mas também se pessoas de grupos historicamente minorizados sentem vontade de trabalhar para sua organização.

Políticas e práticas: identificar se as pessoas conhecem as políticas relacionadas a DE&I e/ou se existem práticas para garantir um ambiente diverso e inclusivo para todas as pessoas.

Canais de denúncia e comportamentos não inclusivos: avaliar se as pessoas sabem da existência de canais para denúncias de discriminação e a percepção sobre a confiabilidade do canal e efetividade na resolução de casos. A transparência e a confiança nos canais de denúncia são cruciais para garantir que as pessoas colaboradoras se sintam seguras ao reportar comportamentos inadequados.

Esse levantamento inicial é o que garante uma estratégia de DE&I embasada em evidências e nos dá oportunidade de priorizar o direcionamento de recursos para as áreas de maior necessidade.

Uma maneira interessante de medir o sentimento de pertencimento e a satisfação das pessoas colaboradoras com relação à inclusão é o uso de uma escala de concordância com a análise baseada na metodologia de NPS (*Net Promoter Score*) adaptada para DE&I. O NPS é obtido subtraindo a porcentagem de detratores da porcentagem de promotores, proporcionando uma métrica clara de como as pessoas colaboradoras avaliam a organização.

A afirmação central poderia ser: "A empresa é inclusiva", com as seguintes opções de resposta:

1. Discordo totalmente
2. Discordo parcialmente
3. Neutro
4. Concordo parcialmente
5. Concordo totalmente

Para a análise de resultados, as respostas seriam categorizadas da seguinte forma:

Detratores: 1 e 2

Neutros: 3

Promotores: 4 e 5

Exemplo: se 85% das pessoas colaboradoras forem classificadas como promotoras, 11% como neutras e 4% como detratoras, o NPS seria de 85 - 4 = 81. Esse número pode ser acompanhado ao longo do tempo para avaliar a evolução da percepção de inclusão dentro da organização e ajustar as estratégias de DE&I conforme necessário.

DEFINIÇÃO DE METAS COM A METODOLOGIA S.M.A.R.T.

Para que a implementação de um programa de DE&I seja bem-sucedida, as metas precisam ser claras e mensuráveis. A metodologia S.M.A.R.T. (*Specific, Measurable, Achievable, Relevant, Time-bound*) é amplamente utilizada para garantir que os objetivos sejam definidos de forma concreta e alinhados à realidade da organização. A aplicação dessa metodologia permite que as empresas evitem a armadilha de estabelecer metas vagas ou inatingíveis.

(S) Específica: a meta deve ser clara e detalhada.

Exemplo: contratar cinco pessoas com deficiência no próximo semestre.

(M) Mensurável: é necessário estabelecer critérios de medição, pois definir métricas claras facilita o acompanhamento e a comunicação dos resultados.

Exemplo: aumentar a representatividade de pessoas negras em cargos de liderança em 10 pontos percentuais.

(A) Alcançável: a meta precisa ser desafiadora, mas possível de ser cumprida. Isso envolve considerar o contexto organizacional e os recursos disponíveis, além de definir estratégias claras para alcançar a meta.

(R) Relevante: a meta deve gerar impacto positivo e é importante que as metas de DE&I estejam alinhadas com os objetivos estratégicos da organização, contribuindo para o seu sucesso geral.

Exemplo: alcançar equidade salarial entre homens e mulheres.

(T) Temporal: estabelecer um prazo para atingir a meta, pois ter um cronograma claro ajuda a manter o foco e a urgência na execução das iniciativas.

Para isso, é fundamental avaliar o histórico da organização em relação à diversidade, analisando os dados de DE&I dos últimos anos e definindo metas com base no histórico, permitindo que as organizações sigam uma linha de crescimento sustentável, sem forçar mudanças abruptas que possam ser difíceis de implementar de maneira eficaz.

Outro aspecto a se considerar é a capacidade de contratação da empresa. Isso envolve a análise de quantas vagas estão abertas, o crescimento planejado e a taxa de *turnover* da organização.

KPIS DE DIVERSIDADE, EQUIDADE E INCLUSÃO: O QUE MEDIR?

Os *Key Performance Indicators* (KPIs) são essenciais para monitorar o progresso das ações de DE&I. Eles se dividem em dois tipos principais:

KPIs quantitativos: medem a diversidade demográfica, como a porcentagem de pessoas de grupos minorizados. Esses dados devem ser analisados levando em conta interseccionalidades, por exemplo, quantas das mulheres são negras, LGBTI+ e/ou possuem algum tipo de deficiência.

Exemplo: a porcentagem de mulheres ou pessoas negras em cargos de liderança.

KPIs qualitativos: avaliam a percepção das pessoas colaboradas sobre a cultura inclusiva e o impacto das ações.

Exemplo: uma pesquisa que avalie o sentimento de pertencimento das pessoas colaboradoras. Esses KPIs qualitativos são cruciais para conhecer mais sobre a percepção das pessoas e a eficácia das iniciativas de DE&I.

FUNIL DE KPIS DE DIVERSIDADE, EQUIDADE E INCLUSÃO

Um modelo eficaz para acompanhar o progresso de DE&I é o funil de KPIs desenvolvido pela TREE Consultoria de Diversidade, Equidade e Inclusão, que contempla as seguintes frentes:

Figura 4.1: Funil de Diversidade e Inclusão.

Fonte: TREE Diversidade.

Atração e seleção: é crucial analisar se as iniciativas de recrutamento estão atraindo uma diversidade suficiente. Por exemplo, se as pessoas de grupos historicamente minorizados não estão se inscrevendo, isso pode indicar a necessidade de revisar as descrições de cargos e as estratégias de divulgação.

Exemplo: porcentagem de pessoas de grupos minorizados que se inscreveram para o processo e a porcentagem de contratações de pessoas de grupos minorizados nos últimos 12 meses.

Retenção: medir o tempo médio de permanência de pessoas de grupos historicamente minorizados na organização é importante para entender se a empresa está criando um ambiente acolhedor. Comparar o tempo médio de permanência desses grupos com o tempo médio geral pode ajudar a identificar áreas onde a cultura organizacional pode ser melhorada.

Representatividade: medir a porcentagem de pessoas de grupos minorizados em diferentes áreas e níveis hierárquicos é fundamental. Isso não apenas revela a composição demográfica da força de trabalho, mas também destaca onde a diversidade é mais necessária.

Progressão: avaliar a progressão de carreira das pessoas colaboradoras de grupos minorizados dentro da organização também é importante. É preciso garantir que haja oportunidades de desenvolvimento interno; dessa forma, a empresa não dependerá exclusivamente de contratações externas, pois também investe em capacitação de pessoas já contratadas, garantindo um crescimento mais orgânico e sustentável da diversidade.

Exemplo: medir o percentual de promoções de pessoas de grupos minorizados.

Remuneração: avaliar a equidade salarial entre pessoas que fazem parte de grupos minorizados e aquelas que não fazem. Analisar a diferença salarial entre homens e mulheres, entre pessoas brancas e negras e/ou pessoas sem deficiência e pessoas com deficiência no mesmo cargo pode expor disparidades que exigem ações corretivas imediatas.

METODOLOGIA DE OKRS E SUA APLICABILIDADE EM DE&I

A metodologia de OKRs (*Objectives and Key Results*) tem ganhado popularidade nas empresas por sua capacidade de definir objetivos ambiciosos e medir resultados-chave de forma clara e objetiva. Quando aplicados à DE&I, os OKRs podem garantir que os objetivos de DE&I estejam alinhados com as metas estratégicas da organização e que o progresso seja acompanhado de maneira contínua. A flexibilidade dos OKRs permite que as organizações se adaptem rapidamente às mudanças nas necessidades e prioridades.

Exemplo de OKR para DE&I:

Objective (objetivo): tornar a liderança da empresa mais diversa.

Key Results (resultados-chave):

1. Implementar um programa de desenvolvimento de carreira focado em mulheres até o final do ano.
2. Aumentar a representatividade de mulheres em cargos de liderança em 15 pontos percentuais nos próximos 18 meses.

Ao utilizar OKRs, as organizações conseguem traduzir grandes objetivos em pequenos objetivos com resultados mensuráveis, mantendo a equipe focada e alinhada. Essa abordagem permite uma comunicação mais transparente e um engajamento mais profundo de todas as pessoas colaboradoras.

Case: Google e OKRs para diversidade.

O Google utiliza a metodologia de OKRs para gerir diversas áreas da empresa, incluindo a DE&I. Um de seus objetivos recentes foi aumentar a diversidade racial e de grupos minorizados na liderança em 30 pontos percentuais até 2025. Para alcançar essa meta, a empresa criou iniciativas de recrutamento direcionadas e investiu em programas de aceleração de carreiras para grupos minorizados. O acompanhamento contínuo dos indicadores e dos *key results* (resultados-chave) permitiu identificar oportunidades no processo de retenção de talentos negros e ajustar a estratégia ao longo do tempo, garantindo que o objetivo pudesse ser alcançado.

CONCLUSÃO

A implementação de um programa de diversidade, equidade e inclusão (DE&I) não é apenas uma tendência, mas uma necessidade estratégica para as organizações que buscam se destacar no mercado contemporâneo. O planejamento cuidadoso, fundamentado em dados concretos, é essencial para garantir que as iniciativas sejam eficazes e que os objetivos traçados sejam realmente alcançados. Metodologias como S.M.A.R.T. e OKRs, quando integradas a KPIs quantitativos e qualitativos, não apenas permitem um monitoramento rigoroso do impacto das ações, mas também possibilitam ajustes dinâmicos na estratégia, conforme necessário.

Os *cases* de sucesso de empresas como Google demonstram que, ao investir em diagnósticos precisos e em metas bem definidas, é possível transformar a diversidade em um ativo valioso, gerando inovação e crescimento sustentável.

Por fim, o processo de criação de metas de DE&I deve ser colaborativo e inclusivo, envolvendo lideranças e equipes em todas as etapas. A construção de uma cultura organizacional inclusiva requer o comprometimento de todas as pessoas, garantindo que as ações não sejam vistas como mera formalidade ou de um área específica, mas como um compromisso genuíno da organização com a pauta de diversidade, equidade e inclusão

REFERÊNCIAS BIBLIOGRÁFICAS

MCKINSEY & COMPANY. Diversity matters even more. 2024. Disponível em: https://www.mckinsey.de/~/media/mckinsey/locations/europe%20and%20middle%20east/deutschland/news/presse/2024/2024%20-%2003%20-%2006%20diversity%20matters/studie%20diversity-matters-even-more%20mckinsey.pdf. Acessado em: 17 fev. 2025.

MARINA DAYRELL

Consultora e palestrante de DEI, com formação em Comunicação Social e especialização em Direitos Humanos, Responsabilidade Social e Cidadania Global. Fundadora da Madá Consultoria de Futuro. LinkedIn Top Voice, liderança do Comitê LBTI+ do Grupo Mulheres do Brasil e professora de pós-graduação em DEI na PUC-MG.

CAPÍTULO 5

O DESAFIO DA COERÊNCIA: COMO TRABALHAR DEI NA GESTÃO DE MARCA E REPUTAÇÃO CORPORATIVA?

MARINA DAYRELL

Um dos grandes tabus quando falamos de diversidade, equidade e inclusão (DEI) é a relação do tema com o marketing. Não é incomum que as agendas de DEI das organizações sejam desacreditadas justamente por ele.

Se uma empresa faz publicidade com pessoas trans ou chama uma pessoa com deficiência para ser embaixadora da marca, os comentários nas redes sociais se enchem de dúvidas. Vai ter gente chamando a iniciativa de lacração, marketing, fachada e mais uma gama de termos que querem dizer a mesma coisa: "Essa ação não passa de imagem!".

No meio disso tudo, ainda podemos acrescentar as pessoas que já tiveram uma experiência negativa com a marca, seja como consumidoras ou como ex-funcionárias. Nessas horas, elas também aparecem para dizer que, embora a organização esteja sendo, de alguma forma, inclusiva naquela publicidade, dentro da empresa as coisas são bem diferentes. E dá-lhe depoimentos, casos, pessoas concordando, compartilhando e por aí vai...

Isso acontece porque, ainda que a pauta de DEI tenha avançado bastante no Brasil nos últimos anos, uma grande parte das organizações ainda escolhe ir pelo caminho mais curto: investir no marketing de DEI sem investir, de fato, na agenda estratégica do tema dentro da empresa.

O termo que usamos para falar desse fenômeno é o *diversitywashing* (cunhado no Brasil pela Liliane Rocha), que, em português, significa "lavagem da diversidade". Como ela mesma descreve, o termo diz respeito à "conduta de empresas que lançam comerciais, serviços e produtos com foco nos públicos de diversidade, tais como mulheres, pessoas negras, LGBTI+, pessoas com deficiência, entre outros, mas que da porta para dentro não têm um programa sólido de Gestão para Diversidade".

A primeira vez que me deparei com uma dessas práticas foi como candidata a uma vaga de emprego. Eu já estava na quinta etapa do processo seletivo e fui chamada para uma entrevista com as pessoas fundadoras da empresa e a área de Recursos Humanos.

Ao fim da conversa, me deram espaço para tirar dúvidas e eu perguntei sobre as iniciativas de DEI. Eu tinha visto no site da organização, com bastante destaque, uma aba com o nome "Diversidade e Inclusão". Ali havia fotos de várias pessoas diversas e um texto contando como DEI era um dos valores da companhia.

Quando terminei a pergunta, a videoconferência foi tomada por um silêncio constrangedor de quinze segundos. Ninguém esboçou uma resposta, até que uma das pessoas fundadoras disse: "nossa, nós temos tantas iniciativas de DEI que faltaria tempo para listar todas, mas vamos te enviar por e-mail um documento com as nossas ações".

Obviamente, esse arquivo nunca chegou. O que não foi exatamente uma surpresa: se as pessoas fundadoras e o RH não sabem falar sobre a agenda de DEI da empresa, é um grande indício de que a inclusão não passa da página institucional. Ou seja, faltou coerência.

Na época, eu tive o privilégio de ser aceita em outros processos seletivos e pude rejeitar essa oferta, mas o efeito da reputação corporativa negativa dessa empresa não passou. Um tempo depois, na minha vida pessoal, eu estava buscando exatamente o tipo de serviço que essa companhia presta e recebi um orçamento deles, mas fiquei com uma impressão tão ruim que optei por fechar com uma concorrente.

Alguns anos mais tarde, já como professora de uma pós-graduação de DEI, passei a fazer um exercício com as minhas turmas. A primeira parte é inspirada em um artigo da Liliane Rocha: peço que escolham uma empresa, de preferência, alguma que considerem inclusiva, e busquem o seu "Relatório de Sustentabilidade", que costuma constar no site institucional.

Peço que encontrem, no documento, as informações referentes às iniciativas de DEI:

- Há informações demográficas?
- Como essas informações foram disponibilizadas (em porcentagem, em números brutos, em ilustrações e gráficos)?
- Elas estão separadas por níveis hierárquicos (pessoas estagiárias, analistas, consultoras, C-level, conselho, entre outros)?

Depois que a turma faz esse primeiro exercício, eu acrescento uma outra tarefa para analisarmos a reputação corporativa: comparar os dados encontrados no relatório com o que a empresa comunica para o público externo (redes sociais, sites, campanhas publicitárias, entre outros). Tudo isso para que a gente consiga entender se:

1. A empresa leva o tema de DEI a sério, coleta e divulga dados sobre eles;
2. Se há, entre esses dados, alguma tentativa de maquiar aqueles que não são tão positivos;
3. Se a imagem que a organização constrói para o público externo (clientes, fornecedores, investidores e pessoas candidatas a vagas) é coerente com o que ela faz internamente.

Em todas as vezes que aplico esse exercício, sempre há empresas que surpreendem negativamente. Elas:

- Informam dados demográficos apenas de forma geral, sem fazer recortes por nível hierárquico (p. ex.: dão destaque para terem 60% de pessoas negras entre a força de trabalho, mas não mostram em quais cargos essas pessoas estão);
- Deixam de fora um dado específico (e está tudo bem ainda não ter dados sobre uma área ou ter informações que não são positivas, o importante é informar as pessoas sobre isso e sobre o que está sendo feito para melhorá-los);
- Mostram os dados em porcentagem, mas não dizem os números brutos (p. ex.: dizem que aumentaram em 50% o número de mulheres na liderança, mas não informam o número anterior e o atual);
- Não possuem uma seção de DEI no Relatório de Sustentabilidade.

Em quase todos os casos, o traço comum entre elas é justamente falar sobre DEI em sua comunicação externa. O tema está como inegociável no site e as campanhas nas redes sociais nos dizem que a empresa é diversa. Provavelmente, é por isso que os grupos as escolhem para a tarefa, já que no imaginário da turma aquela é uma empresa inclusiva.

DÁ PARA FALAR EM DEI DENTRO DA GESTÃO DA MARCA?

Tudo isso acaba fazendo com que falar de gestão de marca em relação à DEI seja, muitas vezes, um tabu. Mas não precisa e nem deve ser.

Ignorar que, quando trabalhamos a agenda de DEI, também vamos precisar falar de gestão de marca e de reputação corporativa é uma ilusão ingênua. Seja como fator motivador (quando as empresas iniciam seus trabalhos em DEI porque querem mostrar para o mercado) ou como fator motivante (quando, ao mostrarem o seu trabalho de DEI para o mercado, elas vão incentivar outras empresas), DEI e gestão de marca se esbarram o tempo inteiro.

Não me entenda mal, cara pessoa leitora, nenhum projeto de DEI deve ser pautado pelo marketing e pela comunicação. Para que ele seja perene, transversal e realmente provoque as transformações que precisamos, essas áreas não podem ser a base das ações e estratégias de DEI de uma organização; elas se alimentam e retroalimentam essa agenda.

Uma vez que as estratégias de DEI começam a ser desenvolvidas e provocam resultados, é natural que as organizações também queiram trabalhar essas ações a partir da reputação corporativa. Os problemas surgem quando elas se concentram apenas em marketing, em vez de investir em uma agenda de DEI genuína.

POR QUE FALAR DE DEI PARA OS *STAKEHOLDERS*?

Apesar dos episódios de retrocesso na pauta de DEI desde 2023, principalmente nos Estados Unidos, trabalhar com o tema no Brasil é visto pelo mercado como algo positivo.

Nenhuma marca existe de maneira isolada na sociedade. Para o lado positivo e para o negativo, elas estão associadas aos nossos sentimentos e percepções, que, por sua vez, estão ligados às promessas que elas nos fazem e no seu cumprimento.

Como nos explicam Ana Luisa de Castro e Jussara Belo no artigo "Como responder ao desafio da reputação com atitude e coerência": "Essas percepções refletem o grau de estima, admiração, confiança e empatia que as pessoas sentem em relação à empresa e afetam diretamente suas decisões de comprar, recomendar, investir ou querer trabalhar nela".

Os princípios de DEI, por sua vez, também fazem parte dessas promessas e percepções, afetando todas as partes interessadas no negócio, como mostram os dados:

- *Pessoas consumidoras*: 91% das pessoas esperam que as empresas apoiem pelo menos uma pauta de diversidade (B3, IO Diversidade e pelo Instituto Locomotiva, 2023);
- *Pessoas funcionárias*: para 66% é muito importante que a empresa valorize a diversidade e isso pesa nas suas decisões de carreira (B3, IO Diversidade e pelo Instituto Locomotiva, 2023);
- *Mercado*: bolsas de valores possuem diretrizes de boas práticas em DEI. As companhias brasileiras listadas na B3, por exemplo, devem ter ao menos uma mulher e outra pessoa de grupo minorizado no seu conselho de administração ou diretoria estatutária.

Então, na prática, as organizações:

- Criam e comunicam novos produtos e serviços para a comunidade porque isso importa para as *pessoas consumidoras*;
- Fazem e comunicam suas práticas e políticas de DEI para as *pessoas funcionárias* porque isso importa para quem trabalha e para quem quer trabalhar na empresa e;
- Comunicam a sua agenda de DEI porque isso importa para os investidores.

Tudo isso nos mostra que, em algum momento, a sua empresa será cobrada em relação aos seus investimentos em DEI, seja por um ou por mais de um *stakeholder*. E a resposta ou a não resposta pode significar um risco reputacional e jurídico.

O desafio é que a gestão da marca, principalmente em relação à DEI, não começa na comunicação, mas sim nas decisões estratégicas que são tomadas antes da própria comunicação existir. Ou seja: nas decisões da Governança de DEI da organização, na criação de metas e KPIs, no caminho a seguir, nas estratégias, nos planos de ação, em quais compromissos adotar, em como reagir em casos específicos, entre outros.

Isso pode dificultar o trabalho de quem faz a comunicação das organizações, mas é um bom norte para quem trabalha na estratégia de DEI dentro da empresa.

Se você faz parte do primeiro grupo, listo aqui uma série de caminhos para trabalhar ativamente a agenda de DEI da sua empresa a partir da gestão da marca e da reputação corporativa. Já se você faz parte do segundo grupo, essas ações te ajudarão a repensar a sua estratégia de DEI e a treinar a sua equipe de comunicação:

- *Saiba operar de forma propositiva*: a maior parte da sua rotina não será lidar com crises, então crie uma agenda proativa e preventiva para falar sobre o tema.
- *Crie produtos que trabalhem a agenda de DEI internamente*: newsletter, Instagram interno, comunicados na intranet, cartilhas, e-books e eventos.
- *Treine a equipe responsável pela assessoria de imprensa e pela comunicação*: todas as pessoas precisam entender de DEI e de comunicação inclusiva.
- *Use as redes sociais para falar sobre DEI*: identifique potenciais pessoas embaixadoras do tema, principalmente da alta liderança, que possam abordar esses temas, de preferência no LinkedIn.
- *Treine as pessoas porta-vozes*: as pessoas responsáveis por falar sobre o tema precisam estar inseridas no dia a dia da agenda de DEI e saber falar com propriedade sobre ela. Um *media training* focado em DEI é essencial.
- *Tenha um protocolo de crise pronto*: momentos assim irão acontecer e ter uma estratégia predefinida pode te ajudar a se sair melhor. Saiba reconhecer que houve erro, não terceirize a culpa e não culpe

apenas elementos estruturais que fogem do seu controle. Além disso, o mais importante: indique o que está sendo feito para reparar a situação e impedir que outras situações semelhantes aconteçam, informe as pessoas funcionárias e, sempre que possível, encontre uma forma de agregar valor ao assunto.

- *Incentive o público interno a usar as redes para falar de DEI*: postagens orgânicas das pessoas funcionárias têm um valor inestimável. Mas também é preciso capacitá-las para fazê-lo. Essa é uma boa oportunidade de apresentar um guia para redes sociais ou um código de conduta com o que a organização espera.
- *Cheque se as iniciativas são inclusivas e acessíveis*: as imagens são diversas? Temos audiodescrição, tradução para Libras e texto alternativo? A linguagem é inclusiva? Há algum termo discriminatório? Quais são os vieses inconscientes presentes?

REFERÊNCIAS BIBLIOGRÁFICAS

ALMEIDA, Ana Luisa de Castro.; BELO, Jussara Sant'Anna. *Como responder ao desafio da reputação com atitude e coerência*. Governança Corporativa. Fundação Dom Cabral, 2020. Disponível em: https://ci.fdc.org.br/AcervoDigital/Artigos%20FDC/Artigos%20DOM%2030/Como%20responder%20ao%20desafio%20Governan%C3%A7a%20Corporativa.pdf. Acessado em: 28 nov. 2024.

B3, INSTITUTO LOCOMOTIVA, IO DIVERSIDADE. *Iniciativas empresariais de diversidade: a visão dos consumidores*. Março 2023. Disponível em: https://www.b3.com.br/pt_br/noticias/7-em-cada-10-brasileiros-dizem-que-empresas-devem-apoiar-diversidade.htm. Acessado em: 28 nov. 2024.

ROCHA, Liliane. Capítulo 5: Diversitywashing - lavagem da diversidade. In: ROCHA, Liliane. *Como ser uma liderança inclusiva*. Ed. rev. e ampl. São Paulo: Scortecci Editora, 2023. p. 45-50.

LAURA FONTANA

Mulher, cis, pansexual. Atua em RH desde 2002. É consultora e palestrante de *Employee Experience* e Agilidade aplicada no RH. Fez imersão no Vale do Silício e na Zappos para se conectar às melhores práticas do futuro do trabalho e de gestão de pessoas.

CAPÍTULO 6

EXPERIÊNCIA DA PESSOA COLABORADORA E INCLUSÃO: ESTRATÉGIAS PARA TRANSFORMAR ORGANIZAÇÕES

LAURA FONTANA

TRANSFORMANDO *EMPLOYEE EXPERIENCE* EM VALOR ORGANIZACIONAL

A PROFUNDIDADE DO CONCEITO DE EXPERIÊNCIA: A ORIGEM DE TUDO

As pessoas esquecerão o que você disse,
as pessoas esquecerão o que você fez. Mas
elas nunca esquecerão como você as fez sentir.
Carl W. Buehner

No século XX, a concorrência entre organizações era relativamente restrita. Sócios e executivos conseguiam mapear facilmente quem disputaria um projeto ou uma venda. Os processos eram predominantemente operacionais, seguindo em sua maioria uma linha de produção tradicional. Como consequência, o foco estava na qualidade do produto e no atendimento ao cliente.

No entanto, com o surgimento da internet, a transformação digital e a Revolução Industrial 4.0, o cenário mudou drasticamente a partir dos anos 2000. Esse novo contexto ampliou significativamente o leque de fornecedores para o mesmo tipo de entrega e trouxe consigo um novo comportamento dos consumidores, que passaram a ter acesso a mais canais de comunicação e a uma vasta quantidade de informações. Como Klaus Schwab (2016) destaca em seu livro *A Quarta Revolução Industrial*, "a convergência de tecnologias digitais, físicas e biológicas está criando novos ecossistemas e alterando profundamente a forma como consumimos, produzimos e comunicamos". Isso alterou as expectativas e as exigências dos clientes, criando um ambiente mais dinâmico e competitivo.

Estudos, como o Digital Vortex (Cisco, 2015), mostram que empresas estão desaparecendo diariamente por causa da digitalização e das constantes disrupções. A conexão entre o nosso propósito e os resultados que alcançamos é moldada pela cultura e pela estratégia. Em um mundo BANI (termo que descreve um cenário frágil, ansioso, não linear e incompreensível, criado para refletir a complexidade e volatilidade atuais), as pessoas se tornam o principal pilar para enfrentar os desafios da transformação digital.

Para se diferenciar, as empresas precisam repensar como se destacar junto aos clientes, começando pela experiência interna e pela relação de suas equipes com a organização. Desde o primeiro contato com uma marca, as pessoas vivenciam diversas interações. A forma como cada uma é percebida e como as pessoas se sentem a cada ponto de contato define a experiência com a empresa.

Tudo faz parte da experiência. Quando positiva, ela eleva a percepção e gera um sentimento de exclusividade, criando uma relação de confiança. Isso faz com que você se lembre da marca com carinho e a recomende espontaneamente, seja de imediato ou mais tarde. Por outro lado, uma experiência negativa leva a questionamentos sobre o processo e as pessoas envolvidas, resultando em uma insatisfação que pode ser facilmente compartilhada com quem está próximo.

A questão central é o legado que queremos deixar para todos que interagem com a organização. Como desejamos ser lembrados como marca? Por mais que o local onde você trabalha ainda não tenha se atentado a isso, é fundamental reconhecer que cada interação com você também gera uma experiência. Comece pequeno, influencie o ambiente e faça a diferença.

EXPERIÊNCIA: CONECTANDO CLIENTES E PESSOAS COLABORADORAS

Os clientes jamais amarão sua empresa até que seus colaboradores a amem primeiro.
Simon Sinek

Em 2018, quando ingressei em uma empresa de tecnologia, o principal líder enfatizava que o futuro era digital, especialmente após adquirirmos uma startup dedicada a essa transformação. Como responsável pela Gestão de Talentos, iniciei um movimento para compreender a atuação e os métodos da equipe, visando alinhar suas práticas aos nossos objetivos. Seguem abaixo alguns pontos altos dessa descoberta:

- *Holocracia*: estrutura organizacional com times autônomos e sem hierarquia rígida, em que as decisões são descentralizadas, promovendo participação coletiva e governança colaborativa.
- *Diversidade, equidade e inclusão*: estrutura que inclui grupos minorizados, garantindo acesso e oportunidades equitativos. A diversidade cultural fortalece a criatividade e a inovação, promovendo um ambiente inclusivo.
- *Design de serviços*: estratégia centrada no cliente que utiliza pesquisa qualitativa e ferramentas como personas e mapa de empatia para desenvolver soluções personalizadas, proporcionando uma experiência humanizada e focada no sucesso dele.
- *Customer experience*: foco em entender profundamente as personas e mapear todos os pontos de contato com a empresa, visando aumentar a fidelização dos clientes por meio de interações significativas.
- *Agilidade na prática*: uso de *frameworks* ágeis adaptados ao contexto de cada time, como Kanban e Scrum, garantindo adaptação contínua às demandas dos clientes e promovendo um ambiente inclusivo e de alta performance com segurança psicológica.

Foram dois meses de imersão e, com base nas minhas experimentações e dados levantados, revalidei minhas hipóteses e cheguei à conclusão de que havia uma conexão poderosa entre três pilares:

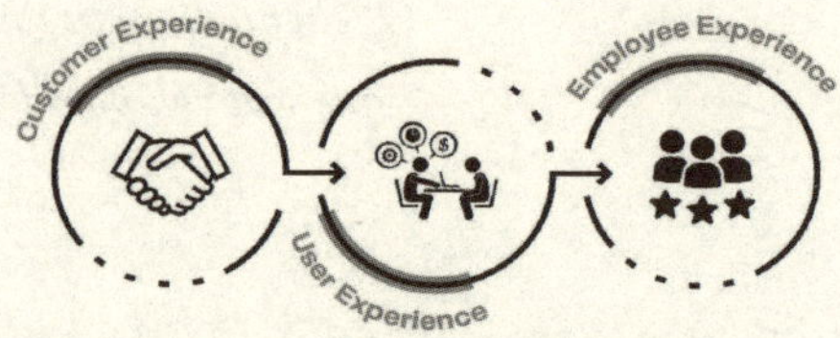

Figura 6.1: Conexão CX, UX e EX.
Fonte: elaborada pela autora.

A partir disso, pude validar o cenário em que, embora sejamos mais ágeis e digitais, é essencial que, acima de tudo, continuemos a ser humanos.

> **PESSOAS NÃO SÃO RECURSOS**
>
> Quando tratamos as pessoas apenas como engrenagens para alcançar um objetivo, deixamos de enxergar o indivíduo e acabamos por reduzi-lo a um número.

Entendendo que um RH estratégico de fato vai além de conectar o negócio às pessoas, que é fundamental atuar como disseminador da cultura e servir como exemplo, decidimos traçar um plano de influência e, a partir disso, criamos:

- Área de consultoria de RH (HRBPs) com foco em lideranças e suas equipes;
- Trilha de desenvolvimento robusta para a liderança, trazendo inclusive o time de digital como facilitador em algumas agendas;
- Iniciamos o movimento de implementar rituais ágeis e fundados em experiência para fortalecer ainda mais a nossa área de Gestão de Talentos.

O aspecto mais fascinante de toda essa jornada foi observar o impacto positivo em nosso trabalho e nas relações com as diversas áreas, especialmente considerando que a maioria da empresa já estava familiarizada com CX e UX. Nesse contexto, emergiu a nossa área de EX.

Como exemplo, na reestruturação do *onboarding*, em nosso time de RH, agora atuando com EX, decidimos integrar o melhor do Scrum com o Kanban e projetar o processo utilizando *design thinking*. Aprendemos bastante, despertamos como time para um propósito maior: para alcançar o dobro de resultados em metade do tempo, era necessário mais do que aplicar os métodos ágeis; era preciso transformar nossa mentalidade e nosso comportamento.

Com esse mindset, realizamos uma análise aprofundada do que já havia sido construído, considerando indicadores internos, tendências e boas práticas do setor. Ouvimos atentamente as pessoas de forma heterogênea para definir personas, suas jornadas atuais e ideais, além dos produtos e serviços que comporiam nosso MVP (produto mínimo viável). Como resultado, ao final de três meses, já estávamos concorrendo na trilha *business* de um dos maiores eventos de agilidade, sendo reconhecidos como referência.

Entendemos que, mais que fazer ágil, era preciso nos preocuparmos genuinamente com a experiência e em internalizar os valores do ágil. Reconhecemos a necessidade de desaprender para aprender novamente, abandonando a vontade de controlar o projeto em favor de compartilhar por meio de diagnóstico, escuta e cocriando o futuro juntos.

FAZER COM E NÃO PARA

Ouvir e envolver as pessoas potencializa a confiança, mas é preciso trazer transparência para apontar aquilo que não será priorizado no momento ou o que não será feito dando os porquês.

Quando as pessoas estão envolvidas, desenvolvem naturalmente um senso de propriedade e se tornam promotoras ativas dos produtos ou serviços. Aqueles que participam se reconhecem em cada etapa, sentem que tudo faz sentido e, como resultado, reagem positivamente. No entanto, não basta ter bons programas de RH; é essencial construir uma liderança forte que sustente essa estratégia.

Segundo Dick Finnegan (2015), bons líderes e bons programas contribuem para a fidelização de talentos e maior engajamento. Por outro lado, quando temos bons programas e líderes despreparados, há um aumento de *turnover* e falta de comprometimento.

GESTÃO DE PESSOAS NÃO É COM O RH!

A liderança é a personificação da empresa para as pessoas e, por isso, é preciso que se tenha clareza da estratégia e cultura para que possa influenciar positivamente as pessoas.

Para envolver a liderança recomendo algumas estratégias básicas: (1) comunicação antecipada às dos times; (2) treinamentos; (3) momentos de networking e troca de boas práticas entre eles; (4) mentoria com líderes seniores; (5) oportunidade de falar sobre o que deu errado e como resolveram; (6) coaching; (7) feedback contínuo e (8) canais de escuta contínua para que saibam mais rapidamente onde precisam melhorar.

A JORNADA DE EXPERIÊNCIA DE DE&I NAS ORGANIZAÇÕES

Projetar experiências que emocionam começa por reconhecer que todos têm diferentes necessidades e pontos de vista. A verdadeira inclusão cria uma conexão mais forte com cada pessoa.

Aarron Walter

De acordo com Tim Brown (2009) em seu livro *Change by Design*, o *design thinking* é uma metodologia colaborativa e centrada no ser humano que tem como objetivo solucionar problemas complexos. Ao enfatizar a empatia, experimentação e prototipagem, tem como reflexo atuar diretamente nas necessidades do indivíduo.

O *design thinking* está dividido em três grandes etapas: (1) *Imersão*, em que buscamos entender profundamente e trazer clareza ao problema a ser resolvido; (2) *Ideação*, em que geramos ideias e propostas criativas para solucionar o problema; e (3) *Implementação,* na qual desenvolvemos o MVP (produto mínimo viável) e realizamos testes para assegurar uma entrega de qualidade.

Para trazer clareza sobre como implementá-lo atrelado à jornada de DE&I, gostaria de trazer exemplos práticos a partir dos pilares citados anteriormente:

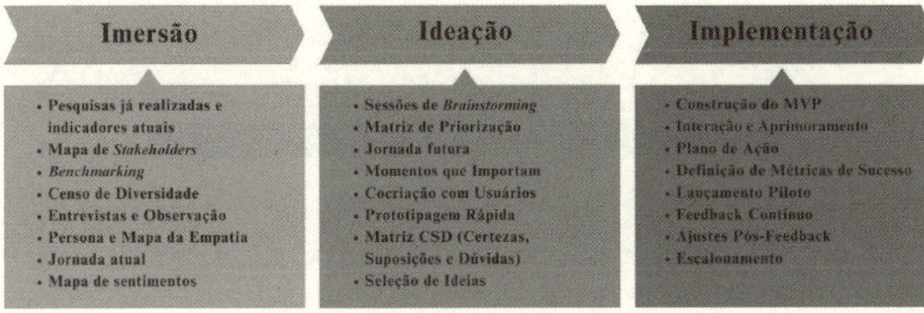

Figura 6.2: Fases do *design thinking.*

Fonte: elaborada pela autora.

Realizei uma série de entrevistas e coletas de dados junto a diversas empresas, e a análise qualitativa desses dados evidenciou que, mesmo as mais estruturadas, têm dificuldade em ouvir e envolver as pessoas nas ações. Grupos de afinidade, por sua natureza, costumam gerar melhores ganhos. O desafio que proponho é utilizar ferramentas do *design thinking* para impulsionar resultados e desenvolver experiências significativas.

Antes de tudo, ao falar de personas, recomendo manter a simplicidade. Em vez de criar muitas ramificações, foquem as personas que realmente trarão mais impacto no momento. A persona é uma representação de um grupo, uma "fotografia" semifictícia que encapsula características como nome, geração, crenças, preferências, necessidades, dores e valores.

Para auxiliar nesse processo, apresento o **mapa de jornada e sentimentos** da pessoa colaboradora, considerando seu ciclo de vida e cada vivência na empresa. Para adaptar esse conteúdo à sua organização, recomendo que, após definir as personas, você convide tanto as pessoas que as representam quanto aquelas que interagem diretamente com elas. Somando esforços e colaboração poderão identificar a jornada, as emoções em cada momento, suas dores e necessidades.

Após reunir as informações, você poderá compartilhá-las e, juntamente com o grupo, mapear a jornada ideal. Isso ajudará a priorizar ações que gerem impacto rápido e cocriar melhorias. É importante focar inicialmente *quick wins* e projetos de baixo esforço.

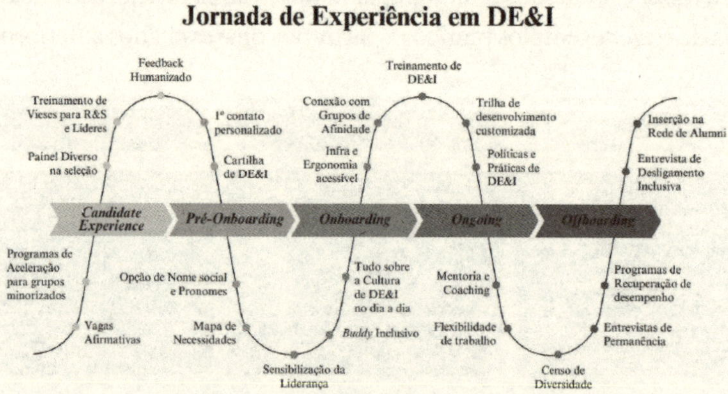

Figura 6.3: Jornada de experiência em DE&I.

Fonte: elaborada pela autora.

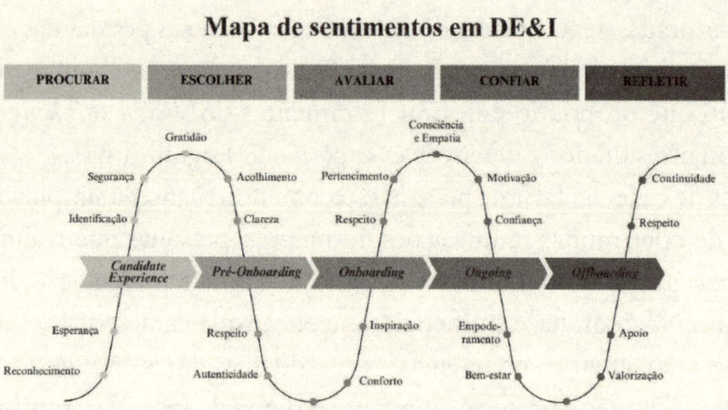

Figura 6.4: Mapa de sentimentos.

Fonte: elaborada pela autora.

Com as personas, você poderá direcionar ações com base no que elas valorizam e precisam. O ciclo de vida oferece clareza sobre tudo o que entregamos como empresa. Ao analisar cada jornada, mapeamos todos os pontos de contato. Com os sentimentos, mais facilmente identificamos os momentos que importam e é possível fazer uma priorização eficaz de projetos, produtos e serviços que serão elaborados e ofertados.

MENSAGENS FINAIS

Em um cenário de constante transformação, a experiência e a inclusão das pessoas colaboradoras são fundamentais para o sucesso organizacional. Ao entender que cada interação representa uma chance de agregar valor, podemos proporcionar uma cultura que empodera e motiva nossos colaboradores a se tornarem defensores autênticos da marca, optando por permanecer e contribuir todos os dias.

> **FIDELIZAR TALENTOS**
>
> Não se trata mais de apenas fidelizar talentos; agora, o foco deve estar em criar estratégias que façam com que eles escolham a empresa diariamente. Sentir-se livre para ser quem realmente é e saber que será ouvido(a) faz toda a diferença nessa decisão.

Lembre-se de que, para transformar o *status quo*, é fundamental contar com o apoio de patrocinadores da diretoria executiva: pessoas que acreditam no projeto e que podem defendê-lo. Busque esses aliados, estabeleça parcerias e mantenha um diálogo constante com eles. Esteja atento ao momento da empresa e das pessoas; afinal, **não é uma revolução, mas uma transformação**, e toda transformação exige tempo. Tenha em mente que é preciso ser 1% melhor a cada dia, assim como em tudo o que você se compromete a entregar, e que, às vezes, é mais rápido ir devagar.

REFERÊNCIAS BIBLIOGRÁFICAS

Adaptado de FINNEGAN, Dick. (2015). *The Power of Stay Interviews for Engagement and Retention*: Build a Culture of Purpose, Passion, and Performance. AMACOM. Disponível em: chrome-extension://efaidnbmnnnibpcajpcglclefindmkaj/https://c-suiteanalytics.com/wp-content/uploads/2011/09/The-Power-of-Stay-Interviews-Billings-7.15.15.pdf. Acessado em: 28 nov. 2024.

BROWN, Tim. *Change by Design:* How Design Thinking Creates New Alternatives for Business and Society. [S. l.]: Harper Business, 2009.

CISCO. Digital Vortex: *How Digital Disruption Is Redefining Industries*, 2015. Disponível em: chrome-extension://efaidnbmnnnibpcajpcglclefindmkaj/https://www.cisco.com/c/dam/en/us/solutions/collateral/industry-solutions/digital-vortex-report.pdf. Acessado em: 28 nov. 2024.

SCHWAB, Klaus. *A Quarta Revolução Industrial.* São Paulo: Edipro, 2016.

BRUNO FERREIRA

É pós-graduado em Direito homoafetivo e de gênero e especialista em diversidade, equidade e inclusão. Linkedin Top Voice e apaixonado por futuro do trabalho, já ajudou mais de 25 organizações a se tornarem mais diversas e inclusivas.

MIKKEL MERGENER

É uma pessoa trans não binária, pansexual, formada em Direito pela Unirio. Tem mais de sete anos de experiência com impacto social, diversidade e direito empresarial. Atua como palestrante, consultor e mentor. Fundador da Merg, empresa de consultoria e mentoria em diversidade e *compliance*.

CAPÍTULO 7

RISCOS DE DEI — COMO IDENTIFICAR E GERIR?

BRUNO FERREIRA | MIKKEL MERGENER

Uma visão expandida sobre o impacto das organizações, que olhe para *stakeholders* a partir da diversidade, equidade e inclusão (DEI), exige uma abordagem igualmente ampliada para a **gestão de riscos**. As empresas precisam identificar e mitigar não apenas os tradicionais riscos de negócio, mas também aqueles relacionados a **questões ambientais, sociais** e **de governança**, o que exige uma gestão ainda mais eficiente e integrada.

Nesse contexto, observa-se ultimamente um avanço significativo nas legislações que atribuem às empresas responsabilidades em matérias de direitos humanos. No Brasil e no mundo, as obrigações e diretrizes que visam garantir práticas empresariais responsáveis vêm se expandindo, com destaque para normas como a Lei de Igualdade Salarial, o Programa Emprega + Mulheres e a Política Nacional de Direitos Humanos e Empresas, que está em construção. As normas de direitos humanos protegem a diversidade, garantem parâmetros para a equidade e contribuem para concretizar a inclusão.

São inúmeros os resultados positivos das empresas que integram diversidade, equidade e inclusão em sua estrutura. Organizações que investem em DEI fomentam a inovação, atraem e fidelizam os melhores talentos, fortalecem a percepção e o valor público da organização e acessam novos mercados consumidores (McKinsey & Company, 2021).

No entanto, para que esses resultados sejam efetivamente alcançados, é fundamental que as empresas possuam a capacidade de **identificar** e **gerenciar** adequadamente os riscos associados a questões de DEI, garantindo que todas as pessoas da força de trabalho se sintam seguras, respeitadas e pertencentes.

É aí que entra o *compliance* antidiscriminatório. Afinal, um programa eficaz de *compliance* garante que práticas inclusivas sejam aplicadas de maneira consistente, prevenindo conflitos e resguardando direitos.

Neste capítulo, exploraremos (1) como os conceitos de diversidade, equidade e inclusão se relacionam com o *compliance* antidiscriminatório na gestão de riscos, (2) quais são os principais riscos de DEI e (3) ações práticas para gestão de riscos ligados à DEI.

DEI, *COMPLIANCE* E A GESTÃO DE RISCOS

As questões ligadas à inclusão de grupos minorizados — como pessoas 40+, negras, LGBTQIAPN+, com deficiência e mulheres — nas organizações envolvem atividades como: recrutamento, seleção e desenvolvimento de talentos diversos; criação de políticas e processos inclusivos; fornecimento de benefícios equitativos; gestão de canais de denúncias e relatos; comunicação de valores e princípios; cursos e palestras; entre outras.

Todas essas atividades envolvem riscos, que são as possibilidades de eventos e impactam negativamente a realização de um objetivo. Qualquer ação traz um grau maior ou menor de riscos, o que gera uma incerteza sobre o resultado desejado.

Se, por exemplo, uma palestra tem uma convidada que usa cadeira de rodas e o palco do evento não tem rampa de acesso, apenas degraus, esse risco de capacitismo deve ser mapeado e gerenciado com antecedência para prevenir violações de direitos humanos à dignidade, à segurança e à ausência de discriminação.

Nas organizações, a gestão de riscos se estrutura no *compliance*, palavra do inglês que significa conformidade e simboliza um conjunto de ações, como a identificação de requisitos legais e regulatórios relevantes para a empresa; a criação de políticas, procedimentos, manuais e treinamentos internos para orientar as pessoas colaboradoras sobre como agir em conformidade às regras aplicáveis; a implementação de controles e monitoramento contínuo; e a aplicação de medidas disciplinares, entre outras (Terceiro, 2023).

O *compliance* antidiscriminatório é a parte dos programas de *compliance* voltada a prevenir discriminações, que são violações de direitos humanos e, portanto estão associadas a uma série de legislações e tratados internacionais que devem ser observados.

Os aspectos de DEI funcionam como uma lente que aprimora o sistema de *compliance* antidiscriminatório, assim como suas iniciativas conferem segurança e robustez às ações de DEI, caso entrelaçadas de forma eficaz. Por outro lado, a ligação entre DEI e *compliance* também repercute em maior respeito por direitos humanos, como ilustrado no diagrama a seguir.

DEI, Direitos Humanos e *Compliance*

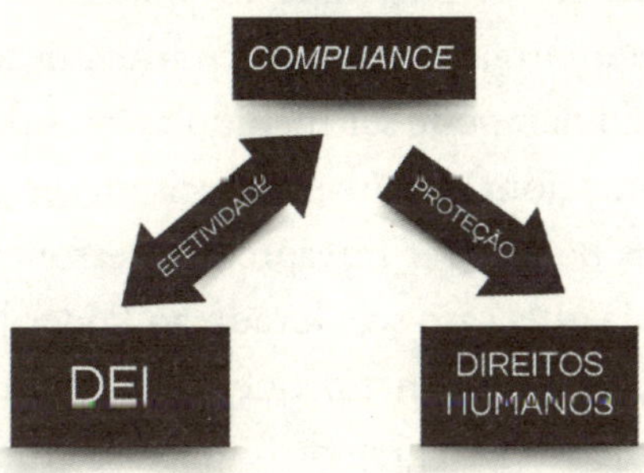

Figura 7.1: Relação entre *compliance*, DEI e direitos humanos.

Fonte: elaborada pelos autores.

Na gestão de riscos, é preciso basicamente: (1) identificar; (2) entender; (3) classificar; e (4) gerenciar. Ter uma percepção ligada a DEI, ou seja, atenta a prevenir possíveis discriminações, permite **identificar mais riscos**; e, do mesmo modo, possibilita entender os riscos identificados com muito **mais profundidade** e **empatia**.

Já quando falamos sobre classificar e gerenciar riscos, precisamos definir quais serão as premissas ou escalas de probabilidade (ou seja, quais critérios serão usados para dizer que um evento é mais provável de acontecer do que outro) e de impacto (isto é, como será definido o grau de prejuízo com determinado acontecimento). Na construção de uma matriz de risco, a multiplicação do grau de probabilidade pelo grau de impacto demonstra o nível de risco inerente a determinado processo.

Quanto maior o risco inerente, mais atenção e investimento devem ser dados à atividade para que os seus riscos sejam gerenciados — isso permite a priorização. As questões de DEI podem ser usadas tanto para medir a probabilidade de determinado risco quanto para mensurar o grau de impacto com a sua concretização.

Na estimativa da probabilidade de um risco, ter conhecimentos de DEI propicia uma **perspectiva mais apurada**. Por exemplo: uma pessoa sem letramento racial não saberá mensurar riscos de violações racistas. Um Código de Vestimenta é um tipo de política que pode criar uma série de restrições quanto à aparência que podem oprimir pessoas negras. Uma pessoa antirracista identificará riscos de opressão que passariam despercebidos.

Já na mensuração do grau de impacto, quando ocorre uma violação de direito humano e/ou uma infração de conduta ligada a temas de DEI, o impacto da violação não pode ser medido apenas pelo lado financeiro. Danos morais e reputacionais também precisam ser computados, senão infrações gravíssimas podem ser interpretadas erroneamente. Se ocorrer um caso de transfobia que, caso seja levado ao Poder Judiciário, resultará em uma indenização relativamente pequena; a perspectiva financeira não será suficiente para mensurar o grau de impacto da transfobia, até porque a vítima pode expor o caso e gerar um grande dano reputacional à empresa em resposta ao expressivo dano moral sofrido.

Quanto maior a relação da violação ou infração com diferentes sistemas de opressão, maior deve ser considerada a sua gravidade e mais intensas devem ser as medidas disciplinares. Se determinada violação de direito humano envolve múltiplos sistemas de opressão (por exemplo, se uma mulher negra é privada de uma promoção de carreira por razões racistas, machistas e elitistas), deve-se considerar **potencializado** o impacto.

OS PRINCIPAIS RISCOS DE DEI

Os principais riscos associados a questões de diversidade, equidade e inclusão (DEI) podem ser organizados em categorias:

Processos judiciais e multas: organizações estão sujeitas a processos judiciais ou administrativos, fiscalizações e multas relacionadas a violações de direitos humanos, como discriminação e assédio. Processos judiciais e multas podem impactar expressivamente o caixa delas.

Reputação prejudicada: quando uma empresa falha em promover DEI, sua imagem pública é comprometida. Essa quebra de confiança afeta diretamente diferentes públicos e pode colocar a empresa sob críticas intensas na mídia e nas redes sociais.

Perda de clientes: organizações que não incorporam DEI podem perder clientes, especialmente em um cenário em que a geração Z (que será 27% da força de trabalho em 2025, segundo a OCDE) valoriza a diversidade em suas escolhas de compra. De acordo com McKinsey (2021), 81% da geração Z deixaria de comprar de uma marca percebida como machista, racista (79%) ou homofóbica (76%).

Baixa retenção e alta rotatividade de talentos: empresas que não conseguem manter um ambiente de trabalho inclusivo enfrentam maior dificuldade para fidelizar profissionais valiosos. Uma pesquisa apontou, por exemplo, que 71% dos jovens da GenZ procuram especificamente por diversidade ao se candidatar para uma vaga de emprego (ThoughtExchange, 2024).

Redução na atração de investidores: investidores que seguem critérios ESG (ambiental, social e governança) evitam empresas que falham em suas práticas de DEI. Para incentivar o mercado nesse sentido, em 2023, a Bolsa de Valores Brasileira (B3) lançou o seu primeiro índice de Diversidade: o IDIVERSA.

Impacto negativo na produtividade e no clima organizacional: ambientes de trabalho discriminatórios e conflituosos são prejudiciais ao desempenho. A falta de segurança psicológica pode levar a uma diminuição na produtividade e ao aumento de problemas de saúde mental, principalmente em organizações multiculturais. Cabe lembrar que a NR-01, do Ministério do Trabalho e Emprego, passou, em 2024, a contemplar riscos psicossociais que poderão ser fiscalizados.

A complexidade dos riscos ligados a questões de DEI demonstra que é preciso ocorrer um **esforço intencional e necessário** para integrá-las aos programas de *compliance*.

AÇÕES PRÁTICAS PARA GERIR RISCOS DE DEI

Incorporar questões de DEI em todas as políticas possíveis: não só o Código de Ética e Conduta deve incluir explicitamente questões de DEI, como também a inclusão de grupos minorizados deve ser pensada sempre que possível e incorporada nas demais políticas das organizações. Uma política de benefícios com elementos ligados a relacionamentos ou parentalidade, por exemplo, deve levar em consideração a existência de pessoas LGBTQIAPN+ e não apenas pessoas cisgênero e heterossexuais. É essencial também que as políticas sejam redigidas de forma inclusiva e disponibilizadas de forma acessível.

Integrar as equipes e os treinamentos de DEI e compliance: é fundamental relacionar as questões de DEI e *compliance* para que as áreas ligadas a gestão de pessoas, como as áreas de Recursos Humanos ou Diversidade, se comuniquem com as áreas do *Compliance* e do Jurídico. O sucesso dos programas de *compliance* e de DEI depende da correta articulação entre essas áreas e de combinar elementos educativos, como temas de racismo em treinamentos sobre investigações ou levar a noção de gestão de riscos para uma palestra sobre anticapacitismo, o que pode ser uma estratégia para garantir que todas as pessoas entendam a integração entre as questões de DEI e as ferramentas de compliance.

Humanizar e acessibilizar canais de denúncia e investigações: outra boa prática é garantir que os canais de denúncia tenham uma linguagem acessível e acolhedora, de modo que todas as pessoas se sintam seguras para usá-los. Igualmente, é importante assegurar que existam pessoas com noções de DEI e lugares de fala adequados para conduzir as investigações, sendo possível contratar pessoas externas se necessário. A cada denúncia, é recomendado identificar e registrar, na medida do possível, os marcadores de diversidade das pessoas envolvidas para mensurar o impacto e aplicar medidas disciplinares proporcionais.

Definir KPIs e correlacioná-los com KRIs: por fim, recomendamos aplicar pesquisas ou censos para ter dados atualizados de DEI e definir metas com *Key Performance Indicators* (KPIs), ou seja, com indicadores bem definidos para cada objetivo do programa. Nesse sentido, cada KPI de DEI pode ser relacionado com *Key Performance Risks* (KRIs), isto é, com um mapeamento dos principais riscos. Por exemplo, um processo de coleta de dados como o Censo de DEI costuma ter metas de adesão; muitas vezes, para atingir certas metas, são ignorados cuidados que podem gerenciar KRIs, como o risco de vazamento dos dados pessoais sensíveis coletados, o qual pode ser minimizado com a elaboração de uma Política de Privacidade estratégica.

Concluímos ressaltando que uma gestão de riscos de DEI é, a cada dia, mais primordial para as organizações que querem perdurar e se manter relevantes. Afinal, a diversidade de pensamentos e repertório é matéria-prima para que sejam exploradas novas dimensões essenciais para o sucesso de qualquer negócio (Magaldi, Sandro; Salibi Neto, José; Charan, Ram, 2022) e, para promover a diversidade, precisamos proteger os direitos de todos os tipos de seres humanos.

REFERÊNCIAS BIBLIOGRÁFICAS

MAGALDI, Sandro; SALIBI NETO, José; CHARAN, Ram. *Gestão em tempos de incerteza*. São Paulo: Ed. Gente, 2022. p. 73.

MCKINSEY & COMPANY. Diversity matters even more, 2023. Disponível em: https://www.mckinsey.com/featured-insights/diversity-and-inclusion/diversity-matters-even-more-the-case-for-holistic-impact. Acessado em: 5 out. 2024.

MCKINSEY & COMPANY. Generation Z and its implications for companies, 2021. Disponível em: https://www.mckinsey.com/~/media/mckinsey/industries/consumer%20packaged%20goods/our%20insights/true%20gen%20generation%20z%20and%20its%20implications%20for%20companies/generation-z-and-its-implication-for-companies.pdf. Acessado em: 5 out. 2024.

TERCEIRO, Elaine. Diversidade, Equidade, Inclusão & Compliance. *In*: AMATO, Luciano. *Diversidade e inclusão e suas dimensões*: Volume II. São Paulo: Labrador, 2023. p. 56.

THOUGHTEXCHANGE. ThoughtExchange releases Gen Z at work research report, 2024. Disponível em: https://thoughtexchange.com/news/thoughtexchange-releases-gen-z-at-work-research-report/. Acessado em: 5 out. 2024.

CRISTIANE SANTOS

Psicóloga atuante desde 2002 em Recursos Humanos com foco em inclusão, engajamento, diversidade, equidade e pertencimento. Especialista em Gestão de Projetos pela USP-Esalq e MBA em Sustentabilidade Corporativa.

CAPÍTULO 8

PERTENCIMENTO IDENTITÁRIO X SEGURANÇA PSICOLÓGICA

CRISTIANE SANTOS

O mundo corporativo, na ânsia de atualização, produtividade, futurismo e antecipação à inovação da concorrência, fez com que as pessoas se moldassem a um modo de operação. Essa modelagem favoreceu a adequação das pessoas que, por vezes, anularam algumas de suas características pessoais que poderiam ser aplicadas positivamente no ambiente organizacional.

Na Revolução Industrial, tivemos uma pincelada de como as pessoas seriam enxergadas, consideradas e incluídas para atingimento das metas. Os mecanismos de controle eram utilizados para que os operários trabalhassem incessantemente. Até hoje existem pátios fabris, com salas de vidros para enxergar o trabalho das pessoas. As meias-portas dos banheiros eram para identificar se os operários estavam juntos planejando greves. Muitas teorias de Recursos Humanos foram organizadas para que pudessem reparar o início da negação da identidade tão prevista e equivocada do ambiente corporativo. Houve grandes avanços para o mundo empresarial e também para o desenvolvimento socioeconômico. Como reflexo, temos estes números:

- A população da Europa era de 145 milhões de habitantes em 1750, 265 milhões em 1850, 400 milhões em 1900 e 550 milhões em 1950.
- Em 1800, apenas 3% da população mundial vivia em cidades, em comparação com quase 50% no início do século XXI.
- Manchester foi a primeira cidade industrial do mundo, com um aumento de seis vezes em sua população entre 1771 e 1831.

No caminho do pertencimento, vamos trilhar conceitos relevantes, necessários e significativos para o bem-estar das pessoas no ambiente corporativo. Não falarei sobre felicidade e sim sobre o bem-estar que essa abordagem pode trazer às pessoas.

Os seres humanos são seres sociais, isto é, não vivem e/ou se desenvolvem sozinhos. De acordo com o psicólogo Abraham Maslow em seu artigo "A teoria da motivação humana" (1943), as pessoas têm necessidade de pertencer a um grupo, amar os outros e ser amadas e ainda, segundo o autor, nós conhecemos essa necessidade de pertencimento.

Além das teorias já existentes, compartilho reflexões e vivências de trabalhos com diversidade, equidade, inclusão e pertencimento.

Na Psicologia, o sentimento de pertencimento é uma ligação psicológica entre o colaborador e a empresa, em que o funcionário se vê como parte de uma comunidade. Assim, a organização deixa de ser apenas o outro lado de uma relação de tomadora de serviços, tornando-se um grupo social cuja unidade e permanência fazem sentido para os membros.

Benefícios do pertencimento:

- Fazer com que os talentos queiram permanecer na empresa;
- Transformar funcionários em defensores da organização;
- Engajar as pessoas para que se comprometam com os objetivos da empresa;
- Aumentar a satisfação das pessoas influenciando o seu bem-estar.

Quando as pessoas sentem que pertencem a algum lugar, elas se percebem valorizadas, necessárias e parte de um grupo ou sistema. Usam suas forças para resolver problemas e entendem que sua contribuição, visão, pensamento e sentimento importam para aquele grupo. As pessoas também sentem que podem ser elas mesmas. Psicologicamente, é uma sensação de percepção interna. Uma pessoa experimenta a sensação de ser valorizada ou ser importante para uma referência externa e vivência de conexão entre si e o outro.

Sociologicamente, pertencimento tem a conotação de ser membro de um grupo ou ecossistema. Usando essa perspectiva, pertencimento pode ser observado e descrito através de comportamentos observáveis, como o quanto o indivíduo participa de grupos e possui uma rede ativa (networking).

Como aqui priorizamos o pertencimento, trazemos a necessidade dele, que foi primeiramente mencionada por Baumeister e Leary (1995), sendo definida como uma motivação que seres humanos têm para procurar e manter laços sociais profundos, positivos e recompensadores. Dessa forma, ela se refere não só à necessidade de estar inserido em um grupo, mas à qualidade dos laços estabelecidos com outros indivíduos e o sentimento de aceitação presente.

O pertencimento identitário pode ser contemplado por afinidade. É mais fácil se sentir parte de um grupo quando estamos rodeados de pessoas ou colegas de trabalho com características semelhantes às nossas. Mas e quando não há ninguém assim? Como encontrar pertencimento e segurança em ambientes pouco diversos?

Como podemos perceber se as pessoas se sentem pertencentes a um ambiente? Qual é o nosso papel na vida do outro? Aceitar que tudo isso existe na percepção humana é suficiente? Assim como eu posso me sentir inseguro por alguma característica que tenho, o outro também pode.

A empatia apoia esse processo e contempla como as relações humanas e as emoções as circundam. A segurança psicológica é imensamente ligada ao senso de pertencimento. É um conceito que se refere à criação de um ambiente de trabalho onde os colaboradores se sintam à vontade para serem eles mesmos e compartilhar experiências. A importância:

- Contribuir para que os profissionais sejam mais criativos;
- Promover um ambiente colaborativo e receptivo;
- Estimular o comprometimento de ideias, dúvidas e perspectivas;

É um fator essencial para que uma equipe alcance a alta performance e seja inovadora.

Para promover a segurança psicológica no ambiente de trabalho é possível:

- Incluir a equipe na tomada de decisões;
- Adotar boas práticas de feedback;

- Desenvolver uma liderança humanizada;
- Aceitar cometer erros;
- Reconhecer os esforços;
- Aprovar a diversidade e inclusão.

Quando a Dra. Amy Edmondson começou a estudar o conceito de Segurança Psicológica, iniciou por meio da avaliação de equipes hospitalares para saber quais cometiam mais erros. Ela percebeu que os times com melhores resultados eram os que mais admitiam os erros e estavam mais abertos a falar de suas falhas e aprender com elas. Segundo ela, a segurança psicológica é a crença compartilhada entre os membros de um time de que ele é, em si, um ambiente seguro para assumir riscos interpessoais.

Podemos definir segurança psicológica como o ato de gerar um ambiente de trabalho em que as pessoas se sintam confortáveis e seguras para serem elas mesmas.

Intimamente ligado ao pertencimento identitário, contemplamos a importância do respeito à diversidade e o quanto isso favorece para um ambiente psicologicamente seguro. Falamos no ambiente organizacional e, principalmente, no ambiente interno formado pela estrutura de personalidade, na autoestima equilibrada e nas interações positivas.

Existem quatro aspectos da segurança psicológica: se expressar, interagir, aprender e pertencer. Estratégias interligadas entre si e necessárias para que a qualidade de vida possa ser promovida nos ambientes corporativos são elencadas a seguir.

Cinco estratégias para promover a segurança psicológica no trabalho:

1. Fomentar a comunicação aberta e transparente;
2. Priorizar o bem-estar no ambiente profissional;
3. Estabelecer políticas de feedback construtivo;
4. Desempenhar liderança empática;
5. Aprimorar a cultura organizacional.

A fomentação de uma cultura organizacional saudável deve ser construída e sedimentada em valores que respeitem os aspectos do eixo da segurança psicológica. Aqui focamos o ambiente organizacional, mas também podemos transferi-la para os lares, os grupos religiosos entre outros.

Provoco também trazendo a corresponsabilidade de um com o outro independentemente do ambiente no qual esteja inserido. Essa reflexão contribui para um papel de protagonista e não apenas de passividade quanto ao ambiente. Nada é unilateral, então faz-se necessária a reflexão dos responsáveis pelo processo. Caminhamos para o adoecimento no ambiente quando ele não é saudável e aceitamos paralisados pela mudança ou, simplesmente, por não identificar que teve um processo de aceitação dessas condições. Em 2024, encontramos informações e recursos para identificação das situações e do impacto delas nas nossas vidas.

No Brasil, esse conceito de segurança psicológica tem sido estudado por grandes profissionais, que trazem à luz a teoria da já citada americana Amy Edmondson. Esse é um ponto relevante do porquê apenas agora esse conceito tem sido observado, analisado e difundido. A cultura do cuidado e autocuidado no Brasil, ainda embrionária, se distingue das empresas sediadas nos Estados Unidos bem como nos países europeus.

Faz-se necessário fortalecer esse movimento a fim de que possamos apoiar uns aos outros, além da segurança psicológica, a nos sentirmos pertencentes e saudáveis nos mais diversos ambientes.

REFERÊNCIAS BIBLIOGRÁFICAS

GASTAL, Camila Azevedo; PILATI, Ronaldo. Escala de Necessidade de Pertencimento: Adaptação e Evidências de Validade. Psico-USF, v. 21, n. 2, p. 229-239, maio/ago. 2016. Disponível em: https://www.scielo. br/j/pusf/a/VnsBqwhLRbknDZ9k3jPS9MS/abstract/?lang=en. Acessado em: 17 fev. 2025.

ELAINE TERCEIRO

Psicóloga, mestra em Educação Sexual pela Unesp, MBA em Marketing pela FGV, especialista em coaching pelo ICI e pós-graduanda em Saúde mental na Atenção Primária, no Hospital Albert Einstein.

CAPÍTULO 9

SAÚDE MENTAL: UMA BREVE PERSPECTIVA SOBRE GRUPOS MINORIZADOS

ELAINE TERCEIRO

Um dia escrevi que tudo é autobiografia, que a vida de cada um de nós a estamos contando em tudo quanto fazemos e dizemos, nos gestos, na maneira como nos sentamos, como andamos e olhamos, como viramos a cabeça ou apanhamos um objeto no chão. Queria eu dizer, então que, vivendo rodeados de sinais, nós próprios, somos um sistema de sinais.

José Saramago

Quando li esse trecho em *Cadernos de Lanzarote*, do escritor José Saramago, fiz uma pausa para refletir sobre quais sinais emito, quiçá desde criança, e quais sinais estão sendo emitidos neste exato momento, ao meu/ao seu redor?

Em 2016, a Organização Mundial da Saúde (OMS) conceituou saúde mental como um estado de bem-estar no qual um indivíduo realiza suas próprias habilidades, lida com as tensões normais da vida, pode trabalhar de forma produtiva e é capaz de fazer contribuições à sua comunidade. Na agenda de Desenvolvimento Sustentável 2030, o ODS 3 — Saúde e Bem-estar propõe: "assegurar uma vida saudável e promover o bem-estar para todas as pessoas, em todas as idades".

A partir dessas proposições, penso o quão necessário é ampliar o entendimento de que saúde mental é algo além da ausência de perturbações mentais, extrapola as definições biomédicas. Fatores identitários, sociais, econômicos, ambientais, interseccionais, sobretudo excludentes à luz das desigualdades sociais, afetarão a percepção da autoeficácia do sujeito, sua saúde e seu bem-estar. Portanto, a saúde mental faz parte da saúde integral do sujeito, e múltiplos fatores interconectados, individuais e coletivos interferirão na qualidade de vida, cujo estado é dinâmico, fluido e não permanente.

Estudos demonstram que o período pós-pandêmico, somado a fatores como o uso intenso de redes sociais, economia, solidão, estresse e violência, deflagrou uma crise de saúde mental em todo o mundo, e são observados índices de maior incidência em pessoas de grupos minorizados, ou seja, pessoas que já vivem situações de vulnerabilidade.

DADOS GLOBAIS

Em junho de 2022, a OMS divulgou sua maior revisão global em saúde mental, ressaltando que desigualdades sociais, econômicas, emergências de saúde pública, guerra e crise climática estão entre as ameaças estruturais globais à saúde mental. Destaco alguns pontos da publicação:

- 14% dos adolescentes do mundo vivem com um transtorno mental;
- o abuso sexual infantil e o abuso por intimidação são importantes causas da depressão;
- as mulheres apresentam duas vezes mais chances de ter diagnóstico de depressão do que os homens;
- 58% dos suicídios ocorreram antes dos 50 anos de idade;
- pessoas com condições graves de saúde mental morrem em média de dez a vinte anos mais cedo do que a população em geral.

Um estudo publicado pela revista científica *The Lancet*, em 2019, nos traz que, entre as pessoas em situação de refúgio ou apátridas, que vivem em áreas afetadas por conflitos, uma em cada cinco (22%) tem depressão, ansiedade, transtorno de estresse pós-traumático, transtorno bipolar ou esquizofrenia.

DADOS BRASIL

O Brasil é líder mundial em prevalência de transtornos de ansiedade, de acordo com uma pesquisa da OMS, divulgada em 2017. Cerca de 26,8% da população brasileira recebeu diagnóstico médico de ansiedade.

Quando aprofundamos a análise demográfica dessa população, vemos que, seguindo a tendência global, também no Brasil pessoas de grupos minorizados têm maior propensão a esses acometimentos:

- um terço (31,6%) da população mais jovem, de 18 a 24 anos, é ansiosa;
- as prevalências são maiores no Centro-Oeste do país (32,2%) e entre as mulheres (34,2%);
- adolescentes e jovens negros têm maior chance de cometer suicídio no Brasil; o risco na faixa etária de 10 a 29 anos foi 45% maior entre jovens que se declaram pretos e pardos do que entre brancos, segundo Departamento de Apoio à Gestão Participativa e ao Controle Social (DAGEP/SGEP) do Ministério da Saúde, em 2016.

ESTRESSE DE MINORIAS

E o que explica a maior incidência entre as pessoas de grupos minorizados?

A teoria do Estresse de Minorias (EM), desenvolvida por Paveltchuk e Borsa (2020), teve como objetivo principal sistematizar as condições vividas por pessoas da comunidade LGBTQIAPN+ e explicar como tais condições específicas impactam em desfechos positivos e negativos na saúde mental dos sujeitos.

Amplio o uso dessa concepção para todos os grupos minorizados, obviamente considerando as especificidades de cada sujeito. As experiências de discriminação sistêmica, enraizada nas estruturas sociais, que ocorrem de forma interseccional, geram maior risco a esses grupos em função de um conjunto de fatores estressores: preconceito, violências e microagressões, também vivenciados por pessoas negras, mulheres, pessoas com deficiência, pessoas em situação de refúgio, pessoas obesas, entre outras condições adicionais aos fatores cotidianos. Esses fatores podem explicar como a estigmatização colabora para desfechos negativos na saúde mental das pessoas.

O Ministério da Saúde do Brasil também reconhece que a realidade social, econômica, política, cultural e ambiental impacta a saúde mental da população, de forma individual e coletiva; e vale destacar que o cuidado em saúde mental não é necessariamente centrado em categorias profissionais específicas, como médicos e psicólogos. As estratégias de manejo, de cuidado, podem ser desempenhadas por diferentes atores, inclusive de forma coletiva, por grupos de afinidades, que funcionam como redes de apoio, a partir do senso de pertencimento e identificação, nos ambientes corporativos.

Importante considerar que, para além dos impactos na vida das pessoas e de suas famílias, a ausência da saúde gera impactos na perda de talentos para o mercado de trabalho, perda de produtividade, custando à economia global cerca de US$ 1 trilhão por ano; e, em 2030, esse valor deve estar próximo a US$ 6 trilhões, segundo estudo de saúde mental publicado pela revista científica *The Lancet*, em 2019.

PRÁTICAS DO CUIDADO NO AMBIENTE CORPORATIVO

"Não se cuida efetivamente de indivíduos sem cuidar de populações, e não há verdadeira saúde pública que não passe por um atento cuidado de cada um de seus sujeitos." Segundo Ayres (2004, p. 13), não há como promover integralidade em saúde sem humanização, portanto as ações terapêuticas de atenção à saúde dependem da participação dos destinatários dessas ações, que consideram o ser humano e o cidadão, para adequada definição das respostas às diferentes necessidades, visando ao alívio de sofrimentos e ao alcance de bem-estar, sendo esse o fundamento de toda proposta de inclusão emancipatória nas políticas e ações de saúde.

Dessa forma, trazendo esse entendimento sobre o cuidado para a criação de um ambiente de trabalho saudável, destaco a necessária remoção do estigma como o principal desafio.

Em uma sociedade alicerçada pelo machismo durante décadas, distinguir a vida pessoal da profissional era valorizado como uma competência. Fomos compelidos a não demonstrar nossas vulnerabilidades, emoções e humanidade; o contrário acarretava (ou acarreta, ainda) prejuízos para a imagem e reputação do profissional. Portanto, a estigmatização é um grande obstáculo para que as pessoas se permitam, em primeiro lugar, reconhecer genuinamente que não estão bem; e, em segundo, não negligenciar a busca de ajuda qualificada. Esse é também um dos fatores de maior incidência dos transtornos mentais em mulheres, pois acumulam mais responsabilidades, se sobrecarregam e são culpabilizadas quando adoecem, como uma fragilidade feminina, um desserviço ao sistema e obviamente a junção desses fatores culmina com o *gap* de gênero, sobretudo mulheres em cargos de liderança nas empresas.

Por fim, recomendo a adoção das seguintes etapas e ações para contemplar um programa de saúde integral nas empresas, considerando aspectos do cuidado:

1. *Mapeamento de demanda sobre saúde integral*: além de conhecer a demografia da empresa, é preciso conhecer quais são suas demandas em saúde e motivação para programas e ações;
2. *Dashboard indicadores de saúde*: incidência geral na empresa e por área da empresa, de forma anonimizada, com *report* contínuo: absenteísmo, hora extra, banco de horas, férias não gozadas, atestados, afastamentos, CAT, FAP, Nexo técnico epidemiológico, sinistralidade do plano de saúde, pesquisa de clima, ações trabalhistas, canal de ética, *compliance*, matriz de riscos, entre outros elementos específicos do segmento da empresa;
3. *Cultura sem tabus*: naturalize a comunicação aberta sobre saúde mental, em que os colaboradores se sintam à vontade para discutir dificuldades emocionais, considerando também as especificidades dos grupos minorizados e estresse de minorias;
4. *Gestão humanizada*: as lideranças devem ser capacitadas recorrentemente para oferecer suporte empático, acolhimento, identificando sinais de estresse ou sobrecarga, propondo direcionamento para

atendimento em caso de situações mais específicas, manejo de situações críticas, disponibilização de guias de orientação, *landing page*;

5. *Programas de saúde e bem-estar*: oferecer um conjunto de ações ou programas que atendam ao mapeamento de demandas junto aos colaboradores e os indicadores de saúde para ações em áreas foco, mas também que contemplem uma gama de serviços a todos, tais como: apoio psicológico especializado (profissionais representativos e que lidem com demandas de grupos minorizados), plano de saúde, check-up, monitoramento de grupo de crônicos, política de reembolso para medicamentos e tratamentos de alto custo, apoio nutricional, palestras e workshops sobre saúde mental (*burnout*, depressão, ansiedade, como lidar com o estresse), atividade física, *mindfulness*, meditação, relaxamento, campanhas de saúde para prevenção ou detecção precoce de doenças, campanhas de vacinação, espaço de descompressão, espaço ecumênico, parcerias em arte e cultura, academias, clínicas, farmácias, programa de reabilitação, programa de parentalidade, programa de voluntariado, educação financeira, jornada de trabalho flexível, entre outros.

O grande diferencial para sucesso do programa de saúde integral, certamente está no atendimento humanizado e individualizado, centrado no sujeito, entendendo cada colaborador da empresa e, principalmente, seu "sistema de sinais".

REFERÊNCIAS BIBLIOGRÁFICAS

AYRES, José Ricardo de Carvalho Mesquita. "O cuidado, os modos de ser (do) humano e as práticas de saúde". *Saúde Soc.* São Paulo, v. 13, n. 3, dez. 2004, pp. 16-29.

BRASIL, MINISTÉRIO DA SAÚDE. Saúde mental. Disponível em: https://www.gov.br/saude/pt-br/assuntos/saude-de-a-a-z/s/saude-mental. Acessado em: 28 nov. 2024.

CHARLSON, Fiona; VAN OMMEREN, Mark; FLAXMAN, Abraham et al. "New WHO prevalence estimates of mental disorders in conflict settings:

a systematic review and meta-analysis". *The Lancet.* [S. l.], v. 394, Issue 10194, July 20, 2019, pp. 240-8.

PAVELTCHUK, Fernanda de Oliveira; BORSA, Juliane Callegaro. "A teoria do estresse de minoria em lésbicas, gays e bissexuais". *Revista da SPAGESP.* [S. l], v. 21, n. 2, 2020, pp. 41-54.

ORGANIZAÇÃO PAN-AMERICANA DA SAÚDE. Versão final da nova Classificação Internacional de Doenças da OMS (CID-11) é publicada. 11 fev. 2022. Disponível em: https://www.paho.org/pt/noticias/11-2-2022-versao-final-da-nova-classificacao-internacional-doencas-da-oms-cid-11-e. Acessado em: 17 fev. 2025.

SARAMAGO, José. *Cadernos de Lanzarote*. São Paulo: Companhia das Letras, 1997.

WORLD HEALTH ORGANIZATION, 2022. World mental health report: Transforming mental health for all, June 16, 2022. Disponível em: https://www.who.int/teams/mental-health-and-substance-use/world-mental-health-report. Acessado em: 28 nov. 2024.

PROFA. DRA. ANGELA DONAGGIO

Consultora e palestrante internacional dedicada a ESG, ética e diversidade. Fundadora da Virtuous Company Consultoria, é doutora (USP), *visiting researcher* e *scholar* em Harvard e Cornell e mestra (FGV). É professora nos cursos para conselheiros do IBGC e da FDC.

CAPÍTULO 10

INTELIGÊNCIA COLETIVA E DIVERSIDADE

PROFA. DRA. ANGELA DONAGGIO

"A unidade, não a uniformidade, deve ser o nosso objetivo. Alcançamos a unidade apenas através da variedade. As diferenças devem ser integradas, não aniquiladas, nem absorvidas. [...] Em vez de excluir o que é diferente, devemos acolhê-lo porque é diferente e através da sua diferença tornará a vida mais rica. [...] O cerne do processo social não é a semelhança..., mas a harmonização das diferenças. [...] Ignorar as diferenças é o erro mais fatal na política, nas empresas ou na vida internacional: cada diferença que é incorporada em uma concepção mais ampla, alimenta e enriquece a sociedade; toda diferença que é ignorada, acaba por corromper a sociedade."

Mary Parker Follett (1868-1933)

Como se sabe há décadas, existem diversos tipos de inteligência (Gardner, 1983) e de processos cognitivos (Seagal, 1997). Contudo, os ambientes educacional e empresarial continuam a valorizar, via de regra, apenas a inteligência analítica, que é mensurada pelo Q.I., o "quociente de inteligência analítica".

Ocorre que, para sermos capazes de prosperar em um mundo de incertezas cada vez maiores como o de agora, no início da Quarta Revolução Industrial, todas as organizações precisam valorizar os diversos tipos de inteligência.

Por isso escolhi as frases de Mary Parker Follett, considerada a "mãe" da gestão empresarial moderna, para introduzir a importância do acolhimento à singularidade de forma a enriquecer a sociedade com a diversidade, a inclusão e o pertencimento.

Enquanto a inteligência individual tem suas limitações intrínsecas, a inteligência coletiva pode nos ajudar a criar soluções completamente diferentes e inovadoras para os problemas complexos da sociedade global atual.

Até pouco tempo atrás, supunha-se que a inteligência dos grupos estava relacionada ao Q.I. de seus integrantes. Então, pesquisadores do Massachusetts Institute of Technology (MIT) começaram a investigar o assunto. "A 'inteligência coletiva' foi definida como sendo um indicador da habilidade de um grupo resolver problemas complexos, também conhecido como fator 'c'." (Woolley et al., 2010 e 2015).

Centenas de pessoas participaram de experimentos em grupos compostos por duas a cinco pessoas. Curiosamente e de forma contraintuitiva, verificou-se que o Q.I. individual ou médio das pessoas integrantes não tem qualquer relação com uma maior "inteligência coletiva" de um grupo.

Na realidade, descobriu-se que três elementos estão relacionados a uma maior inteligência coletiva do grupo.

DIVISÃO EQUÂNIME DO TEMPO

O primeiro elemento é a divisão equânime do tempo de fala entre seus integrantes. Isso é importante para que nenhuma pessoa se sobreponha às outras. Além disso, é necessário para que a participação ocorra de forma similar ou relativamente equânime.

Os grupos nos quais apenas uma ou duas pessoas usam a palavra, enquanto o restante participa pouco, são têm baixa inteligência coletiva por definição. Isto é, não importa se são comitês de trabalho, diretorias e até conselhos de administração de empresas listadas em bolsa.

Tampouco importa a boa vontade dos integrantes. Se o tempo é distribuído de forma desigual, esse grupo não terá alta inteligência coletiva em comparação a um grupo que o distribui igualmente. Além da participação equânime, esse elemento também tem relação com cada integrante se sentir escutada(o) e parte do grupo.

É possível conciliar a esse elemento algumas técnicas de tomada de decisão a fim de aproveitar todas as ideias e estilos cognitivos das pessoas integrantes, diminuindo a sua vulnerabilidade a vieses individuais ou coletivos.

Nesse sentido, de maneira a fomentar o debate, recomenda-se que a fala comece pela pessoa menos sênior do grupo ou a que entrou mais recentemente na organização.[1] Outra técnica para fomentar o debate num processo decisório é a de cada integrante anotar sua ideia ou percepção e as potenciais soluções vislumbradas e compartilhá-las apenas após todos anotarem.

É importante que se estabeleça um ritual nas reuniões para que assim se proceda. Do contrário, as pessoas mais seniores ou as mais altas na hierarquia se manifestarão primeiro, direcionando o debate, enquanto algumas pessoas se manifestarão muito pouco. Quando isso ocorrer, provavelmente será apenas para corroborar o que já foi compartilhado.

NÍVEL DE SENSIBILIDADE SOCIAL

O segundo elemento crucial para uma alta inteligência coletiva é o nível de sensibilidade social média dos integrantes, isto é, o quanto cada pessoa percebe as emoções das outras.

Isso independe de a comunicação ser oral, visual ou escrita. Até porque mais de 70% da nossa comunicação se dá pela linguagem corporal, não pela verbal. É importante lembrar, como asseveram Behlau e Barbara (2022), que "até o silêncio comunica algo".

Quer seja nas linhas literais das rugas da testa, quer seja nas entrelinhas das mensagens de texto, sempre nos comunicamos. Hoje sabe-se que um grupo composto por pessoas com fortes habilidades sociais, que conseguem — consciente ou inconscientemente — perceber o que as outras componentes do grupo sentem e pensam, terá uma elevada inteligência coletiva.

O que pode se adicionar a esse elemento de "leitura" consciente ou inconsciente das pessoas integrantes do grupo são técnicas de comunicação, tais como a escuta ativa e a comunicação não violenta.

Sempre ressalto que escutar é diferente de ouvir. Ouvir é um ato físico. Escutar é um ato de conexão emocional, que demanda atenção e presença. Atualmente, com excesso de informação (na maioria das vezes, sem qualidade) e aceleração das atividades, tanto a atenção quanto a presença são presentes preciosos para os interlocutores. Esses dois elementos são fundamentais para o desenvolvimento de um diálogo profundo, genuíno e produtivo.

1 Isto é relevante, pois sua visão ainda não está "viciada" nas rotinas organizacionais (algumas delas podem ser contraproducentes). Apenas um olhar externo à organização, de pessoa independente ou alguém que entrou há menos tempo, consegue percebê-las.

Além disso, toda comunicação tem conteúdo e forma. O conteúdo é o que se quer passar de informação. A "forma" mostra o nosso nível de relação com o outro. Independentemente do conteúdo, a mestra Almeida (2014) recomenda "que a nossa forma de se comunicar seja sempre embrulhada para presente", de maneira que o interlocutor queira escutar.

Se o conteúdo for positivo, mas a forma agressiva, o interlocutor não irá escutar e não se conectará, porque se protegerá da forma agressiva. E, mesmo um conteúdo potencialmente negativo, mas transmitido de uma forma cuidadosa, "embrulhada para presente", pode ser recebido e estabelecer a base para o diálogo.

PROPORÇÃO DE MULHERES

O terceiro elemento identificado como crucial para um grupo ter um alto nível de inteligência coletiva é a proporção de mulheres no grupo. Isso mesmo: os estudos mostraram que a proporção de mulheres tem relação *direta* com o nível de inteligência coletiva do grupo.

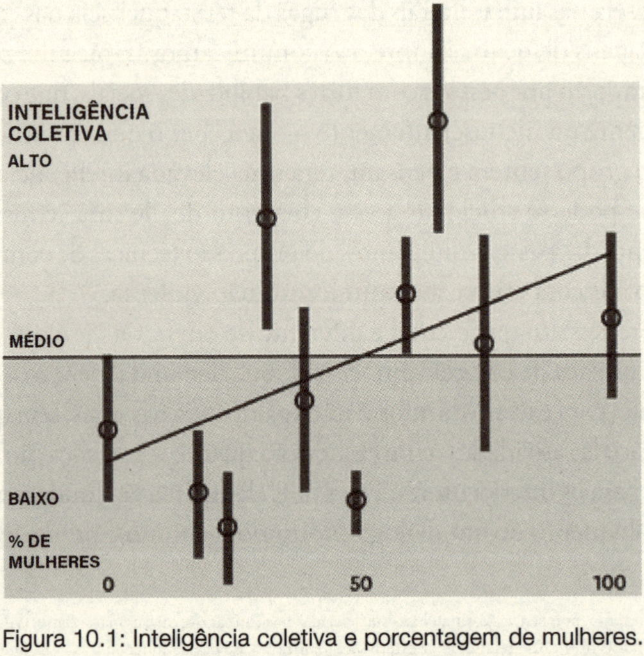

Figura 10.1: Inteligência coletiva e porcentagem de mulheres.

Fonte: Woolley et al. (2011). Tradução livre.

O gráfico representa as pontuações de inteligência coletiva dos 192 grupos no estudo em relação ao percentual de mulheres presente neles. As barras vermelhas indicam a variação de pontuações de cada nível, e os círculos azuis, a média. Os grupos com mais mulheres tendem a ficar acima da média em inteligência coletiva, e os grupos com mais homens tendem a ficar abaixo da média.

Os grupos com maior média de inteligência coletiva são aqueles compostos por maioria de mulheres e apenas um homem. Interessante notar que o grupo homogêneo de mulheres (100%) ainda está acima da média dos grupos e supera em muito o grupo homogêneo de homens (100%).

Dessa forma, não surpreende que tenhamos tantas dificuldades em avançar em inovações de toda sorte em nossas organizações políticas, econômicas, religiosas etc., uma vez que os grupos que as regem são eminentemente homogêneos masculinos.

O gráfico também mostra que inserir apenas uma mulher em grupos decisórios, tais como conselhos de administração e diretorias de empresas, melhora o nível de inteligência coletiva do grupo, mas está longe de ser o ideal.

Uma maior proporção de mulheres nos conselhos de administração e diretorias, além de melhores resultados financeiros, também está relacionada a melhores práticas ambientais, sociais e de governança (ASG ou ESG).[2]

Nesse sentido, verifica-se um salto em melhores práticas ESG quando se supera 30% de mulheres nesses cargos, o que chamo de barreira da "massa crítica".[3]

Ainda mais impressionantes são os estudos que evidenciam uma mudança da dinâmica do próprio conselho de administração quando de uma maior diversidade de gênero (Post et al., 2021). Neles, comprova-se que, com mais diversidade, há mais investimento em P&D e crescimento orgânico e sustentável e menos em crescimento baseado em fusões e aquisições.

2 Dezenas de estudos científicos, como os nossos — Silveira e Donaggio (2019a, 2019b) — mostram que uma maior participação de mulheres nos conselhos de administração e diretorias está relacionada, também, a um melhor desempenho financeiro, de práticas ESG e inovação.

3 Essa é a barreira transposta por pessoas de um grupo minorizado que — antes de 30% — eram ouvidas de forma estereotipada (como representantes de seu grupo) e, após a barreira, passaram a ser escutadas como membras do grupo em si (p. ex.: conselho ou diretoria). Menciono esse fenômeno em meu capítulo sobre ESG e Cultura Ética no livro *Novas fronteiras de risco e retorno*, de Siqueira, Donaggio et al., de 2022.

CONCLUSÕES PARA LIDERANÇAS

Se entendemos que precisamos fomentar grupos com maior inteligência coletiva, que consigam encontrar soluções melhores para os problemas complexos de nossa sociedade, é responsabilidade de todos nós adotar técnicas de participação equânime, investir em selecionar pessoas com maior sensibilidade social e aumentar a proporção de mulheres nos grupos decisórios.

Esses três elementos contribuem para um resultado indireto: criar um ambiente com maior nível de segurança psicológica, que retroalimente a inteligência coletiva. Como eu gosto de ressaltar, "um ambiente negativo contamina as pessoas, enquanto um ambiente emocionalmente positivo contagia as pessoas". E a felicidade gera bons resultados, inclusive financeiros.[4]

A construção de relacionamentos depende de investimento emocional e de tempo para a escuta genuína de diferentes perspectivas existentes. Nada adiantaria ter diferentes formas de pensar em um grupo se essas percepções não fossem consideradas em pé de igualdade por seus membros.

Lideranças virtuosas, éticas e inclusivas são aquelas que estimulam a contribuição de todos e, mais do que isso, levam em consideração o que é aportado por todos. Como Mary Parker Follett assevera, é preciso "harmonizar as diferenças, não padronizá-las". Como em uma orquestra, cada instrumento tem seu som e é papel da maestra(o) harmonizá-los.

REFERÊNCIAS BIBLIOGRÁFICAS

ALMEIDA, T. *Caixa de ferramentas em mediação*: aportes práticos e teóricos. Rio de Janeiro: Dash Editora, 2014.

BEHLAU, M.; BARBARA, M. *Comunicação consciente*: o que comunico quando me comunico. São Paulo: Thieme Revinter, 2022.

DONAGGIO, A. "Empresas inteligentes: como estimular a inteligência coletiva dos Conselhos?". *Revista Análises & Tendências*, 8. IBGC, 2020.

FOLLETT, M. P. *The New State:* Group Organization, The solution of Popular Government. New York: Longmans, Green and Co., 1918.

4 Ver reportagem da Harvard Business Review de 1 jul. 2018, "Being Happy at Work". Disponível em: https://hbr.org/2014/11/being-happy-at-work-matters. Acessado em: 30 dez. 2024.

GARDNER, H. E. Frames of mind: The theory of multiple intelligences. New York, NY: Basic Books, 1983.

SEAGAL, S.; HORNE, D. *Human Dynamics*: A New Framework for Understanding People and Realizing the Potential in Our Organizations. [S. l.]: Pegasus Communications, 1997.

POST, C. et al. "Research: Adding Women to the C-Suite Changes How Companies Think". Harvard Business Review de 06/04/2021. Disponível em: https://hbr.org/2021/04/research-adding-women-to-the-c-suite-changes-how-companies-think. Acessado em: 28 nov. 2024.

ROSENBERG, M. *Comunicação não violenta - Nova edição*: Técnicas para aprimorar relacionamentos pessoais e profissionais. São Paulo: Ágora, 2021.

SILVEIRA, A., DONAGGIO, A. Women in Business Leadership Boost ESG Performance, IFC/World Bank, 2019. Disponível em: https://www.ifc.org/wps/wcm/connect/topics_ext_content/ifc_external_corporate_site/ifc+cg/resources/private+sector+opinion/women+in+business+leadership+boost+esg+performance. Acessado em: 28 nov. 2024.

SILVEIRA, A., DONAGGIO, A. "A importância da diversidade de gênero nos conselhos de administração para a promoção da responsabilidade social corporativa". *DESC-Direito, Economia e Sociedade Contemporânea*. [S. l.], v. 2, n. 2, 2019, pp. 11-42.

SILVEIRA, A., DONAGGIO, A.; SICA, L.; RAMOS, L. Women's Participation in Senior Management Positions: Gender Social Relations, Law and Corporate Governance, 2014. Disponível em: https://ssrn.com/abstract=2508929. Acessado em: 28 nov. 2024.

SIQUEIRA, A.; DONAGGIO, A. et al. *Novas fronteiras de risco e retorno* – Guia prático para integração ESG nos investimentos, CFA Society Brazil. [S. l.]: Ed. Lux, 2022.

WOOLLEY, A. W.; MALONE, T. What Makes a Team Smarter? More Women. Harvard Business Review, June, 2011. Disponível em https://hbr.org/2011/06/defend-your-research-what-makes-a-team-smarter-more-women. Acessado em: 30 dez. 2024.

WOOLLEY, A. W.; CHABRIS, C. F.; PENTLAND, A., et al. "Evidence for a Collective Intelligence Factor in the Performance of Human Groups". *Science*. [S. l.], v. 330, n. 6004, 2010, pp. 686-8.

WOOLLEY, A. W.; CHABRIS, C. F.; PENTLAND, A., et al. "Collective Intelligence and Group Performance". *Current Directions in Psychological Science*. [S. l.], v. 24, n. 6, 2015, pp. 420-4.

IRINA TALBOT

Gestora pública, graduanda em Psicologia, escritora, palestrante e mentora. Professora voluntária no Instituto Bússola Jovem e colaboradora da Éssi Consultoria.

CAPÍTULO 11

INTELIGÊNCIA EMOCIONAL, DIVERSIDADE E INCLUSÃO

IRINA TALBOT

Quem olha para fora sonha,
quem olha para dentro desperta.
Carl G. Jung.

Uma jovem, durante a adolescência, começou a se identificar como trans e passou por acompanhamento psicológico e psiquiátrico. Porém, ela foi diagnosticada de forma errada com um "transtorno de identidade de gênero", sendo vista como uma pessoa "doente" pela sua família. Isso a levou a crises de depressão e ansiedade, culminando em uma tentativa de suicídio.

Após se recuperar e iniciar sua transição, ela sofreu uma agressão verbal e ameaça de morte por parte de um gerente na empresa onde trabalhava, que a atacou publicamente por ser trans. Mesmo assim, a empresa deu licença remunerada ao agressor, justificando que ele estava sob pressão. Com medo e sem apoio, a jovem pediu demissão.

Por anos, tentou encontrar emprego, mas era rejeitada nas entrevistas ao descobrirem que era uma mulher trans, sem se dar conta de que estava sofrendo transfobia. Até que um dia, ela encontrou uma vaga afirmativa para pessoas trans, onde foi tratada com respeito e não questionada sobre sua identidade. Pela primeira vez, foi valorizada por suas competências, e ser trans era, na verdade, uma parte bem-vinda para a posição.

Essa mulher sou eu e posso afirmar que a inteligência emocional foi fundamental para enfrentar desafios na minha trajetória, especialmente no trabalho.

INTELIGÊNCIA EMOCIONAL, DIVERSIDADE E INCLUSÃO

Inteligência emocional é essencial para todas as pessoas, especialmente no contexto da Diversidade, Equidade, Inclusão e Pertencimento (DEI&P) no trabalho, pois impacta diretamente a saúde mental e o bem-estar emocional, e melhora os relacionamentos interpessoais, especialmente em questões de diversidade. É crucial para o sucesso e a resolução de conflitos, sendo fundamental para empresas que valorizam o respeito.

DESIGUALDADES SOCIAIS E O IMPACTO NA SAÚDE MENTAL (E EMOCIONAL!)

Apesar de os transtornos psíquicos serem comuns a todas as pessoas, grupos socialmente marginalizados, como mulheres e pessoas transgênero, enfrentam desafios específicos. Os dados a seguir reforçam essa realidade:

- Sete em cada 10 pessoas diagnosticadas com depressão e ansiedade são mulheres.
- 94% da população trans no Brasil relataram ter sido vítimas de violência motivada por discriminação, o que agrava os problemas de saúde mental e emocional.
- Entre pessoas transgênero com mais de 50 anos, 25,8% relataram pensamentos suicidas, taxa muito superior à da população em geral (4,7%). A pesquisa levantou ainda as cinco principais áreas de grande potencial causador de angústia e sofrimento às pessoas trans e duas delas estão diretamente relacionadas ao trabalho, sendo: problemas no ambiente de trabalho; uso de serviços públicos; segurança pessoal; desvantagens socioeconômicas; e interação com profissionais.
- O Brasil é o país da América Latina com maior índice de depressão. Dados do último mapeamento sobre a doença realizado pela Organização Mundial da Saúde (OMS) apontam que 5,8% da população brasileira sofre de depressão, o equivalente a 11,7 milhões de brasileiros. Mulheres têm duas vezes mais chance de desenvolver depressão do que homens.

Mas como a aplicação da **inteligência emocional (IE)** pode ser útil?

ENTENDENDO A INTELIGÊNCIA EMOCIONAL

É bem provável que você já tenha ouvido falar sobre QI, inteligência e pessoas muito inteligentes terem "alto QI".

Até há pouco tempo, o QI era considerado a única medida de inteligência, mas essa visão mudou com avanços na ciência psicológica. Hoje reconhecemos vários tipos de inteligência, como emocional, criativa e prática.

Podemos resumir de forma prática que:

- QI (quociente de inteligência) mede as habilidades cognitivas, por exemplo, o raciocínio lógico, resolvendo problemas e identificando padrões; a compreensão verbal que habilita uma pessoa a compreender a linguagem, utilizá-la e se comunicar de fato; a memória e assim por diante nas funções cognitivas.
- QE (quociente emocional) se refere à capacidade de entender e gerenciar emoções, tanto as suas quanto as dos outros. Para que haja uma comunicação eficaz e que vá além do aspecto cognitivo de se comunicar, é do quociente emocional que estamos falando.

COMPONENTES DA INTELIGÊNCIA EMOCIONAL

Segundo Goleman (1996), um dos principais teóricos do tema, a IE é composta por cinco componentes principais:

- *Autoconsciência*: a capacidade de reconhecer suas próprias emoções e como elas afetam seus pensamentos e comportamento.
- *Autogestão*: a habilidade de controlar emoções impulsivas, adaptar-se a mudanças e seguir em frente diante de adversidades.
- *Empatia*: compreender as emoções dos outros, facilitando conexões interpessoais.
- *Habilidades sociais*: ser eficaz na gestão de relacionamentos e influenciar os outros de maneira positiva.

- *Motivação*: estar constantemente orientado a metas, com paixão e energia para o trabalho.

A pessoa que tem uma boa IE também será aquela com maior resiliência, boa tomada de decisão e maior capacidade de construir relacionamentos produtivos, o que facilita a criação de ambientes mais saudáveis, auxiliando no enfrentamento de questões emocionais relacionadas às desigualdades sofridas por grupos minorizados.

A IE COMO FERRAMENTA DE INCLUSÃO E SAÚDE MENTAL

A aplicação da inteligência emocional no contexto da diversidade e da saúde mental é fundamental para reduzir o estigma e o preconceito. Pessoas trans, por exemplo, ainda enfrentam discriminação que impacta diretamente sua saúde mental. Até 2018, o "transtorno de identidade de gênero" era classificado como uma doença mental pela OMS. A partir dessa data, a classificação foi alterada para "incongruência de gênero", um passo importante, mas que não elimina o estigma. A IE, portanto, desempenha um papel crucial para auxiliar no suporte emocional e na inclusão desses grupos.

De acordo com Goleman (1996), a IE representa aproximadamente 85% do sucesso de líderes eficazes, é considerada duas vezes mais relevante do que o quociente de inteligência (QI) e pode ser o diferencial que permitirá que o local de trabalho se torne mais colaborativo e inovador:

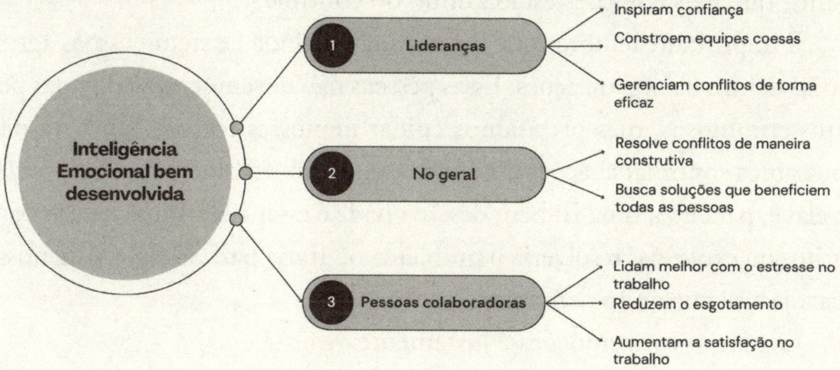

Figura 11.1: Inteligência emocional bem desenvolvida.

Fonte: elaborado pela autora.

DICAS PRÁTICAS PARA UTILIZAR A INTELIGÊNCIA EMOCIONAL NO DIA A DIA

PRATIQUE A AUTOCONSCIÊNCIA

Reconhecer como suas emoções são impactadas pelas situações do dia a dia é crucial. Para mulheres e pessoas trans, a autoconsciência pode ajudar a identificar momentos de vulnerabilidade emocional relacionados a experiências de discriminação.

Dica: pergunte-se frequentemente: "O que estou sentindo agora?" e "Essas emoções estão relacionadas a questões de gênero ou identidade?".

O que você está sentindo vai ter grande impacto na forma como reagirá a diversas situações.

GERENCIE SUAS EMOÇÕES

Discriminação e preconceito podem provocar emoções intensas, como raiva ou tristeza. Aprender a gerenciar essas emoções é vital para manter o equilíbrio emocional.

Dica: use técnicas de respiração ou *mindfulness* para se centrar quando sentir que suas emoções estão saindo do controle.

É importante lembrar que, infelizmente, ainda existem pessoas agressoras dentro de organizações. Essas pessoas não devem ser desculpadas por atos criminosos, mas precisamos cuidar de nossas reações. Embora não possamos controlar as ações dos outros, podemos escolher como responder a elas e, para isso, uma IE bem desenvolvida é essencial. Afinal, reagir com gritos ou explosões resolveria o problema ou traria paz? Se algo custa nossa paz, já está custando demais.

Gerenciar suas emoções é justamente:

1. Aprender a observar como situações diversas no seu dia a dia te provocam emocionalmente — ou seja, aprender a observar mesmo, porque é algo que não costumamos fazer e não somos ensinados desde cedo a desenvolver esse auto-olhar. O que uma situação — seja ela qual for — te provoca? O que sente? O que pensa? O que tem vontade de fazer?
2. Uma vez que você observou como se sente, observe como esse sentimento age em você. O que te leva a fazer? Como pode melhorar nisso?

EMPATIA NO TRABALHO

A empatia é essencial para entender as experiências de quem enfrenta preconceitos, mas não significa "se colocar no lugar do outro", pois isso é impossível. Cada pessoa tem uma vivência única, formada por sua própria história e contexto. Na verdade, empatia é encontrar a pessoa onde ela está, tentando sentir o que ela sente ou reconhecer em si próprio algo semelhante, respeitando a trajetória que levou a outra pessoa àquele momento. Não existe empatia sem compreensão socio-histórica do indivíduo.

Aplicar empatia no trabalho ajuda a criar um espaço seguro e acolhedor para todas as pessoas.

Dica: escute ativamente e evite julgamentos quando seus colegas compartilharem suas experiências. Pergunte: "Como posso apoiar você?". Se alguém te traz um relato, por exemplo, de que sofreu uma microagressão, responder empaticamente pode ser tão simples quanto: "Agradeço por me falar". Valorize que a pessoa sentiu a confiança em você para lhe contar aquilo e lembre-se de que não se trata de "resolver" a vida da outra pessoa, mas de acolher, compreender, ouvir.

HABILIDADES SOCIAIS PARA APOIAR A INCLUSÃO

São essenciais nessa construção inclusiva. Dar e receber feedback de maneira estruturada, respeitosa e construtiva pode ajudar a combater vieses, preconceito, fomentar uma cultura inclusiva e de respeito.

Dica: utilize sempre a comunicação assertiva, demonstrando apoio e oferecendo sugestões práticas para melhorar a inclusão no ambiente. Além disso, é muito útil se comunicar de forma não violenta (CNV), transformando conversas que possam ser difíceis em conversas construtivas. Dessa forma, é possível seguir a "fórmula" da observação do fato > consequência > sentimento:

Observei que [o que foi observado/comportamento] aconteceu e isso levou a [consequência]. Como você se sente sobre isso? (E como eu me sinto?).

MOTIVAÇÃO PARA CRIAR UM AMBIENTE EMOCIONALMENTE INTELIGENTE

Reconhecer as disparidades de gênero e o impacto que elas têm na saúde mental deve ser um estímulo para que as lideranças e demais pessoas ajam, sendo esse o fator motivador. Lembrando que, se as pessoas e as colaboradoras se sentem bem, seu rendimento, produtividade, engajamento... apenas melhorarão.

Dica: estabeleça metas para promover a diversidade e a inclusão em suas interações diárias e compartilhe essas metas com sua equipe.

Independentemente da área de atuação da empresa, ou forma de trabalho, projetos podem ser divididos em etapas, por metas, não se esquecendo da importância de celebrá-las à medida que forem sendo alcançadas. Metas claras e mensuráveis aumentam o foco e a persistência, assim como alcançá-las permite que a motivação continue alta e haja um senso quanto ao progresso.

BENEFÍCIOS DA INTELIGÊNCIA EMOCIONAL PARA AS ORGANIZAÇÕES

A adoção da IE no ambiente empresarial traz benefícios claros, como equipes mais unidas, menor rotatividade e maior inovação. Lideranças emocionalmente inteligentes terão impacto direto no desempenho organizacional, melhorando a comunicação, aumentando o engajamento e criando um ambiente acolhedor para todas as pessoas. Quem se sente emocionalmente apoiado tende a permanecer na empresa. Desenvolver a IE organizacional é uma jornada contínua que promove autoconsciência, empatia e habilidades sociais, resultando em um ambiente de trabalho mais saudável e produtivo.

REFERÊNCIAS BIBLIOGRÁFICAS

AGÊNCIA BRASIL. Dados sobre mulheres e saúde mental. Disponível em: https://agenciabrasil.ebc.com.br. Acessado em: 28 ago. 2024.

BAR-ON, Reuven. The Bar-On model of emotional-social intelligence. *Psicothema*, v. 18, supl. 1, 2006, pp. 13-25. Disponível em: https://www.researchgate.net/publication/6509274_The_Bar-On_Model_of_Emotional-Social_Intelligence. Acessado em: 26 set. 2024.

BENEVIDES, Bruna G.; NOGUEIRA, Sayonara Naider Bonfim (Orgs). Dossiê dos assassinatos e da violência contra travestis e transexuais brasileiras em 2020. São Paulo: Expressão Popular, ANTRA, IBTE, 2021. 136p. Disponível em: https://antrabrasil.org/wp-content/uploads/2021/01/dossie-trans-2021-29jan2021.pdf. Acessado em: 31 ago. 2024.

GOLEMAN, Daniel. *Inteligência emocional*: a teoria revolucionária que redefine o que é ser inteligente. Rio de Janeiro: Objetiva, 1996.

GOLEMAN, Daniel; BOYATZIS, Richard; MCKEE, Annie. Primal Leadership: Realizing the Power of Emotional Intelligence, 2002. Disponível em: https://www.researchgate.net/publication/230854764_Primal_Leadership_Realizing_the_Power_of_Emotional_Intelligence. Acessado em: 26 set. 2024.

ORGANIZAÇÃO MUNDIAL DA SAÚDE (OMS). Relatório mundial sobre saúde mental: transformar a saúde mental para todos, 16 de junho de 2022.

Disponível em: https://www.who.int/publications/i/item/9789240049338. Acessado em: 20 set. 2024.

PEREZ, Mariza Tavares. Pesquisa mostra taxas alarmantes de pensamentos suicidas em pessoas trans mais velhas. G1, Blog Longevidade: Modo de Usar, 21 nov. 2023. Disponível em: https://g1.globo.com/bemestar/blog/longevidade-modo-de-usar/post/2023/11/21/pesquisa-mostra-taxas-alarmantes-de-pensamentos-suicidas-em-pessoas-trans-mais-velhas.ghtml. Acessado em: 20 set. 2024.

CAROLINE COSTA

Consultora de DEI e coordenadora de empregabilidade pela ONG Casinha Acolhida. Psicóloga de formação, pós-graduada, com extensões e cursos voltados para diversidade e inclusão.

NATÁLIA PASETTI

Especialista em diversidade, inclusão, acessibilidade e ESG, fundadora da ONG Casinha Acolhida. Cientista política com foco em direitos humanos e impacto social.

CAPÍTULO 12

DIVERSIDADE E INCLUSÃO E AS NOVAS TECNOLOGIAS (INTELIGÊNCIA ARTIFICIAL)

CAROLINE COSTA | NATÁLIA PASETTI

Buscando a interseção das siglas D&I e IA, esta colaboração visa apresentar dados e análises sobre a responsabilidade na construção de uma inteligência artificial mais confiável e inclusiva. Pautadas em diretrizes da Comissão Europeia e em casos de grandes empresas, promovemos uma reflexão sobre diversidade e tecnologias.

Em 2009, se falássemos de inteligência artificial (IA), o que você pensaria? E hoje, o que você entende por IA?

Para muitos jovens de trinta anos ou mais, como as autoras, o primeiro contato com a IA ocorreu por meio de busca na internet dos anos 2000.

Imagine ter quinze anos, estar em processo de autoconhecimento e buscar "lésbica" no Google. Os resultados gerados eram de conteúdos adultos ou notícias relacionadas a agressões.

Hoje, se você fizer um teste enquanto nos lê, o resultado da sua busca será mais informativo, trará uma visão positiva através de conteúdos educativos.

Pressionado pela campanha #SEOLesbienne, o Google ajustou seu algoritmo em 2019 para combater a fetichização do termo *lesbienne* nos resultados das primeiras páginas.

Em 2019, o Grupo de Peritos de IA da Comissão Europeia definiu diretrizes para IAs confiáveis, incluindo requisitos de diversidade, equidade e não discriminação, com foco em: prevenção de vieses, design acessível e participação das partes interessadas.

Partindo dessa referência, vamos aprofundar o debate acerca desses pontos fundamentais para o desenvolvimento de novas tecnologias.

O QUE É A IA?

Escrito assim, em caixa alta e em siglas, IA ou AI (*artificial intelligence*) tem ganhado espaço nos grandes eventos e fóruns de discussão envolvendo pessoas e inovação ao redor do mundo.

Mas o que afinal seria isso?

A IA pode ser entendida como sistemas algorítmicos que utilizam dados, códigos e comandos para tomada de decisões autônomas, com o objetivo de simular aspectos do raciocínio humano. Esses algoritmos são aplicados a tarefas diversas, desde automação de atividades repetitivas até problemas complexos. No entanto, por trás desses sistemas, há quem desenvolva e organize os dados, fazendo com que a IA reflita os vieses e comportamentos humanos.

Como usamos IA no dia a dia?

Aplicativos de navegação, plataformas de *streaming*, sugestões de conteúdo no "For You", reconhecimento facial e apps financeiros são exemplos de tecnologias cotidianas. Filtros de embelezamento em redes sociais também são outro exemplo; muitas vezes desenvolvidos por pessoas brancas, tendem a reforçar padrões de beleza eurocêntricos, clareando a pele e suavizando traços, além de frequentemente falharem em reconhecer pessoas negras.

Tema recorrente nas agendas de 2024, o interesse surge tanto por sua relevância quanto por provocar reflexões sobre novas tecnologias e o futuro do trabalho. Essas ferramentas são aplicadas em áreas como recrutamento, análise de dados e tomada de decisão, e todos esses processos deveriam estar alinhados com diversidade e inclusão.

No entanto, esses sistemas realmente garantem equidade e imparcialidade ou estão replicando vieses algorítmicos que desfavorecem determinados grupos sociais?

Um exemplo notório é o da Amazon, que abandonou seu sistema de recrutamento, conforme reportado pela Reuters (2018), devido ao viés de gênero. O problema não estava no algoritmo em si, mas na base de dados utilizada, composta majoritariamente por currículos de pessoas do gênero masculino, o que resultou na exclusão de perfis de pessoas do gênero feminino.

VIESES E QUESTÕES DISCRIMINATÓRIAS

Algoritmos de IA processam grandes volumes de dados e tomam decisões com base em padrões, mas podem reproduzir desigualdades históricas, já que são desenvolvidos e treinados por humanos. Se alimentados com dados enviesados, esses sistemas tendem a perpetuar essas desigualdades em suas decisões e recomendações.

Tarcízio Silva (2022, p. 33) lista os tipos de manifestações de microagressões raciais por parte dos algoritmos. Destacamos a seguir um deles:

Microinvalidações: sistemas de reconhecimento facial não encontram faces de pessoas negras.

A equipe de IA Ética do Google afirma que o reconhecimento facial tem mais dificuldade de diferenciar gênero quanto mais escuro for o tom de pele da pessoa. "Os conjuntos de dados originais são em sua maioria brancos e masculinos, muito enviesados contra os tipos de pele mais escuros — há enormes taxas de erro por tom de pele e gênero." (Buolamwini; Gebru, 2018)

De acordo com os documentos, de 2012 a 2020 foram realizadas ao menos noventa prisões injustas por meio de reconhecimento fotográfico. Desse total, 79 contam com informações conclusivas sobre a raça dos acusados, sendo 81% deles pessoas negras, somando-se pretos e pardos conforme a definição do IBGE (Condege, 2021).

O caso de Raoni Barbosa, cientista de dados da IBM, conforme registro em Geledés (2021), é emblemático ao tratar de vieses em IA: homem negro preso injustamente após seu rosto ser erroneamente identificado como o de um miliciano por um sistema de reconhecimento facial.

Estudos do Instituto Nacional de Padrões e Tecnologia (NIST) traduzidos e interpretados em matéria da UOL (Giz Modo, 2019), demonstram que pessoas asiáticas e afro-americanas apresentam taxas de "falsos positivos" até cem vezes superiores às de pessoas brancas.

Essa falha destaca a fragilidade dos julgamentos criminais e dos sistemas de IA, que podem ser enviesados e reproduzir discriminações estruturais. No entanto, a IA pode ser utilizada como aliada da diversidade, promovendo justiça e acessibilidade.

ACESSIBILIDADE E INCLUSÃO

O desenvolvimento de tecnologias de IA tem ampliado as oportunidades de inclusão, ajudando a enfrentar desigualdades e criar ambientes mais acessíveis e equitativos.

A acessibilidade digital é essencial na sociedade contemporânea, onde a internet desempenha um papel central na vida de bilhões de pessoas. Entretanto, muitas enfrentam barreiras de acesso.

De acordo com o PNAD do IBGE de 2022, o Brasil tem 18,6 milhões de pessoas com deficiência. Porém, apenas 2,9% dos sites brasileiros são acessíveis, segundo a pesquisa do Movimento Web Para Todos (2024).

O conceito de acessibilidade digital implica que sites e portais sejam utilizáveis por todas as pessoas, independentemente de suas capacidades físicas ou cognitivas. Nesse contexto, a IA surge como uma ferramenta inovadora que aprimora a acessibilidade digital e beneficia pessoas com deficiência, neurodivergentes e idosas.

Exemplos incluem:

- Geração de legendas automáticas em vídeos e podcasts para pessoas com deficiência auditiva.
- Tecnologias de reconhecimento de voz que permitem navegação por comandos para pessoas com limitações físicas.
- Tradução automática de textos para língua de sinais, promovendo a inclusão da comunidade surda.
- Assistentes virtuais e chatbots que oferecem suporte personalizado.

Plataformas acessíveis melhoram a experiência de todos os usuários e impactam positivamente o desempenho nos mecanismos de busca, já que algoritmos favorecem sites acessíveis.

RESPONSABILIDADE SOBRE O USO DAS TECNOLOGIAS

O impacto da IA em D&I está diretamente ligado à implementação de suas tecnologias. Segundo Kai-Fu Lee (2018), é crucial que decisões automatizadas sejam justas e transparentes, especialmente em setores como recrutamento, finanças e saúde. A Comissão Europeia (2019) estabelece princípios para uma IA confiável, incluindo:

1. Ação e supervisão humana;
2. Solidez técnica e segurança;
3. Privacidade e governança de dados;
4. Transparência;
5. Diversidade, não discriminação e equidade;
6. Bem-estar ambiental e societal;
7. Responsabilização.

Quando implementadas eticamente, essas tecnologias podem combater desigualdades e criar ambientes mais justos.

Executivos e responsáveis por projetos de IA devem estar atentos a esses desafios, questionando como garantir que suas ferramentas não amplifiquem desigualdades.

A representatividade nas equipes de desenvolvimento é essencial; a diversidade de perspectivas aumenta a criatividade e a produtividade, ajudando a identificar e mitigar vieses, conforme apontado pelo estudo da McKinsey (Hunt et al., 2015). Além disso, a consulta a partes interessadas é fundamental para criar sistemas de IA confiáveis, conforme as diretrizes da União Europeia (2019).

Práticas como a escolha cuidadosa de modelos matemáticos e a avaliação da imparcialidade dos dados de treinamento são cruciais para detectar limitações de representação e correlações discriminatórias. Auditorias regulares dos algoritmos e a promoção da transparência nos processos decisórios também são indispensáveis.

Ao fornecer feedback sobre diversidade ao utilizar IA, assumimos a responsabilidade de ajudar algoritmos e organizações a identificar e corrigir falhas, como nos casos da Amazon e do Google.

CONSIDERAÇÕES FINAIS

Como discutido, sistemas de IA têm o potencial de automatizar operações, aumentar a eficiência e promover acessibilidade para grupos sub-representados. No entanto, ao refletir o comportamento humano, a IA pode perpetuar discriminações estruturais. O uso ético da IA, combinado com uma abordagem inclusiva, assegura que essas tecnologias avancem na inovação e contribuam para uma sociedade mais justa e equitativa.

Por fim, as autoras permanecem otimistas de que iniciativas de promoção da diversidade desempenham um papel estratégico na construção de novas tecnologias.

REFERÊNCIAS BIBLIOGRÁFICAS

BUOLAMWINI, Joy; GEBRU, Timnit. Gender shades: intersectional accuracy disparities in commercial gender classification. *PMLR*, v. 81, 2018, pp. 77-91. Disponível em: https://proceedings.mlr.press/v81/buolamwini18a.html. Acessado em: 17 set. 2024.

COMISSÃO EUROPEIA. Ethics guidelines for trustworthy AI, 2019. Disponível em: https://digital-strategy.ec.europa.eu/pt/library/ethics-guidelines-trustworthy-ai. Acessado em: 15 set. 2024.

CONDEGE, Conselho Nacional das Defensoras e Defensores Públicos Gerais. Relatórios indicam prisões injustas após reconhecimento fotográfico, 2021. Disponível em: https://www.condege.org.br/arquivos/1029. Acessado em: 30 dez. 2024.

DEFENSORIA PÚBLICA DO RIO DE JANEIRO. Relatórios apontam falhas em prisões após reconhecimento fotográfico, 2023. Disponível em: https://www.defensoria.rj.def.br/noticia/detalhes/11088-Relatorios-apontam-falhas-em-prisoes-apos-reconhecimento-fotografico. Acessado em: 20 set. 2024.

GELEDÉS. 1ª Vara Criminal: cientista de dados da IBM, negro, é preso por reconhecimento de foto, 2021. Disponível em: https://www.geledes.org.br/

1a-vara-criminal-cientista-de-dados-da-ibm-negro-e-preso-por-reconhecimento-de-foto/. Acessado em: 20 set. 2024.

HUNT, Vivian; LAYTON, Dennis; PRINCE, Sara. Why diversity matters. McKinsey & Company, 2015. Disponível em: https://www.mckinsey.com/business-functions/organization/our-insights/why-diversity-matters. Acessado em: 25 set. 2024.

IBGE, PNAD. Desigualdades sociais por cor ou raça no Brasil. Rio de Janeiro: IBGE, 2019. Disponível em: https://agenciadenoticias.ibge.gov.br/media/com_mediaibge/arquivos/0a9afaed04d79830f73a16136dba23b9.pdf. Acessado em: 21 set. 2024.

LEE, Kai-Fu. *AI Superpowers*: China, Silicon Valley, and the New World Order. Boston: Houghton Mifflin Harcourt, 2018.

MOVIMENTO WEB PARA TODOS. Apenas 2,9% dos sites brasileiros foram aprovados em todos os testes de acessibilidade, aponta pesquisa, 2024. Disponível em: https://mwpt.com.br/apenas-29-dos-sites-brasileiros-foram-aprovados-em-todos-os-testes-de-acessibilidade-aponta-pesquisa/. Acessado em: 15 set. 2024.

REUTERS. Amazon scraps secret AI recruiting tool that showed bias against women, 2018. Disponível em: https://www.reuters.com/article/us-amazon-com-jobs-automation-insight/amazon-scraps-secret-ai-recruiting-tool-that-showed-bias-against-women-idUSKCN1MK08G/. Acessado em: 15 set. 2024.

SILVA, Tarcízio. *Racismo algorítmico*: inteligência artificial e discriminação nas redes digitais. São Paulo: Edições Sesc São Paulo, 2022.

UOL, Giz Modo. Algoritmos de reconhecimento facial são enviesados, diz órgão dos EUA, 2019. Disponível em: https://gizmodo.uol.com.br/reconhecimento-facial-enviesados-estudo-eua/. Acessado em: 30 dez. 2024.

ANA ULYSSÉA

Psicóloga, mestra em Administração, com especialização em Desenvolvimento de RH e extensão em Diversidade e Inclusão Social em DDHH/Gênero, palestrante, professora de MBA em ESG e sócia da FourAll.

SYLVIA TERRA

Administradora, pós-graduada em Direitos Humanos, Responsabilidade Social e Cidadania Global, Gestão de RH e Gestão do Conhecimento, empresária, escritora, professora de MBA em ESG e sócia da FourAll.

CAPÍTULO 13

VIESES EM PROCESSOS DE JULGAMENTO DE PESSOAS

ANA ULYSSÉA | SYLVIA TERRA

Recorde um momento quando você recebeu em sua equipe uma nova pessoa. Naquele primeiro contato, você lembra como se sentiu, como seu corpo reagiu? E sua mente? Pesquisas afirmam que levamos de dois a dez segundos para formar nossa primeira impressão sobre uma pessoa. É tempo suficiente para considerar os fragmentos de informação que captamos nesse contato. Isso só é possível porque usamos o pensamento rápido, sem perceber que esse breve julgamento é influenciado por nossos vieses.

Quando nos deparamos com uma situação ou alguém pela primeira vez, buscamos encontrar algo que reconhecemos ou com que nos identificamos para fazer nosso julgamento: parece comigo? Ou com algo ou alguém que conheço e gosto (ou não)? Então, associamos a situação ou a pessoa às nossas referências: se pertence a grupos ou ambientes aos quais pertenço, então gosto, confio e julgo como bom e confiável? E se não?

Assim começam as armadilhas de percepção e é sobre isso — o porquê, como ocorre e como podemos driblá-las para nos tornarmos pessoas mais abertas ao diverso e desenvolvermos uma visão de mundo mais inclusiva — que discorreremos neste capítulo.

MEDO DE NÃO PERTENCER E SEGURANÇA PSICOLÓGICA

Quando vamos nos encontrar com pessoas que não conhecemos e, especialmente, quando sabemos que elas podem impactar nossas vidas, por exemplo, nos contratar ou fazer uma avaliação, ficamos, na maioria das vezes, com medo de não causar uma boa impressão, não é mesmo? Edmund Burke, filósofo irlandês, diz que "nenhuma paixão rouba tão eficazmente a mente de todos os seus poderes como o **medo**", convidando à reflexão sobre nosso anseio por pertencimento e aceitação. Somos seres gregários, desejamos pertencer e não sofrer exclusão por sermos quem somos.

Em ambientes psicologicamente seguros, como nos ensina Amy Edmondson (2020), uma referência em segurança psicológica, percebe-se uma crença coletiva reafirmando que nenhuma pessoa será punida ou humilhada por expor suas ideias, perguntas, preocupações ou erros, isto é, todas podem ser quem são e serão valorizadas por se expor e contribuir a partir de seus lugares de fala. Assim, esses ambientes são os mais produtivos, criativos e inovadores, pois neles as pessoas aprendem mais, uma vez que a disseminação de conhecimento flui melhor, o ambiente é mais colaborativo, favorecendo a saúde mental, aumentando engajamento e produtividade. Mas se é tão bom, por que não é tão simples ser quem se é?

AUTOCONHECIMENTO – CULTURA ORGANIZACIONAL, MARCADORES SOCIAIS E VIESES

Todas as pessoas veem o mundo e as outras pessoas a partir do seu próprio lugar e é também deste lugar que são vistas e julgadas. Você já havia pensado nisso? Você reconhece o lugar de onde fala, escuta, vê e julga o mundo à sua volta? Sabe o que o compõe e o que te influencia? Percebe seus limites? Vamos trazer aqui algumas reflexões que ampliem seu autoconhecimento e sua consciência.

Segundo Gardenswartz et al. (2012), quatro são as camadas de diversidade que nos fazem pessoas únicas e diversas: a primeira e mais interna seria a nossa **personalidade**, aquilo que nasce conosco, seja por conta de nossa carga genética ou de tudo que nos é apresentado enquanto crescemos; a que se somam as **dimensões internas**, que são características inerentes e/ou identitárias, como cor de pele, sexo e gênero atribuído, condição ou não de deficiência, dentre outras; depois as **dimensões externas**, adquiridas e cognitivas, pois são fruto de escolhas e aprendizados, como nossa religião e classe social; e, por último, as **dimensões organizacionais**, que nos são atribuídas em relação às posições que ocupamos na empresa onde trabalhamos ou em grupos afins.

Recomendamos que você se autoavalie por essa perspectiva, como uma pessoa composta e atravessada por tantas dimensões e variáveis. Então pondere se a personalidade é capaz de influenciar a performance nas camadas mais externas ou se, de fora para dentro, é a sociedade ou a cultura organizacional que vivenciamos que influencia quem somos e nossa percepção sobre as outras pessoas.

Outra provocação que gostaríamos de fazer é se você, ao avaliar e julgar uma pessoa, reconhece o seu lugar de fala e escuta e leva em consideração os dela.

Mas por que essas reflexões são tão relevantes? Porque algumas dessas variáveis são capazes de nos conceder ou nos privar de **privilégios** (definidos como direitos, **vantagens** ou prerrogativas válidas apenas para um indivíduo ou um grupo, em detrimento da maioria). E podem facilitar ou dificultar o acesso a direitos e oportunidades. Alguns marcadores sociais como raça, gênero, identidade de gênero, orientação sexual, idade, religião, condição de deficiência ou origem nos levam a fazer parte de grupos minorizados (quando, mesmo sendo maioria quantitativa, são grupos oprimidos em relações de acesso, poder e influência, como mulheres e pessoas negras, por exemplo) e esses grupos tendem a ser os maiores alvos de preconceito, discriminação, assédio e violência, em função de estereótipos (características atribuídas a determinados grupos sociais — generalizações, simplificações — que relacionam atributos a características coletivas, na maioria das vezes não positivas, pressupondo e impondo certos padrões sociais).

Mas como chegamos à construção de estereótipos? Estruturalmente. Quase sem perceber, porque a estrutura social em que vivemos é enviesada e constrói papéis sociais que nos colocam em determinados lugares para sermos quem devemos ser. Então, vamos trazer a sua atenção para algo que requer vontade e esforço cognitivo para gerar mudança de comportamento: a higiene ou o desenviesamento de nossos julgamentos.

Porque toda pessoa tem vieses. E precisamos falar sobre isso.

Vieses são trilhas neuronais aprendidas, que nos apoiam em tomadas de decisão. Pesquisas afirmam que existem mais de duzentos vieses mapeados, e Buster Benson (2019), autor de teorias sobre discussões produtivas, classifica os vieses em quatro grupos, pela forma que nos ajudam a viver em um mundo tão incerto e ansioso (VUCA/BANI):[1]

- O que devo lembrar?
- Preciso agir rápido. Como faço?
- Tenho muita informação, qual é a associação mais fácil?
- Que sentido posso atribuir ao que vejo?

Nossas decisões acabam por ser tomadas rapidamente, levando em consideração o já conhecido, aquilo que entendemos, a partir de nossas crenças e de escolhas anteriores, como o melhor ou o certo. Tudo isso ressalta que nossos vieses são provenientes de vivências e aprendizados, isto é, basicamente do **passado**, da nossa história, ou do histórico que reconhecemos como verdade.

Mas Daniel Kahneman (2012) nos alerta, em seu livro *Rápido e devagar: duas formas de pensar* que, se não prestarmos atenção a essas escolhas que facilitam nossas decisões, estaremos nos limitando a ver apenas o que há em nosso campo de visão. E acabamos acreditando que o que vemos é tudo o que há, como indica o acrônimo criado pelo autor para indicar que nosso cérebro tende a limitar nossas decisões às informações disponíveis, sem esforço para buscar novas referências ou perspectivas: WYSIATI (*What You See Is All That Is*). Mas ressalta, com exemplos e reflexões, que o que vemos **NÃO** é tudo o que há! Vieses podem ser atalhos que nos levam mais rápido a uma decisão ou desvios que impactam nossos julgamentos, limitam nosso campo de visão e nos conduzem a erros.

Quando realizamos processos de avaliação de pessoas, como recrutamento e seleção, promoção ou avaliação de desempenho, faz sentido priorizar o passado, com padrões, tendências e pré-julgamentos que podem ser distorções de nossa percepção da realidade, fundamentadas até mesmo

1 VUCA é um acrônimo em língua inglesa: Volatility (Volatilidade), Uncertainty (Incerteza), Complexity (Complexidade) e Ambiguity (Ambiguidade), que se originou no exército dos EUA (US Army War College) para descrever os desafios da liderança militar em um ambiente de campo de batalha. O conceito de mundo BANI descreve a realidade contemporânea, caracterizada por quatro atributos principais: Brittle (Frágil), Anxious (Ansioso), Nonlinear (Não linear) e Incomprehensible (Incompreensível). Esse termo foi proposto pelo antropólogo Jamais Cascio como uma evolução do conceito de mundo VUCA.

em preconceitos, a fim de conferir agilidade à tomada de decisão? E será que não estamos fazendo isso?

Sim, todas as pessoas têm vieses. Nós temos vieses e, porque eles nos ajudam em várias situações, nós não vamos e não podemos acabar com todos eles, mas devemos nos esforçar para colocar atenção em nossas reações, especialmente quando lidamos com situações e pessoas que nos parecem diferentes do padrão que reconhecemos. É um esforço, até porque Kahneman nos ensina que o Sistema 1 (rápido e automatizado) não sai de cena quando o Sistema 2 (devagar e pensante) assume o controle. Por isso, é importante nossa intenção genuína de tomar consciência de nossas reações quando desejamos ver além, pois entendemos o impacto de nossos julgamentos na vida das pessoas que julgamos.

Você já se deu conta do quanto seu lugar de fala e escuta e seus vieses **impactam** os seus julgamentos?

VIESES MAIS COMUNS EM PROCESSOS DE AVALIAÇÃO DE PESSOAS

Para que possamos nos preparar melhor para processos como seleção de pessoas e avaliação de desempenho, vamos citar aqui alguns dos vieses mais comuns:

Viés de afinidade — Tendência a avaliar melhor e buscar relacionamentos com pessoas que tenham afinidades conosco, como gostos, experiências ou traços físicos parecidos com os nossos.

Viés de percepção — Tendência a reforçarmos estereótipos sem base concreta em fatos, apoiados por um "falso senso comum" ou "achismo", que pode ser relacionado às **crenças do nosso meio**.

Viés de confirmação — Tendência a procurarmos informações que confirmem as nossas hipóteses e ignorarmos estrategicamente outras informações que podem colocar em xeque as nossas crenças ou as fontes que consideramos confiáveis — sem analisarmos outros pontos de vista.

Efeito de *halo* ou *horn* — Tendência ou propensão a avaliar algo de forma positiva (ou negativa) quando recebemos uma informação prévia sobre algo ou alguém, fixando nosso olhar naquela qualidade (ou defeito) previamente anunciada.

Viés de disponibilidade — Tendência a recordar o que aconteceu recentemente, permitindo que as lembranças mais atuais influenciem indevidamente as classificações, em vez de levar em consideração o desempenho durante todo o período da avaliação.

Tendência central — Tendência a não atribuir notas muito baixas (por receio de prejudicar) ou muito altas (a fim de evitar justificativas).

Viés da fadiga — Tendência a responder aleatoriamente às competências e/ou comportamentos depois de um certo tempo.

Efeito de grupo — Tendência a seguir o comportamento do grupo em que estamos inseridos para não desviar do padrão vigente.

COMO MITIGAR VIESES EM PROCESSOS DE GESTÃO DE PESSOAS, EM BUSCA DE UMA CULTURA E UM AMBIENTE MAIS INCLUSIVOS?

É fundamental que possamos nos reconhecer como somos para permitirmos que outras pessoas sejam quem são. Para além disso, é importante ressaltar o valor da boa gestão das emoções. Entender como reagimos e o que engatilha nossas respostas é parte desse processo de autoconhecimento, que nos aproxima das outras pessoas, por mais diversas que sejam de nós. E a neurociência ratifica que esse não é um processo natural, mas sempre estará sob nossa responsabilidade. "Falei sem pensar!" Mas falou. "Agi por impulso." Mas já fez. É preciso esforço e atenção para tornar nosso inconsciente consciente. E começa com a nossa intenção de mudar.

A seguir, deixamos algumas dicas de como todas as pessoas podem contribuir para uma cultura e um ambiente psicologicamente seguros, mitigando os seus vieses:

- Reconheça seu lugar de fala, privilégios, vieses e seus impactos;
- Sempre busque fatos, dados e evidências que justifiquem as suas percepções;
- Tente buscar possíveis contraexemplos para os seus pensamentos sobre uma pessoa ao avaliar uma situação;
- Foque e faça focar nos valores;
- Busque pessoas avaliadoras diversas;
- Acompanhe as estatísticas;

- Provoque escolhas afirmativas;

Durante os processos, procure se questionar e levar as demais pessoas a se questionarem fazendo as seguintes perguntas:

- Estou analisando cada uma das competências desta pessoa avaliada separadamente ou eu fiz uma generalização sobre sua performance?
- Estou baseando minha classificação quanto ao histórico de comportamentos (eventos e feedback) da pessoa avaliada ou estou fazendo julgamentos com base nas minhas opiniões pessoais apenas?
- Eu classifiquei esta pessoa avaliada no seu comportamento real ou eu a avaliei em comparação com outras pessoas?
- Analisei as competências desta pessoa avaliada ao longo do tempo ou eu generalizei de acordo com as percepções iniciais ou recentes sobre ela?
- Eu reconheci quaisquer preconceitos que eu possa ter para que eu não os deixe influenciar os meus julgamentos ou não fiz esse tipo de questionamento?

E assim fechamos, deixando como contribuição final um alerta que nos faz William James (1902), psicólogo norte-americano: "Sempre que duas pessoas se encontram, há seis pessoas presentes. Como cada pessoa olha para si mesma, como uma pessoa olha para outra, e cada pessoa como ela realmente é".

REFERÊNCIAS BIBLIOGRÁFICAS

BENSON, Buster. *Why are we yelling?* New York: Portfolio, 2019.

EDMONDSON, Amy. *A organização sem medo*. Rio de Janeiro: Alta Books, 2020.

GARDENSWARTZ, Lee; CHERBOSQUE, Jorge; ROWE, Anita. *Inteligência emocional na gestão de resultados*. São Paulo: Clio Editora, 2012.

GLADWELL, Malcolm. *Blink*: a decisão num piscar de olhos. Rio de Janeiro: Sextante, 2016.

KAHNEMAN, Daniel. *Rápido e devagar*: duas formas de pensar. Rio de Janeiro: Objetiva, 2012.

RODRIGO CREDIDIO

É pessoa com deficiência, diretor da goodbros e consultor em empatia e comunicação inclusiva. Formado em Comunicação Social, com pós-graduações em Administração e Neurociência. Professor do curso "Empatia para Líderes", da Fundação Dom Cabral, e cocriador da "Oficina de Empatia".

CAPÍTULO 14

EMPATIA: REMÉDIO CONTRA AS DORES SOCIAIS DA DIVERSIDADE HUMANA

RODRIGO CREDIDIO

A neurociência comprovou que preconceitos estruturais impostos a grupos minorizados da diversidade humana dão origem a um tipo de dor chamada "dor social", que é percebida pelo cérebro de forma tão real quanto a dor física. Este capítulo traz informações sobre o impacto das dores sociais na sociedade e apresenta um tipo de empatia capaz de funcionar como "remédio social" para a valorização da diversidade humana e promoção da inclusão social.

Atualmente, ainda presenciamos um número considerável de pessoas usando a expressão "diversidade humana" como se não lhes dissesse respeito, como se fosse aplicável apenas a terceiros. Entendo esse comportamento como resultado de uma perspectiva secular do patriarcado excludente, ancorado na branquitude, e que gerou uma marginalização de milhões de cidadãos sem os mesmos marcadores sociais de grupos dominantes, que geralmente eram e são compostos por homens brancos.

Sobre a branquitude, a socióloga Ruth Frankenberg (1993) declara que "é um lugar confortável do qual se pode atribuir ao outro aquilo que não se atribui a si mesmo".

Com base nas palavras da autora, convido você à seguinte reflexão: existirá um lugar de onde não tenhamos a necessidade de atribuir algo ao outro que não atribuiríamos a nós mesmos? Haverá um lugar onde não confeccionamos julgamentos inconsequentes ou sequer reforçamos estereótipos? É possível acreditarmos em um lugar onde o foco não está no "eu", mas no "outro"?

Por volta dos anos 2000, a dupla de neurocientistas Naomi Eisenberger e Matthew Lieberman (2003) descobriu que o sentimento de exclusão vivenciado por uma pessoa aciona as mesmas áreas cerebrais da dor física. Por conta dessa descoberta, criou-se o termo "dor social".

Um dos estudos mais emblemáticos sobre dor social utilizou o Cyberball e escaneamentos cerebrais por ressonância magnética funcional (RMf), que é uma varredura que permite visualizar a atividade cerebral em tempo real e com mais detalhes.

Os escaneamentos em RMf eram feitos enquanto os participantes jogavam o Cyberball, um jogo virtual de arremesso de bola entre três participantes. No experimento, foi dito para cada pessoa que ela jogaria com outros dois participantes, que também estariam em máquinas de RMf e em salas separadas. Mas, na verdade, seria uma partida onde a pessoa jogaria contra um programa de computador. Em um primeiro momento, chamado de "momento inclusão", cada participante apenas assistia a uma partida jogada pelos "outros dois jogadores". Em um segundo momento, o "momento exclusão", os três participantes jogavam a bola um para o outro até o computador parar de lançar a bola para a pessoa do experimento, dando a sensação de que a dupla tinha excluído ela do jogo. Comparando as imagens do "momento inclusão" com o "momento exclusão", percebeu-se nitidamente que o "momento exclusão" apresentava padrões, acionando sempre regiões cerebrais relacionadas à dor física.

Um outro experimento tratou dois grupos de pacientes que sofriam de exclusão social. Durante três semanas, um deles recebeu uma dose diária de paracetamol, e o outro, placebo. Ao final dos vinte e um dias, a equipe de cientistas descobriu que a ingestão de paracetamol reduziu significativamente as respostas neurais à rejeição social a partir de uma menor ativação das regiões cerebrais associadas à dor social! E, curiosamente, o grupo que tomou placebo demonstrou mais dor social.

Estudos como esses, evidenciando a forte correlação entre dor social e dor física, corroboram as ideias da nocividade à saúde advindas da exclusão social. Imagine viver décadas de sua vida com uma dor crônica que nunca vai embora! Essa é a dor social, uma dor extremamente impactante que mexe com nossas emoções, vivências e conexões sociais. É uma sensação que afeta nossa imunidade, dando brechas para a eclosão de distúrbios ou até doenças, seja na esfera física, mental ou espiritual. A rejeição social vivenciada de forma crônica e persistente pode ativar regiões cerebrais associadas à resposta ao medo e ao estresse, contribuindo para o surgimento da ansiedade ou depressão.

Ao mesmo tempo que tomamos conhecimento das duras consequências da exclusão nas populações minorizadas, a neurociência nos mostra oportunidades quanto ao desenvolvimento da nossa capacidade de nos conectarmos interpessoalmente. Sim, o cultivo de uma determinada forma de empatia pode virar o jogo e acelerar a reconstrução de uma coletividade mais diversa, harmoniosa e saudável.

Na década de 1940, os estudos do psicólogo Jean Piaget deram origem à classificação dos tipos de empatia que existe até hoje. Piaget e seus sucessores, no entanto, não entraram no mérito da qualificação dessas empatias, ou seja, se a intenção por detrás da empatia é boa ou ruim. A classificação atual baseia-se apenas nos mecanismos da empatia, que são:

- **Empatia cognitiva:** capacidade de compreendermos a perspectiva psicológica do outro, ou seja, a habilidade de imaginarmos o que o outro sente e pensa. Também chamada de "Teoria das Mentes";
- **Empatia afetiva (ou emocional):** habilidade de experimentarmos e compartilharmos emoções ou sentimentos com outra pessoa.

A imagem a seguir ilustra a nossa proposição de uma "visão multidimensional", a partir da junção das dimensões piagetianas com duas dimensões de intencionalidade.

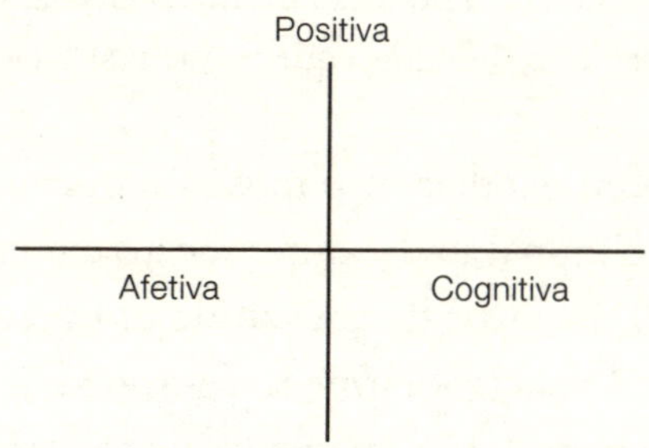

Figura 14.1: Visão multidimensional da empatia.

Fonte: elaborada pelo autor.

Sob essa ótica multidimensional, tem-se duas empatias cognitivas. Uma que é carregada de negatividade e que, por isso, produz sintonias maléficas tanto para nós quanto aos outros. E outra, nutrida por uma intenção positiva, que cria conexões altruístas saudáveis. A este tipo de empatia, o professor e escritor Daniel Goleman (2011) chama de "preocupação empática". Eu a chamo de "empatia cognitiva positiva", que passa a ser, então, nossa promessa de "remédio" no combate às dores sociais e na valorização da diversidade humana.

Agora, não adianta conhecermos a "empatia cognitiva positiva" e medicarmos apenas os "nossos semelhantes"! Estaríamos perpetuando as dores sociais e reforçando a invisibilização de grupos da diversidade humana que mais precisam de respeito e ações efetivas de restauro de sua dignidade humana e participação social.

Paul Bloom, psicólogo e autor do livro *Against Empathy*, alerta para essa armadilha perigosa. Segundo Bloom (2016), em vez de tentarmos nos conectar cognitivamente com alguém diferente de nós, com outras ideologias, crenças e estilo de vida, acabamos procurando nossos semelhantes para criar essa sintonia.

A psicóloga social Denise Jodelet (1999) ressalta a prevalência dos vieses em nossas ligações sociais ao explicar o fenômeno do pertencimento social:

> O engajamento e a implicação emocional, com relação ao grupo ao qual pertencemos, conduzem a nele investir sua própria identidade. A imagem que temos de nós próprios encontra-se assim ligada àquela que temos de nosso grupo, o que nos conduz a defendermos os valores dele. A proteção do nós incitaria, portanto, a diferenciar e, em seguida, a excluir aqueles que não estão nele.

As ideias de Bloom e Jodelet nos mostram que o cultivo de uma empatia direcionada à eliminação das dores sociais é uma tarefa desafiadora. Mas não impossível. A partir da adoção de um método, aprendemos a canalizar energia vital para ignorarmos o egoísmo e as vaidades e a driblar nossa predisposição instintiva ao pertencimento social.

Nesta primeira década como consultor em empatia e comunicação inclusiva, eu e um parceiro criamos um método batizado de "Os 5 Passos da Empatia", em que o foco é praticar a "empatia cognitiva positiva". Testamos com dezenas de pessoas e atualmente aplicamos dentro das empresas com resultados bem promissores. O método conjuga teoria com jogos e exercícios lúdicos. Nesta vivência andragógica, batizada de "Oficina de Empatia", ensinamos as etapas que precisam ser seguidas paciente e disciplinadamente para o desenvolvimento da "empatia cognitiva positiva" com foco na alteridade e na diversidade humana.

Dentro do nosso método, trago algumas boas práticas que você pode começar a adotar para se aclimatar com cada uma das etapas:

Presença: é focar o momento presente, esquecendo do passado e do futuro. Só existe conexão e sintonia no presente. Eis aqui algumas dicas para te ajudar a se conectar no aqui e agora:

- Feche os olhos e faça oito rodadas de inspirações de quatro segundos e expirações de quatro segundos de duração. Goleman chama isso de "controle cognitivo";
- De olhos fechados, comece um escaneamento mental a partir dos dedos dos pés até o couro cabeludo. Em cada parte escaneada, foque sua atenção e relaxe ao máximo a musculatura;
- Prepare dezenas de papeizinhos com dicas simples de autocuidado e coloque num pote ou cesto. Toda vez que se sentir "ausente" ou com ansiedade, retire uma dica e a pratique. Exemplos: tomar um copo de água gelada, contar uma piada para alguém, observar a natureza etc.

Recepção: nesta etapa, trabalhamos nossa capacidade de observação, escuta e percepção em relação ao outro. Sugiro estas práticas para exercitar:

- Assista a uma série ou filme sem volume. Observe a comunicação não verbal das pessoas e procure imaginar o que falam e sentem;
- Durante uma conversa presencial ou por telefone, repare no tom, timbre e velocidade da voz. Procure relacionar essas características com o que a pessoa fala.

Descoberta: etapa investigativa em que procuramos mapear as emoções que a outra pessoa carrega. Além da observação, outra boa prática é saber fazer boas perguntas. Eis algumas dicas para você treinar a descoberta:

- Amplie seu repertório de termos para conhecer melhor e nomear as emoções. Procure por materiais de Paul Ekman (emoções básicas) e Robert Plutchik (roda das emoções);
- Durante a escuta numa conversa, faça perguntas como: "Como você se sente me contando isso?" ou "O que você sentiu nessa hora?".

Imersão: quando damos um grande mergulho para conhecer a origem dos sentimentos detectados a partir da criação de hipóteses. Para saber do que a pessoa mais precisa naquele momento, use perguntas como estas:

- "Quando você sentiu (nome da emoção), do que você mais precisava naquela hora?"
- "Pelo que estou entendendo, você precisava de (hipótese). É isso mesmo?"
- "Do que você necessitava quanto sentiu (nome da emoção)?"

Entrega: é a hora de comunicarmos à outra pessoa o que compreendemos dela. Os "entregáveis" dessa etapa podem variar bastante. Veja alguns possíveis:

- Um olhar acolhedor;
- Um abraço;
- Caso não saiba como reagir, diga apenas: "Não sei o que dizer, mas estou aqui por você";
- Antes de aconselhar ou tomar uma ação, sempre pergunte antes se a pessoa quer ser ajudada. Ajuda sem consentimento é simpatia e não empatia!

Enfim, a decisão de voltarmos a atenção à alteridade que nos parece diferente é um ato genuíno e deliberado de altruísmo, de amor ao próximo.

Praticar a "empatia cognitiva positiva" com a diversidade humana que nos é distante traduz-se em ato de coragem, acima de tudo. Mas é a partir da priorização na cura da dor do outro que também trataremos nossas chagas e evoluiremos enquanto coletividade. É dando que receberemos. É incluindo "as outras" diversidades humanas que também nos sentiremos pertencentes à sociedade onde nos inserimos.

Eu entendo que só assim veremos as mudanças que tanto queremos no mundo. Toda viagem começa com um simples passo (no caso, 5 passos!). E aí? Vamos começar esse processo de cura social?

REFERÊNCIAS BIBLIOGRÁFICAS

BLOOM, Paul. *Against Empathy*: The Case for Rational Compassion. Nova York: Ecco, 2016.

DEWALL, Nathan C. et al. "Acetaminophen reduces social pain: behavioral and neural evidence". *Psychological Science*. [S. l.], v. 21, n. 7, 2010, pp: 931-7.

EISENBERGER, Naomi I.; LIEBERMAN, Matthew D.; WILLIAMS, Kipling D. "Does Rejection Hurt? An fMRI Study of Social Exclusion". *Science*. [S. l.], v. 302, n. 5643, 2003, pp: 290-2.

FRANKENBERG, Ruth. *White Women, Race Matters*: The Social Construction of Whiteness. Minneapolis: University of Minnesota, 1993, Chapter 4, pp. 71-101.

GOLEMAN, Daniel. *Inteligência Emocional*: a teoria revolucionária que redefine o que é ser inteligente. Tradução de Marcos Santarrita. Rio de Janeiro: Objetiva, 2011.

JODELET, Denise. Os processos psicossociais da exclusão. In: SAWAIA, Bader (org.). *As artimanhas da exclusão*: a análise psicossocial e ética da desigualdade social. Petrópolis: Vozes, 1999.

LUCIANA ZOBEL LAPA

É mestra em Educação Escolar, psicóloga, pedagoga e especialista em relações interpessoais na escola e desenvolvimento da autonomia moral. Foi professora, orientadora educacional, diretora escolar e gerente de ensino na Fundação Bradesco.

CAPÍTULO 15

CONVIVÊNCIA ESCOLAR E DIVERSIDADE

LUCIANA ZOBEL LAPA

(...) Importante na escola não é só estudar,
não é só trabalhar,
é também criar laços de amizade,
é criar ambiente de camaradagem,
é conviver, é se amarrar nela.
Paulo Freire

Escolhi esse trecho do poema "A escola é...", de Paulo Freire, para a abertura deste capítulo, porque ele traz uma das dimensões mais importantes da escola na atualidade: a convivência. Digo atualidade, mas é fato que a escola sempre foi espaço de convivência. A diferença é que, em um passado não muito distante, a escola era reconhecida prioritariamente como o espaço de aprendizado, de aquisição de conhecimento.

Sem dúvida, definir convivência escolar não é uma tarefa fácil. Assim, começaremos por definir os termos separadamente, para depois trabalhar a sua junção. Se consultarmos o dicionário, e aqui escolhemos o Oxford Languages, convivência é definida como o substantivo feminino de conviver. Conviver, por sua vez, tem dois significados: 1) viver em proximidade; 2) ter relações cordiais, dar-se bem. Para além do ato de conviver, pode-se definir convivência como o conjunto das relações interpessoais que ocorrem em diferentes ambientes sociais.

A escola, segundo a mesma fonte, também tem dois significados: 1) estabelecimento público ou privado destinado a ensino coletivo e 2) conjunto de professores, alunos e funcionários de uma escola. Ou seja, a escola é o lugar físico, público ou privado, em que professores e professoras destinam-se a ensinar alunos e alunas de forma coletiva, com o apoio dos demais funcionários. Nessa simples definição já identificamos a dimensão da convivência implícita na escola, quando pensamos no termo coletivo e de seus agentes (professores, professoras, estudantes etc.).

Definir convivência escolar é uma tarefa muito mais complexa do que simplesmente a junção das duas definições. De acordo com Salinas et. al. (2023), é possível definir a convivência escolar como o conjunto de processos pelos quais se efetivam as relações sociais e interpessoais envolvidas na atividade educativa, que ampara e dá sentido à vida social, tanto nas salas de aula, quanto nas escolas. De acordo com os autores, a convivência escolar é uma construção multidimensional e se desenvolve a partir de dois eixos temáticos fundamentais: a qualidade das relações interpessoais (entre iguais e com professores, famílias e outros agentes escolares) e a prevenção de problemas de convivência (Moro et al., 2024).[1]

Há, sem dúvida, uma relação importante entre os eixos temáticos apontados por Salinas, pois a qualidade das relações interpessoais está diretamente relacionada à prevenção dos problemas de convivência. Abrimos aqui, então, o espaço para abordarmos a questão da diversidade, uma vez que ela permeia as relações interpessoais, notadamente na escola, que é o nosso recorte aqui.

Antes de entrar propriamente no conceito de diversidade, farei aqui uma provocação acerca das similaridades e diferenças entre os seres humanos. Será que em algum aspecto somos todos iguais?

Bem, se pensarmos pelo viés biológico, podemos dizer que todos os seres humanos pertencem à mesma espécie e compartilham uma estrutura biológica semelhante. Em contrapartida, sabemos que semelhante não é sinônimo de igual e que também, por exemplo, não existem no mundo duas impressões digitais iguais nem dois fios de cabelos iguais.

1 Os problemas de convivência são amplos e complexos. Podem ser caracterizados como **manifestações de caráter violento**, que envolvem as *violências duras* (lesões, extorsões, tráfico de drogas, depredação, abuso sexual etc.); *violências brandas* (insultos, humilhação, difamação etc.); *agressões* e *bullying*. Assim como **manifestações perturbadoras**, por exemplo, as indisciplinas (curricular, social, regimentar, passiva). (Vinha et.al., 2017, p. 56.)

Partindo dessa premissa, todo ser humano é único e, assim, a diversidade permeia as relações humanas. No ambiente escolar não poderia ser diferente. Amplamente estudado, o conceito de diversidade é abordado de diferentes maneiras, em diferentes áreas acadêmicas.

Vamos olhá-la pelo viés da educação. Nos últimos vinte anos, temos acompanhado debates nacionais e internacionais em que a diversidade e outros temas a ela relacionados têm sido tratados de forma central, especialmente no que diz respeito ao desenvolvimento e formulação de políticas públicas.

A Unesco (Organização das Nações Unidas para a Educação, a Ciência e a Cultura), por exemplo, tem tido a diversidade cultural como tema de muitos informes e resoluções. Na década de 1990, a diversidade foi trabalhada no relatório da Comissão Mundial de Cultura e Desenvolvimento, em um documento denominado *Nossa diversidade criadora,* que, em linhas gerais, enfatiza a diversidade cultural como essencial para o desenvolvimento sustentável e a promoção da paz e da segurança mundiais. Discute, entre outros pontos, os desafios e as oportunidades que a globalização apresenta para a preservação das identidades culturais.

A mesma abordagem aparece no relatório para a Unesco da Comissão Internacional sobre Educação para o século XXI (Delors, 2010). Nesse mesmo relatório, são explorados os quatro pilares da Educação: aprender a conhecer, aprender a fazer, aprender a conviver e aprender a ser — que abordam o crescimento integral dos alunos, desde o aprendizado da alfabetização e a utilização dos números até mesmo ética, respeito, ser criativo, pensante.

Sabemos que a cultura não é a única faceta da diversidade. O direito à educação vem sendo assegurado em inúmeros tratados internacionais e, portanto, os países têm a obrigação de respeitar, proteger e cumprir o direito de todos os estudantes à educação (Unesco, 2014). Apesar dos avanços significativos ocorridos nos últimos quinze anos em relação ao acesso à educação, os números mais recentes da Unesco indicam que cerca de 263 milhões de crianças e jovens com idade entre 6 e 17 anos, na maioria meninas, não frequentam a escola atualmente (Unesco, 2016).

Se pensarmos em relação às disparidades de gênero, as meninas representam dois terços do número total de crianças fora da escola.

Em relação aos níveis socioeconômicos, as crianças mais pobres têm quatro vezes mais probabilidade de estar fora da escola e cinco vezes mais chances de não completar a educação primária (Unesco, 2016). Sem dúvida, a situação é mais grave nos países em desenvolvimento, mas as desigualdades também estão presentes nos países mais ricos, especialmente por conta dos movimentos migratórios internacionais e da globalização.

Em 2015, a ONU realizou a Cúpula do Desenvolvimento Sustentável, onde líderes do mundo todo, de 193 países, se reuniram para adotar a Agenda 2030. Desse encontro, foram elaborados os Objetivos de Desenvolvimento Sustentável, os chamados ODS, sucessores dos Objetivos de Desenvolvimento do Milênio (ODM), que vigoraram de 2000 a 2015. São dezessete ODS, e a principal diferença entre eles e os ODM é que os últimos focavam principalmente as questões sociais, como pobreza e saúde, e os primeiros abrangem um escopo mais amplo que inclui também aspectos econômicos e ambientais.

Diretamente relacionado à educação e às questões abordadas neste capítulo, o ODS 4 exige que os países "assegurem uma educação de qualidade inclusiva e equitativa e promovam oportunidades de aprendizagem ao longo da vida para todos". Coube à Unesco coordenar e liderar a Agenda Educação 2030, que está encapsulada no ODS 4, cuja mensagem principal é simples e ao mesmo tempo extremamente complexa: todo estudante é importante e tem igual importância. Sem dúvida nenhuma, a complexidade reside em como colocar em prática esse objetivo.

A implementação dessa mensagem e, portanto, deste ODS, certamente envolve uma mudança de pensamentos e atitudes em todos os níveis do sistema educacional, dos professores e professoras aos gestores e gestoras, ou seja, de todos os envolvidos na promoção de experiências educacionais àqueles responsáveis por políticas educacionais.

Faremos, neste momento do capítulo, um recorte para discutir práticas possíveis, para aqueles e aquelas diretamente relacionados à promoção das experiências educacionais.

O TRABALHO COM A DIVERSIDADE E A CONVIVÊNCIA NAS ESCOLAS – UMA PRÁTICA POSSÍVEL E NECESSÁRIA

Ao longo da primeira parte deste capítulo, discutimos brevemente e de forma conceitual convivência escolar e diversidade. Neste momento, gostaríamos de retomar o relatório para a Unesco da Comissão Internacional sobre Educação para o século XXI, escrito por Jacques Delors em 2010. Nele, como dito anteriormente, foram apresentados os quatro pilares da educação: aprender a conhecer, aprender a fazer, aprender a conviver e aprender a ser. Destes, gostaria de destacar dois: **aprender a ser e aprender a conviver.** Faço isso porque considerá-los como pilares da educação lhes garante a condição e a necessidade da intencionalidade pedagógica.

Faz-se importante adicionar aos pilares propostos por Delors as dez competências gerais da BNCC, notadamente as três últimas: autoconhecimento e autocuidado; empatia e cooperação; responsabilidade e cidadania, que enfatizam e corroboram o aprender a ser e conviver. Entretanto, certamente o leitor deve estar aqui se perguntando "e como isso se dá na prática?".

Em primeiro lugar, faz-se necessário considerar a importância de trabalhar a convivência, a diversidade e as chamadas competências socioemocionais de modo curricular para além da transversalidade, ou seja, é necessário — para não dizer imprescindível — que a escola tenha um componente curricular em que essas questões sejam discutidas.

É também necessário que a premissa desse componente seja trabalhar com propostas que possibilitem a reflexão e a mudança de atitudes, para além de uma aprendizagem conceitual. Além disso, o docente responsável por tal componente deve ter conhecimento do desenvolvimento infantojuvenil do ponto de vista cognitivo, afetivo e moral. Deriva dessa necessidade, a importância da formação continuada de professores, uma vez que nem todos os(as) docentes têm esse conhecimento.

As propostas devem ser prioritariamente reflexivas e devem partir do autoconhecimento. Das competências socioemocionais, o autoconhecimento é uma das mais importantes, pois leva ao autorrespeito. Propostas como os autorretratos e as autobiografias são muito bem-vindas, quando o objetivo é promover o autoconhecimento. O autorretrato pode nos dar, por exemplo, informações do(a) aluno(a) acerca da aceitação de sua etnia. Dito de outra forma, através dos autorretratos, podemos avaliar se os(as) estudantes se retratam como são, especialmente em relação à sua cor de pele. Cerca de 30% das alunas e dos alunos, quando convidados a se desenharem, não o fazem levando em consideração o seu tom de pele. Além disso, os(as) professores(as), ao analisarem esses desenhos, não percebem que isso ocorreu.

Em paralelo às propostas de autoconhecimento, são de suma importância as que favoreçam a convivência entre os estudantes. Estamos fazendo referência aqui a momento intencionalmente planejado em que o grupo pode se conhecer, perceber suas afinidades e diferenças. Além disso, é importante que, como grupo, possam discutir as questões de convivência, desde tenra idade, a partir de propostas de avaliações do dia (com as crianças da educação infantil e das séries iniciais do ensino fundamental) e as assembleias de classe e rodas de conversa, com os(as) estudantes mais velhos(as).

Não se pode discutir convivência escolar sem falar dos valores que devem permear as relações institucionais, e esses transcendem as relações entre os alunos e alunas. Sem a menor sombra de dúvida, o respeito, valor universalmente desejável, deve ser pauta de discussão. Onde há respeito não há preconceito, discriminação, violência, racismo, *bullying*, entre outras questões de convivência. Ressalto aqui que as propostas relacionadas aos valores devem estar sempre além das discussões conceituais. Crianças e jovens devem aprender quais são as ações que demonstram respeito e quais estão relacionadas à falta dele. Pode parecer simples, mas não é.

Escolho outro trecho do poema "A escola é...", de Paulo Freire, para finalizar as reflexões propostas neste capítulo. A escola é o espaço em que os(as) estudantes construirão grande parte de sua personalidade a partir das relações que estabelecem com seus pares e com as figuras de autoridades (professores e gestores). Nas palavras de Freire:

"Escola é...
... o lugar onde se faz amigos,
não se trata só de prédios, salas, quadros,

programas, horários, conceitos...
Escola é sobretudo GENTE
Gente que trabalha, que estuda
que alegra, se conhece, se estima."

REFERÊNCIAS BIBLIOGRÁFICAS

DELORS, Jacques. Educação: um tesouro a descobrir, relatório para a Unesco da Comissão Internacional sobre Educação para o Século XXI. Unesco, 2010. Disponível em: https://unesdoc.unesco.org/ark:/48223/pf0000109590_por. Acessado em: 29 nov. 2024.

DIRETRIZES de políticas da Unesco para a aprendizagem móvel – Unesco, 2014.

MORO, Adriano; VIVALDI, Flávia Maria C.; ADDUCI, Renata. O investimento na convivência e no clima escolar para uma educação de qualidade. *In*: D'AURIA-TARDELI, Denise (Org.), *Educação, escola e pós-pandemia*: discussões sobre convivência e aprendizagem, 2024.

REPENSAR a educação: rumo a um bem comum mundial? – Unesco, 2016.

SALINAS, Ana Cebollero; ALCAINE, Pablo Bautista; ESCORIAZA, Jacobo Cano. Convivencia y ciberconvivencia escolar en los centros educativos. In J. C. ESCORIAZA, Jacobo Cano; SALINAS, Ana Cebollero (Eds.), *La escuela y su organización: análisis y retos.* 1. ed., Dykinson, S.L., *JSTOR*, 2023, pp. 235-64. Disponível em: https://doi.org/10.2307/jj.8500809.12. Acessado em: 29 nov. 2024.

VINHA, Telma, NUNES, César. *Da escola para a vida em sociedade*: o valor da convivência democrática. Americana: Adonis, 2017.

CRISTIANE DE CARVALHO PINTO

Psicopedagoga, palestrante e consultora, especialista em Neurociência Aplicada à Educação, em TDAH e em Transtorno do Espectro Autista. Professora da USP-Esalq do curso de MBA em Gestão Escolar e MBA em Neurociência e Aprendizagem na Educação.

CAPÍTULO 16

PERSPECTIVAS E DESAFIOS DA EDUCAÇÃO INCLUSIVA NO BRASIL

CRISTIANE DE CARVALHO PINTO

A educação é um ato de amor, por isso, um ato de coragem. Não pode temer o debate. A análise da realidade não pode fugir à discussão criadora, sob pena de ser uma farsa.

Paulo Freire

A escola é uma instituição que universaliza os valores para a integração social. E, nesta perspectiva, Edgar Morin (2003, p.11) aponta a complexidade que é a educação, em que os problemas particulares só podem ser pensados no seu contexto perpassando os muros da escola. É preciso, então, integrar e reunir as questões econômicas, sociais, políticas, emocionais de cada indivíduo.

No que diz respeito à educação inclusiva, é uma realidade há mais de uma década com mudanças e objetivos dentro de um contexto histórico, político e social particular. Porém, um olhar sobre o presente, sobre como ela vem se constituindo no Brasil, é importante.

Desse modo, a história se configura por um amplo processo de continuidade e descontinuidade. Assim, inicio este capítulo, com pontos históricos relevantes sobre o atendimento às pessoas com deficiência.

Durante o Império, ocorreu a criação do Imperial Instituto dos Meninos Cegos, atual Instituto Benjamin Constant – IBC, e do Instituto de Surdos Mudos, atual Instituto Nacional da Educação de Surdos – INES, ambos no Rio de Janeiro. No início do século XX, foi fundado o Instituto Pestalozzi, especializado no atendimento às pessoas com deficiência mental; em 1954, foi fundada a primeira Associação de Pais e Amigos dos Excepcionais – APAE; e, em 1945, foi criado o primeiro atendimento educacional especializado às pessoas com superdotação na Sociedade Pestalozzi, pela brasileira Helena Antipoff (Kassar, 2011, pp. 65-67).

No Brasil essa é uma trajetória marcada por algumas práticas assistencialistas e educacionais, em que uma parte da população se viu relegada a atitudes isoladas junto aos serviços prestados por instituições públicas, privadas e filantrópicas. A partir de 1957 até 1993, as iniciativas públicas passaram a desenvolver campanhas e a estruturar órgãos em torno da educação especial. Em 1993, criou-se o Estatuto da Criança e do Adolescente (ECA), que destaca no art. 3 o respeito aos direitos individuais e coletivos, preconizando o princípio da inclusão (Brasil, 1990). Já em 1994, na Espanha, ocorreu a elaboração da Declaração de Salamanca, um marco importante para a educação inclusiva. No contexto da diversidade, definiu-se que: "as escolas devem se ajustar a todas as crianças, independentemente de suas condições físicas, sociais, linguísticas ou outras" (Salamanca, 1994, p. 6). Já em 1996, com a LDBN 9394/96, há o reconhecimento da educação especial como subárea da política de educação, passando a ser responsabilidade dos estabelecimentos regulares de ensino e das instituições filantrópicas e especializadas o desempenho de papel complementar em turno inverso ao ensino regular.

Em 2001, um conjunto de ações a favor da educação inclusiva foi elaborado e segue até hoje como norte para o sistema educacional brasileiro.

DIANTE DESSE CONTEXTO, QUAL É A FUNÇÃO DA ESCOLA?

Passamos boa parte do tempo na escola e, como uma instituição que universaliza valores, deve democratizar o conhecimento, formar cidadãos conscientes, participantes e de opiniões próprias. Nesse pensamento, a educação é entendida como prática social cuja finalidade é transmitir a cultura construída historicamente pela humanidade. O homem não nasce humanizado, mas torna-se humano por seu pertencimento ao mundo histórico-social e pela incorporação desse mundo em si mesmo, processo esse pelo qual concorre a educação. Percebe-se, portanto, que cabe à escola salvaguardar os direitos sociais em educação e articular o processo educativo, atendendo a essa demanda que implica reestruturação organizacional, cultural, curricular, pedagógica e de funcionamento, exigindo dessas um exame do seu propósito e função social.

Entretanto, a escola ainda não alcançou sua meta de tornar-se inclusiva. Embora o movimento tenha respaldo legal, existem incompatibilidades entre o discurso e a prática, e há fragilidades no preparo daqueles que são responsáveis pelo processo de ensino e acessibilidade física, curricular e atitudinal.

São vários os desafios que a educação inclusiva apresenta às instituições de ensino regular. A valorização das diferenças humanas "requer emergencialmente uma nova forma de ensinar e, também, de ensinar a ensinar, que demanda uma multiplicidade de respostas educativas coerentes com as diversas necessidades dos alunos". José Raimundo Facion (2005) aponta um contexto que exige das escolas e dos professores uma preparação pedagógica, científica e cultural para assumir novos valores profissionais que considerem, efetivamente, as singularidades dos estudantes.

Trata-se de uma proposta que exige compromisso, participação e articulação de todos os envolvidos na dinâmica escolar. É muito importante envolver o corpo docente, possibilitar o pensar coletivo na busca por estratégias que atendam às necessidades reais, vivenciando uma formação colaborativa e participativa no contexto escolar. A reinvenção educacional deve ocorrer todos os dias para que se levem aos estudantes atividades pedagógicas com intencionalidade, criatividade, de maneira que haja o estímulo e o despertar do engajamento dos educandos e assim seja possível alcançar o sucesso da aprendizagem ao se atingir objetivos estabelecidos no planejamento educacional individualizado.

Um dos maiores desafios da formação docente, vista do contexto da educação inclusiva, é envolver o professor com o conhecimento das singularidades dos processos pedagógicos de cada um dos seus estudantes, de modo a identificar meios que garantam o acesso à aprendizagem, enquanto, na perspectiva do atendimento educacional especializado, cabe identificar, elaborar e organizar recursos pedagógicos e de acessibilidade que eliminem barreiras para a plena participação dos estudantes.

A perspectiva de se formar uma nova geração dentro de um projeto educacional inclusivo é fruto do exercício diário da cooperação e da fraternidade, do reconhecimento e do valor das diferenças, o que não exclui a interação com o universo de conhecimento em suas diferentes áreas. Uma escola para todos não menospreza o conhecimento científico, sistematizado, mas também não se restringe a instituir que os estudantes devam "dominá-los" a todo custo. Aprendemos a ensinar segundo a hegemonia e a primazia dos conteúdos acadêmicos e temos, naturalmente, muitas dificuldades de nos desprendermos desse aprendizado, que nos refreia nos processos de ressignificação de nosso papel, seja qual for o nível de ensino em que atuamos.

É preciso entender que os objetivos educacionais das pessoas com deficiências precisam ser os mesmos para os estudantes típicos, não se tratando, porém, de reduzi-los às expectativas em relação ao processo de ensino e aprendizagem, tampouco de ignorar as especificidades e idealizar a deficiência, mas admitindo que todos podem aprender em determinado tempo/momento. Esses objetivos dizem respeito às ações que devem ser orientadas para potencializar o processo de humanização, sem o estabelecimento de limites *a priori* e sem tomar como ponto de partida a falta, embora reconhecendo as condições e suas peculiaridades. Isso implica atenção aos modos de participação da pessoa com deficiência nas práticas sociais e, principalmente, à significação das ações mediadas que se produzem nas dinâmicas das relações. Portanto, o que se evidencia é como considerar no trabalho de mediação pedagógica as especificidades da deficiência, tendo como horizonte as possibilidades de desenvolvimento cultural, uma vez que a condição orgânica não é impeditiva da ação educacional.

Só há o incômodo em relação à mudança para incluir pessoas porque, de alguma forma, estas estão segregadas, por motivos e explicações que foram historicamente construídas. Se de um lado há um anseio de incluir, é porque de outro existem os excluídos. Isso é tratar os diferentes como iguais (Macedo, Aimi, Tada e Souza, 2014, p. 184).

RELAÇÃO FAMÍLIA E ESCOLA

A família e a escola são as duas principais responsáveis pelos processos de desenvolvimento das pessoas. Para uma formação bem-sucedida do indivíduo, a família é uma peça-chave, pois é no ambiente familiar que ela tem o primeiro contato com o outro e com a cultura; ao passo que, na escola, expande seus conhecimentos e vivências, tendo a oportunidade de desenvolver suas habilidades e competências a partir do desenvolvimento biopsicossocial. É também na escola que a criança passa a aprender a valorizar, reconhecer as diferenças e respeitar o eu, o outro e o nós, pois começa a construir uma consciência mais profunda sobre sua própria identidade e a descobrir o outro a partir das interações com as demais crianças. Portanto, esses dois contextos — família e escola — exercem forte influência na vida e no desenvolvimento dos indivíduos.

Existe uma grande preocupação, em especial da família, devido ao desconhecimento do processo inclusivo, pois o ingresso na escola é uma nova etapa da vida da pessoa, além de um novo desafio para todos, sobretudo ao envolver o cenário da deficiência.

Os pais conseguem identificar, em muitos casos, o diferencial das escolas mais qualificadas para a inclusão, sejam elas nas adaptações arquitetônicas, na qualificação profissional ou nas adaptações curriculares.

Apesar das dificuldades, há o desejo de avançar e a motivação para superar os desafios que ainda existem no processo de inclusão, tanto por parte dos pais, como dos professores brasileiros. Há de fato uma inquietação na busca pelo conhecimento e por novas práticas, por recursos e por um atendimento adequado às crianças e aos adolescentes com deficiência no contexto escolar. É importante, desse modo, o desenvolvimento de programas com equipes multidisciplinares que trabalhem na construção de grupos de apoio, de modo a instrumentalizar família e educadores para que consigam considerar a singularidade de cada um, objetivando o fortalecimento e a consolidação da relação família-escola no processo de inclusão.

Para concluir, reforço que as instituições de ensino devem ser apoiadas, estimuladas e estruturadas em toda sua dimensão para que representem, no conjunto de suas ações, um sistema educacional inclusivo, oferecendo não só a matrícula, mas também a permanência e o sucesso da aprendizagem desses estudantes no ambiente de ensino, o que compreende adequação curricular, acessibilidade e estratégias práticas que assegurem a escolarização de todos na faixa etária adequada.

É importante destacar que se deve observar a inclusão como um processo que precisa ser constantemente avaliado durante seu curso de desenvolvimento, por meio de estratégias responsáveis e compromissadas em torno de todas as esferas da sociedade.

REFERÊNCIAS BIBLIOGRÁFICAS

AMERICAN PSYCHIATRIC ASSOCIATION (2013) *Diagnostic and Statistical Manual of Mental Disorders* – DSM-5. 5. ed. Washington D/C, 2013.

ARDOINO, Jacques. A complexidade. *In*: MORIN, Edgar. *A religação dos saberes*: o desafio do século XXI. Trad. Flávia Nascimento. 9. ed. Rio de Janeiro: Bertrand Brasil, 2010.

BAUMAN, Zygmunt: "Entrevista sobre educação. Desafios pedagógicos e modernidade líquida". *Cadernos de Pesquisa*, v. 39, n. 137, maio/ago. 2009.

BRASIL, Constituição da República Federativa do Brasil, 1998. Disponível em: https://www.planalto.gov.br/ccivil_03/constituicao/constituicao.htm. Acessado em: 30 nov. 2024.

BRASIL, Lei n. 8.069, de 13 de julho de 1990. Dispõe sobre o Estatuto da Criança e do Adolescente e dá outras providências. Brasília: Presidência da República, 1990. Disponível em: htttps:// https://www.planalto.gov.br/ccivil_03/leis/l9394.htm. Acessado: em 24 jul. 2024.

BURKE, Meghan M.; RIOS, Kristina; GARCIA, Marlene et al. Examining differences in empowerment, special education knowledge and family-school partnerships among latino and white families of children with autism spectrum disorder. *International Journal of Developmental Disabilities*, v. 66, n. 1, 2018, pp. 75-81. Disponível em: https://pubmed.ncbi.nlm.nih.gov/34141369/. Acessado em: 30 nov. 2024.

CINTRA, Gilcineia Maria Silveira; RODRIGUES, Sonia das Dores; CIASCA, Sylvia Maria. (2009). "Inclusão escolar: há coesão nas expectativas de pais e professores?" *Revista Psicopedagógica.* [S. l.], v. 26, n. 79, 2009, pp. 55-64.

DOCUMENTOS. Documentos Internacionais (Salamanca e Guatemala). Disponível em: https:// www.fcee.sc.gov.br/informações/legislação/documentos internacionais. Acessado em: em 8 ago. 2024.

FACION, José Raimundo. *Inclusão Escolar e suas Implicações*. Curitiba: editora IBPEX 2005.

FAVERO-NUNES, Maria Angela; GOMES, Isabel Cristina. "Transtorno autístico e a consulta terapêutica dos pais". *Revista Psico.* [S. l.], v. 40, n. 3, 2009, pp. 346-53.

FOUCAULT, Michel. *Microfísica do poder.* Rio de Janeiro: Editora Graal, 1997.

FREIRE, Paulo. *Educação como prática de liberdade.* 23 ed. Rio de Janeiro: Paz e Terra, 1999.

HOBSBAWM, Eric J. *Era dos extremos*: o breve século XX: 1914-1991. Trad.: Marcos Santarrita. Revisão técnica: Maria Célia Paoli. São Paulo: Companhia das Letras,1995.

KASSAR, Mônica de Carvalho Magalhães. Educação especial na perspectiva da educação inclusiva: desafios da implantação de uma política nacional. Educar em Revista, Editora UFPR, Curitiba, Brasil, n.41, p.61-79, jul/set, 2011.

MACEDO, Marasella del Cármen Silva Rodrigues; AIMI, Deusodete Rita Silva; TADA, Iracema Neno Cecilio; SOUZA, Ana Maria de Lima. Histórico da Inclusão escolar: uma discussão entre texto e contexto. Psicologia em Estudo, Maringá, V. 19, n.2, p.179-189, abr/jun, 2014.

MANTOAN, Maria Teresa Eglér. *Inclusão Escolar*: o que é? Por quê? Como fazer? 2. ed. São Paulo: Moderna, 2006.

MORIN, Edgar. *A cabeça bem-feita*: repensar a reforma, reformar o pensamento. Trad. Eloá Jacobina. 8. ed. Rio de Janeiro: Bertrand Brasil, 2003.

MARTA GIL

Socióloga, fundadora e coordenadora executiva do Amankay Instituto de Estudos e Pesquisas, Fellow Ashoka Empreendedores Sociais, consultora, palestrante, livros e artigos publicados sobre inclusão, acessibilidade, educação e trabalho.

JORGE AMARO DE SOUZA BORGES

Quilombola dos Teixeiras, é pós-doutorando em Desenvolvimento Rural e doutor em Políticas Públicas pela UFRGS, mestre em Educação (PUCRS), biólogo (IPA) e técnico agrícola (ETA). Servidor licenciado da Faders, atualmente é vereador em Mostardas.

CAPÍTULO 17

PESSOAS COM DEFICIÊNCIA E DESASTRES CLIMÁTICOS EXTREMOS

MARTA GIL | JORGE AMARO DE SOUZA BORGES

Esse tema adquiriu contornos de urgência a partir de 29 de abril de 2024, quando do primeiro alerta sobre o elevado volume de chuva no Rio Grande do Sul, afetando a população de praticamente todo o estado.

O aumento de ocorrências climáticas extremas altera padrões climáticos globais e gera efeitos inesperados.

Embora todos sejam atingidos, alguns o são de forma mais marcante, como as pessoas com deficiência, que constituem cerca de 18,6 milhões de indivíduos, segundo a Pesquisa Nacional por Amostra de Domicílios Contínua (PNAD) de 2022.

O Banco Mundial (2023) sintetiza: "Embora 15% da população mundial tenha uma deficiência, os esforços de adaptação às mudanças climáticas não levam adequadamente suas necessidades em consideração".

As mudanças climáticas estão cada vez mais intensas; impactam severamente as populações, mas é nos grupos socialmente mais vulneráveis, como as pessoas com deficiência, que os efeitos são mais devastadores e significam uma situação de risco desproporcional. A falta de acessibilidade limita suas oportunidades de se prepararem: são ignoradas em momentos críticos.

A interação entre deficiência, pobreza e exclusão social cria um cenário de tripla vulnerabilidade que exige uma abordagem sensível às especificidades desse grupo. Sem uma política efetiva de gestão de riscos de desastres que o inclua em todas as fases, as lacunas de desigualdade continuarão a se expandir, amplificando os impactos sociais e econômicos dos desastres climáticos.

O DEBATE SOBRE SUSTENTABILIDADE E ACESSIBILIDADE À LUZ DOS DIREITOS HUMANOS

A acessibilidade é frequentemente negligenciada na discussão sobre sustentabilidade, tema considerado crucial para o futuro da humanidade.

Os direitos humanos consideram a sustentabilidade de forma holística, integrando a garantia de acesso pleno e igualitário a todos. Isso implica ampliar o conceito de sustentabilidade para incorporar a inclusão social, econômica e política das pessoas com deficiência.

A Convenção sobre os Direitos das Pessoas com Deficiência (CDPD) estabelece a acessibilidade como um direito humano fundamental: a construção de sociedades sustentáveis não pode se restringir à preservação ambiental ou ao uso racional de recursos. Deve ser entendida em termos de desenvolvimento humano integral, em que tudo esteja acessível a todos. Excluir pessoas com deficiência configura uma violação direta de seus direitos humanos.

Acessibilidade e sustentabilidade, portanto, devem ser pensadas em conjunto, visando ao bem-estar das gerações presentes e futuras.

A ausência de uma infraestrutura inclusiva compromete a ideia de desenvolvimento sustentável, que se baseia na noção de justiça intergeracional e equidade social. É essencial acessibilizar o ambiental:

> Acessibilizar o ambiental significa fazer uma discussão ampla sobre como as mudanças no ambiente afetam a vida das pessoas com deficiência e também quais as políticas públicas ambientais que efetivamente são acessíveis e inclusivas, de forma a garantir a participação e o protagonismo destas pessoas no cenário de discussão da sustentabilidade em igualdade de oportunidades com as demais pessoas.

A acessibilidade é indispensável para o exercício de outros direitos fundamentais. Sem ela, pessoas com deficiência são frequentemente privadas de oportunidades de contribuir para e se beneficiar de iniciativas de sustentabilidade, criando um ciclo vicioso de exclusão social. Isso é particularmente relevante em regiões vulneráveis a desastres climáticos, onde a ausência de planejamento acessível e inclusivo agrava a situação.

O conceito de acessibilidade vai além de rampas e elevadores: abrange todas as esferas da vida pública e privada. Também é questão de segurança humana: em situações de crise ambiental ou desastres naturais, as pessoas com deficiência estão entre as mais vulneráveis e enfrentarão riscos desproporcionais. Sem acessibilidade, modelos de exclusão serão perpetuados, agravando a desigualdade.

Implementar esses princípios traz desafios significativos: resistência institucional, falta de recursos e desconhecimento da interseção entre acessibilidade e sustentabilidade. Para avançar no debate e nas práticas, é fundamental promover políticas integradas que articulem os princípios da CDPD com os Objetivos de Desenvolvimento Sustentável (ODS), particularmente o ODS 11, que busca tornar as cidades e os assentamentos humanos inclusivos, seguros, resilientes e sustentáveis.

O debate deve se estabelecer no campo das políticas públicas, com diretrizes de acessibilidade, e nos espaços de controle social, que garantam a participação ativa da sociedade civil, especialmente de grupos historicamente marginalizados, para promover uma justiça socioambiental que não deixe ninguém para trás — só assim a sustentabilidade, à luz dos direitos humanos, será plenamente alcançada, ao garantir acesso equitativo a todos, especialmente em contextos de crise.

O QUE FAZER?

Considerando o direito humano à informação, e que seu oposto, a desinformação, foi considerada o "risco global mais grave a ser encarado pela comunidade internacional nos próximos dois anos" no Fórum Econômico Mundial de 2024 em Davos, recomendamos analisar a legislação pertinente e divulgar informações sobre boas práticas.

A resposta a desastres naturais envolvendo pessoas com deficiência a partir da realidade do Rio Grande do Sul exige ações específicas e urgentes. Medidas estruturadas entre setores, preparação das comunidades, resposta rápida e coordenada durante os desastres e um processo de recuperação inclusivo e contínuo são essenciais para proteger essa população vulnerabilizada.

Embora a solidariedade e a empatia da comunidade sejam vitais para superar as adversidades e construir um futuro resiliente, assegurando que "ninguém seja deixado para trás", não são suficientes.

NORMATIVAS LEGAIS

O arcabouço jurídico brasileiro sobre os direitos desse grupo frente às emergências climáticas é: a Constituição da República Federativa do Brasil (1988), a Convenção Internacional sobre os Direitos das Pessoas com Deficiência (ONU, 2006), recepcionada no Brasil pelo Decreto n. 6.949/2009 com status de Emenda Constitucional; a Lei Brasileira de Inclusão da Pessoa com Deficiência/Estatuto da Pessoa com Deficiência (Lei n. 13.146/2015); os Objetivos de Desenvolvimento Sustentável (ODS) e o Protocolo Nacional conjunto para proteção integral a crianças e adolescentes, pessoas idosas e pessoas com deficiência em situação de riscos e desastres (2013).

POR UMA POLÍTICA NACIONAL DE PROTEÇÃO E DEFESA CIVIL ACESSÍVEL, INCLUSIVA E QUE NÃO DEIXE NINGUÉM PARA TRÁS

A Lei n. 12.608, de 10 de abril de 2012, que institui a Política Nacional de Proteção e Defesa Civil (PNPDEC), representa um marco normativo fundamental para estruturar as ações de defesa civil no Brasil, estabelecendo um conjunto articulado de diretrizes sobre prevenção, mitigação, preparação, resposta e recuperação diante de desastres, de origem natural ou antrópica. Para que atinja sua efetividade plena deve ser pautada por princípios de acessibilidade e inclusão.

A articulação entre políticas de proteção civil e acessibilidade deve ocorrer em todas as etapas do ciclo de gestão de desastres. Essa lei prevê a integração das ações de proteção e defesa civil com outras políticas setoriais (Art. 3º, parágrafo único). Para tanto, é imprescindível que as necessidades das pessoas com deficiência sejam sistematicamente incorporadas aos processos de planejamento e implementação.

A referida lei autoriza a criação de um sistema nacional de informações e monitoramento de desastres (Art. 1º), que deve ser desenhado e operacionalizado de maneira acessível para todos os cidadãos. Implementar sistemas de alerta precoce que utilizem tecnologias assistivas e comunicações inclusivas é crucial: sua ausência compromete a segurança.

A formação contínua de agentes de defesa civil para lidar com essas demandas específicas é indispensável para a construção de uma política inclusiva de gestão de desastres.

PERSPECTIVAS FUTURAS

Diante do agravamento das crises climáticas e da crescente frequência de desastres naturais, é urgente que as políticas públicas no Brasil e no mundo avancem para um modelo verdadeiramente inclusivo e construído de forma regionalizada.

Ou seja: o futuro da gestão de desastres e da adaptação às mudanças climáticas passa necessariamente pela inclusão das pessoas com deficiência. Essa tese é inegociável. A integração e o diálogo entre sustentabilidade e acessibilidade é o caminho para sociedades mais justas e preparadas para enfrentar os desafios globais, sem deixar ninguém para trás. *Vamos juntos construir um futuro mais acessível e inclusivo, que não seja mais do mesmo?*

REFERÊNCIAS BIBLIOGRÁFICAS

AGUIAR, Plínio. Brasil registrou maior número de desastres naturais em 2023, com 1.161 ocorrências. R7, em Brasília, 15/05/2024. Disponível em: https://noticias.r7.com/brasilia/brasil-registrou-maior-numero-de-desastres-naturais-em-2023-com-1161-ocorrencias-15052024. Acessado em: 30 nov. 2024.

AUERBACH, Adam; SACKS, Audrey; YUSUPOV, Dilmurad. Climate change highlights the need for disability-inclusive adaptation. December 19, 2023. Disponível em: https://blogs.worldbank.org/en/climatechange/climate-change-highlights-need-disability-inclusive-adaptation. Acessado em: 30 nov. 2024.

BORGES, Jorge Amaro de Souza. "Educação ambiental na perspectiva da educação inclusiva". *Olhar de professor*. v. 14, n. 2, 2011, pp. 285-92.

BORGES, Jorge Amaro de Souza. *Sustentabilidade & Acessibilidade:* Educação Ambiental, Inclusão e direitos da pessoa com deficiência - práticas, aproximações teóricas, caminhos e perspectivas!. [S. l.]: OAB Editora, 2014.

BRASIL. Ministério da Educação. Convenção sobre os direitos da pessoa com deficiência. 2007. Disponível em: http://portal.mec.gov.br/index.php?option=com_docman&view=download&alias=424-cartilha-c&category_slug=documentos-pdf&Itemid=30192. Acessado em: 3 ago. 2024.

BRASIL. Decreto 6.949 de 25 de agosto de 2009. Convenção sobre os Direitos das Pessoas com Deficiência e seu Protocolo Facultativo. Brasília, DF. Disponível em: https://www.planalto.gov.br/ccivil_03/_ato2007-2010/2009/decreto/d6949.htm. Acessado em: 2 jul. 2024.

BRASIL. Lei n. 13.146 de 16 de julho de 2015. Estatuto da Pessoa com Deficiência. Brasília, DF. Disponível em: https://www.planalto.gov.br/ccivil_03/_ato2015-2018/2015/lei/l13146.htm. Acessado em: 22 jun. 2024.

BRASIL. [Constituição (1988)]. Constituição da República Federativa do Brasil. Brasília, DF. Disponível em: https://www.planalto.gov.br/ccivil_03/constituicao/constituicao.htm. Acessado em: 3 ago. 2024.

FÓRUM DAVOS 2024: Reconstruindo a confiança. Disponível em: https://www.iberdrola.com/quem-somos/iberdrola-forum-economico-mundial-davos. Acessado em: 30 nov. 2024.

IBERDROLA. Fórum Davos 2025: Colaboração para a Era Inteligente. Disponível em: https://www.iberdrola.com/quem-somos/iberdrola-forum-economico-mundial-davos. Acessado em: 3 ago. 2024.

IBGE. Pesquisa Nacional por Amostra de Domicílios Contínua. 2023. Disponível em: https://agenciadenoticias.ibge.gov.br/media/com_mediaibge/arquivos/0a9afaed04d79830f73a16136dba23b9.pdf. Acessado em: 3 ago. 2024.

IBGE. Pessoas com Deficiência: 2022. PNAD Contínua. Divulgação dos resultados gerais. Disponível em: https://agenciadenoticias.ibge.gov.br/media/com_mediaibge/arquivos/0a9afaed04d79830f73a16136dba23b9.pdf. Acessado em: 30 nov. 2024.

NAÇÕES UNIDAS BRASIL. Como as Nações Unidas apoiam os Objetivos de Desenvolvimento Sustentável no Brasil. Disponível em: https://brasil.un.org/pt-br/sdgs. Acessado em: 30 nov. 2024.

NAÇÕES UNIDAS BRASIL. O que são mudanças climáticas? Disponível em: https://brasil.un.org/pt-br/175180-o-que-s%C3%A3o-mudan%C3%A7as--clim%C3%A1ticas. Acessado em: 15 set. 2024.

NAÇÕES UNIDAS BRASIL. Sobre o nosso trabalho para alcançar os Objetivos de Desenvolvimento Sustentável no Brasil. Disponível em: https://brasil.un.org/pt-br/sdgs. Acessado em: 3 ago. 2024.

STEIN, Penélope J. S.; STEIN, Michael Ashley. Climate change and the right to health of people with disabilities (Mudanças climáticas e o direito à saúde das pessoas com deficiência). *The Lancet*, v. 10. Issue 1, january 2022, pp. E24-E25. Disponível em: https://www.thelancet.com/journals/langlo/article/PIIS2214-109X(21)00542-8/fulltext. Acessado em: 30 nov. 2024.

WALSH, Alistair. O que está por trás do aumento das catástrofes climáticas, 18/05/2024. Disponível em: https://www.uol.com.br/ecoa/noticias/deutsche-welle/2024/05/18/o-que-esta-por-tras-do-aumento-das-catastrofes--climaticas.htm. Acessado em: 30 nov. 2024.

VINÍCIUS BRETZ

É especialista em Recursos Humanos, DE&I e parentalidade. É professor na Fundação Dom Cabral, cofundador e conselheiro da CoPai – Coalizão Licença Paternidade.

CAPÍTULO 18

PARENTALIDADE: UM NOVO CAMINHO PARA A DEMOCRATIZAÇÃO DO CUIDADO

VINÍCIUS BRETZ

O QUE É PARENTALIDADE?

A palavra "parentalidade" tem origem no termo "parental", do latim *parentalis*, relacionado a *parens, parentis*, que significa pai ou mãe (Michaelis, 2024). O sufixo -idade é usado em português para formar substantivos que expressam qualidade ou condição de algo. Portanto, "parentalidade" refere-se à condição ou qualidade de ser pai, mãe ou qualquer pessoa cuidadora, abrangendo todos os aspectos e responsabilidades envolvidos nesse papel. A palavra expressa a abrangência do conceito de cuidar e criar filhos ou dependentes.

A palavra parentalidade é relativamente incomum na língua portuguesa. Em inglês, essa ideia se traduz como *parenthood*, do verbo *to parent* que se traduz como *parentar.* Nesse idioma, esses termos são amplamente utilizados para se referir às pessoas responsáveis pelo cuidado das crianças. No português, quando usamos a palavra parentalidade, temos à nossa disposição uma expressão neutra em termos de gênero e inclusiva, que denota todas as pessoas envolvidas no cuidado infantil. Outra derivação de *parenthood* é o substantivo *parents*, que é historicamente traduzido para o português como "pais", contudo, seguindo a linha neutra da palavra parentalidade, o termo mais apropriado seria: "figuras parentais". Ao usarmos a palavra "pais" para nos referirmos às pessoas que cuidam da criança, enfrentamos alguns desafios. Por exemplo, a frase comum em inglês *Who are the parents of that kid?* é frequentemente traduzida para: "Quem são os pais daquela criança?", em que usamos "pais" no plural para englobar tanto a mãe quanto o pai ou outras figuras parentais. No entanto, o termo "pais" é masculino, o que pode não refletir a realidade, já que a maioria das pessoas cuidadoras é composta por mulheres. Além disso, o fragmento "os pais daquela criança" remete à imagem de uma família tradicional heteronormativa composta por pai e mãe unidos por um matrimônio, predominante na nossa cultura midiática. Contudo, essa realidade está em transformação. Segundo a revista Piauí (Machado et al., 2023), em 2021, nove mil casais homoafetivos se casaram, um número maior que o dobro de 2013. Ao mesmo tempo, a taxa de natalidade tem caído, o número de nascimentos em 2021 foi o menor da história, a média de idade para se tornar mãe aumentou, e os divórcios estão acontecendo mais rapidamente.

PARENTALIDADE E CUIDADO: BENEFÍCIOS E DESAFIOS PARA EMPRESAS

Atualmente, há um imperativo para as empresas liderarem pelo exemplo, focando o desenvolvimento da liderança. Embora o cuidar seja uma competência essencial em liderança, muitas vezes é negligenciado nas agendas corporativas. A parentalidade, erroneamente vista como uma interrupção do trabalho importante, oferece oportunidades ricas para desenvolver habilidades de liderança. Um estudo realizado pela Filhos no Currículo (2024), em parceria com o Movimento Mulher 360, revelou que 98% das figuras parentais desenvolveram habilidades valiosas durante o isolamento da covid-19. Apesar da importância reconhecida dessas habilidades, as empresas ainda valorizam pouco a parentalidade como um catalisador de competências, muitas vezes penalizando aquelas pessoas que equilibram carreira e cuidados com crianças e adolescentes.

A PENALIDADE DA PARENTALIDADE ÀS FIGURAS MATERNAS

Uma pesquisa da revista *The Economist* (Kleven et al., 2023), intitulada "How motherhood hurts careers",[1] destaca a desigualdade de gênero no

1 Em português: "Como a maternidade fere as carreiras".

mercado de trabalho ao comparar mães e pais com perfis semelhantes. Um achado-chave é que a participação das mães no mercado de trabalho diminui significativamente após o nascimento dos filhos, com 24% das mulheres deixando o trabalho no primeiro ano e 15% ainda ausentes após dez anos.

Mudança no emprego após ter um bebê, % em relação a dois anos antes do nascimento

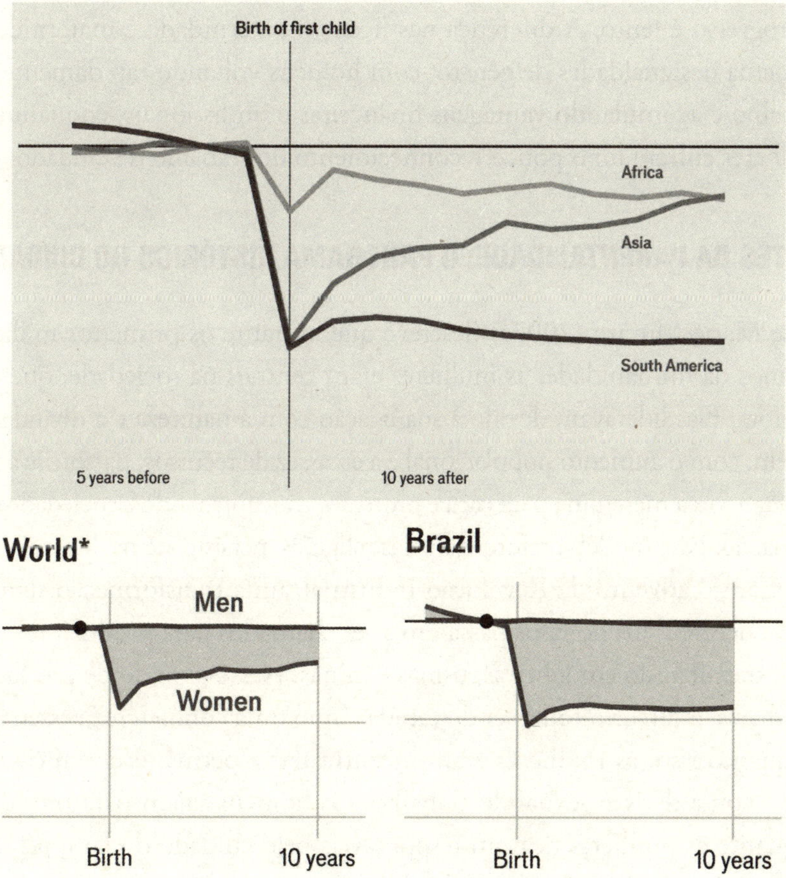

Figura 18.1: Comparativo entre as regiões, média global e o Brasil.
Fonte: https://www.economist.com/interactive/graphic-detail/2024/01/30/how-motherhood-hurts-careers.

A questão das licenças parentais evidencia desigualdades. Um levantamento da OIT (Addati et al., 2022) revelou que 115 países oferecem licenças-paternidade, com média de nove dias, mas apenas 102 são remuneradas. No Brasil, a licença-paternidade é de apenas cinco dias. Uma pesquisa da Filhos no Currículo, publicada na Forbes (Almeida, 2024), mostra que 80% dos pais desejam uma licença maior, com muitos querendo mais de 21 dias. Apesar de iniciativas como o programa Empresa Cidadã ampliarem licenças, poucas empresas aderem. Movimentos no Congresso, como a Coalizão Licença Paternidade, tentam ampliar os dias disponíveis, mas o progresso é lento. A diferença nas licenças paternidade e maternidade perpetua desigualdades de gênero, com homens voltando rapidamente ao trabalho e acumulando vantagens financeiras e profissionais, enquanto as mulheres enfrentam o pouco reconhecimento do trabalho de cuidado.

ANTES DA PARENTALIDADE: O PANORAMA HISTÓRICO DO CUIDADO

Rose Marie Muraro (2007a) descreve que, durante os primeiros milhões de anos da humanidade, as mulheres eram centrais na sociedade, que era coletora. Elas lideravam devido à sua ligação com a natureza e a divindade. Porém, com o aumento populacional e a escassez de recursos, passou-se a valorizar a força masculina para caça e proteção, transformando a sociedade em patriarcal. Esse modelo, reforçado pelas religiões, persiste até os dias de hoje.

Com o advento da Revolução Industrial, uma transformação significativa ocorreu. Os homens passaram a ser chamados para produzir fora de casa, trabalhando em fábricas, usinas e minas. Nesse período de produção em massa, a força voltou a ser destacada como uma competência essencial. Enquanto isso, as mulheres eram incentivadas a permanecer em casa, o que levou à divisão sexual do trabalho. Os homens saíam para produzir, enquanto as mulheres ficavam responsáveis pelo cuidado do lar e pela reprodução, aumentando a mão de obra disponível através do aumento da taxa de natalidade. À medida que a produção crescia, o consumo também, transformando pessoas trabalhadoras em novas consumidoras nesse sistema industrial emergente.

É importante notar que essa situação tinha intensificadores, especialmente quando se considera o recorte racial. Enquanto a maioria dos homens estava no mercado de trabalho e as mulheres eram principalmente responsáveis pelo cuidado, as mulheres negras já ocupavam posições no mercado, inicialmente como escravizadas e, posteriormente, em funções marginalizadas, como quitandeiras na informalidade ou empregadas domésticas dentro da casa de famílias brancas. Foi somente nas décadas de 1960 e 1970 que a entrada de mulheres brancas no mercado de trabalho se tornou mais visível. Nesse contexto, o acúmulo da função de cuidado ainda permanecia com as mulheres; elas buscavam independência e desejavam prover para suas famílias, mas não conseguiam se desvincular do trabalho do cuidado. Pelo contrário, continuaram a desempenhar essas duas funções simultaneamente.

A mídia reforçou essa divisão, com novelas, publicidade e filmes de Hollywood promovendo estereótipos de gênero. As crianças também são criadas com expectativas distintas: meninas associadas ao cuidado e meninos à liberdade, conforme aponta Muraro (2007b) em outra obra. Essa diferenciação molda seus papéis na vida adulta, perpetuando desigualdades de gênero.

OS BENEFÍCIOS DA PARENTALIDADE

O documentário *O começo da vida* (2016) demonstra que crianças com pelo menos duas figuras parentais cuidadoras se desenvolvem mais rapidamente e de forma consistente. Para que isso ocorra, é vital que mulheres permitam que homens também assumam papéis de cuidado, ampliando a visão sobre parentalidade além da maternidade. Historicamente, as mulheres eram as únicas cuidadoras, mas é fundamental reconhecer a diversidade familiar que inclui pais solo, casais homoafetivos, padrastos e madrastas.

Homens que se dedicam ao cuidado frequentemente enfrentam críticas e desvalorização, desencorajando sua participação ativa. Esse julgamento vem não apenas de parceiras, mas também de familiares e colegas. Mas existem casos positivos da ressignificação do papel do homem como pai, um exemplo positivo dessa mudança cultural é a política de licença parental de seis meses implementada em 2019 pela Diageo, pela qual fui um dos responsáveis. Essa iniciativa permite que crianças vejam seus pais ativos em suas vidas, ajudando a desconstruir estereótipos de gênero. A licença parental oferece vantagens financeiras, tempo para planejamento familiar e flexibilidade. Embora a Diageo tenha chegado a atingir 100% de aderência dos pais, essa realidade ainda mostra desafios em outras empresas que lançaram a licença, como a relutância de alguns pais em tirar a licença e a persistência dos papéis tradicionais de provedores. Para uma transformação efetiva, é fundamental que os homens assumam mais responsabilidades de cuidado e reconheçam os impactos negativos da falta dessa participação.

O PRIMEIRO PASSO: IDENTIFICANDO A MATURIDADE PARENTAL NAS ORGANIZAÇÕES

Segundo pesquisa da Filhos no Currículo (2024), 82% dos pais desejam uma licença-paternidade estendida, com 34% preferindo mais de 21 dias e 26% desejando 120 dias ou mais. Apenas 11% aceitam os cinco dias atuais previstos na Constituição. Para 41% das mães, licenças igualitárias são o benefício ideal, enquanto apenas 1% concorda com a licença de cinco dias. Esse apelo por ampliação da licença parental, somado ao desejo de inclusão, pressiona as empresas a ajustarem suas políticas. A consultoria adotou uma ferramenta inovadora chamada Radar da Parentalidade. Ela mede a maturidade parental das organizações e se concentra em quatro elementos-chave: recursos, processos, relações e identidade.

OS PASSOS SEGUINTES: COMO IMPLEMENTAR UMA BOA GESTÃO DE PARENTALIDADE NAS ORGANIZAÇÕES?

A implementação de políticas de apoio à parentalidade nas empresas começa com um diagnóstico adequado, como o Radar da Parentalidade, seguido por iniciativas para promover um ambiente de trabalho inclusivo:

1. **Apoio em licenças:** empresas como Diageo, B3 e Gerdau oferecem programas extensivos de apoio antes, durante e após a licença parental, incluindo licenças estendidas e acompanhamento médico para gestantes.
2. **Flexibilidade:** mulheres que engravidam valorizam a flexibilidade, com exemplos de sucesso no Nubank, que oferece modelos de trabalho híbrido, e Mastercard, que proporciona benefícios mais humanos.
3. **Benefícios amplos:** iniciativas como creches nas dependências da empresa são potenciais sinais de apoio, como demonstrado pelas empresas: Einstein, Natura e Unilever.
4. **Redes de apoio internas:** a criação de grupos de afinidade, como o *Purple Parents* do Nubank e o *BroderAço* da ArcelorMittal, fortalecem o apoio às figuras parentais, promovendo igualdade de gênero.
5. **Desenvolvimento de liderança:** investir no desenvolvimento de lideranças, RH e mentoria para mulheres mães é enfatizado por empresas como Ambev, Cielo e Einstein.

Em todos os casos mencionados, houve aumento no engajamento e/ou atração e retenção de talentos (Costa, 2024). Algumas empresas, como Mustela, Diageo e Grupo Boticário, estão indo além e destacando quando associam o tema à sua marca empregadora no centro de sua estratégia de negócios, o que não só favoreceu a cultura interna, mas também impactou positivamente suas vendas e participação de mercado.

CONCLUSÃO

É evidente que iniciativas de cuidado e licença parental são essenciais para a representatividade de gênero e ambientes de trabalho inclusivos. Elas quebram estereótipos, equilibram vida pessoal e profissional, atraem talentos e promovem igualdade, permitindo que todas as figuras parentais cuidem de forma equitativa. A transição para uma parentalidade inclusiva também atravessa a paternidade e transforma as masculinidades, tema que será abordado por Felipe Requião no próximo capítulo.

REFERÊNCIAS BIBLIOGRÁFICAS

ADDATI, Laura; CATTANEO, Umberto; POZZAN, Emanuela. Care at work: Investing in care leave and services for a more gender equal world of work. Geneva: International Labour Office (ILO/OIT), 2022. Disponível em: https://www.ilo.org/sites/default/files/wcmsp5/groups/public/@dgreports/@dcomm/documents/publication/wcms_838653.pdf. Acessado em: 3 dez. 2024.

ALMEIDA, Fernanda. 8 em cada 10 pais querem mais dias de licença-paternidade. 2024. *Forbes*. Disponível em: https://forbes.com.br/carreira/2024/08/8-em-cada-10-pais-querem-mais-dias-de-licenca-paternidade/. Acessado em: 3 dez. 2024.

COSTA, Luisa. Filhos e carreira, por que as empresas devem facilitar essa combinação, 2024. Disponível em: https://vocerh.abril.com.br/politicasepraticas/filhos-e-carreira-por-que-as-empresas-devem-facilitar-essa-combinacao. Acessado em: 3 dez. 2024.

FILHOS NO CURRÍCULO. Pais querem mais dias de licença paternidade, 2024. Disponível em: https://filhosnocurriculo.com.br/pais-querem-mais-dias-de-licenca-paternidade/blog/paternidade/. Acessado em: 3 dez. 2024.

KLEVEN, Henrik; LANDAIS, Camille; MARIANTE, Gabriel Leite. The Child Penalty Atlas, NBER (2023); World Bank; The Economist. Disponível em: https://econ.lse.ac.uk/staff/clandais/cgi-bin/Articles/Slides_Atlas.pdf. Acessado em: 3 dez. 2024.

KLEVEN, Henrik; LANDAIS, Camille; MARIANTE, Gabriel L. The child penalty atlas. Setembro, 2023. Disponível em chrome-extension://efaidnbmnnnibpcajpcglclefindmkaj/https://econ.lse.ac.uk/staff/clandais/cgi-bin/Articles/Slides_Atlas.pdf Acessado em 8 fev. 2025.

MACHADO, Lara; GORZIZA, Amanda; BUONO, Renata. "A nova família brasileira", 3 de abril de 2023. *Folha de São Paulo/Uol*. Disponível em: https://piaui.folha.uol.com.br/nova-familia-brasileira/. Acessado em: 3 dez. 2024.

MICHAELIS Dicionário Brasileiro da Língua Portuguesa. São Paulo: Melhoramentos, 2015.

MURARO, Rose Marie. *A mulher na construção do futuro*. [S. l.]: Zit, 2007.

MURARO, Rose Marie. *Educando meninos e meninas para um mundo novo*. [S. l.]: Zit, 2007.

O COMEÇO DA VIDA. Direção de Estela Renner. Produção de Marcos Nisti, Luana Lobo. Distribuidora: Netflix, data: 5 de maio de 2016.

FELIPE REQUIÃO

Pai do Samuel e marido da Laís. Atua na área executiva desde 2010. Fundador da Horagá. Consultor e palestrante em DE&I e Masculinidades. Formado em Comunicação não violenta e Justiça Restaurativa e Cultura de Paz. Coautor do livro *Pai Presente*.

CAPÍTULO 19

ANTES DE SEREM PAIS, HOMENS SÃO... HOMENS

FELIPE REQUIÃO

O conceito daquilo que é "ser homem", a chamada masculinidade, é construído antes de um homem assumir o papel de pai. Esse processo de construção começa nos primeiros anos de sua infância por meio das expectativas que desde cedo definem como os meninos devem se comportar para serem considerados "homens de verdade".

Ensinamentos (muitas vezes inconscientes, diga-se de passagem) como o de esconder ou negar suas emoções, demonstração de força física, negação de tudo o que faz parte do que é entendido ou classificado como feminino (ou pertencente ao universo das meninas e mulheres), além do uso da violência como estratégia para resolver conflitos e afirmar sua masculinidade são apreendidos e aprendidos nas interações e observações das dinâmicas sociais e relações que os meninos têm entre si e com seus responsáveis.

Esse processo de formação e aprendizado dos meninos e homens, tendo a violência traduzida como machismo, foi estudado e introduzido por Paul Kivel, um educador, escritor e ativista estadunidense. Seus estudos, da década de 1980, envolvendo homens com diferentes perfis e marcadores sociais produziu o livro *Men's Work: How to Stop the Violence That Tears Our Lives Apart* (O trabalho dos homens: como parar a violência que destrói nossas vidas, em tradução livre). Nele, o autor apresenta a "Caixa do Homem", uma metáfora que descreve os limites sociais impostos aos homens, que os forçam a aderir a normas rígidas de comportamento para serem aceitos como homens.

Trazendo uma perspectiva inovadora, o autor demonstrou como a sociedade empurra os homens para dentro dessa caixa, onde a violência não é somente o código pelo qual se relacionam consigo e com o mundo exterior — com outros homens e, principalmente, com as mulheres — mas também como é utilizada como ferramenta de exercício de poder e controle. Nesse contexto, a violência (física e emocional) é vista como recurso válido para a resolução de problemas e conflitos dentro dos diversos aspectos da vida.

Essa construção está enraizada no patriarcado, que cria e reforça as desigualdades de gênero, afetando as relações interpessoais e a saúde mental dos homens. Segundo a autora Gloria Jean Watkins, conhecida como bell hooks, professora, teórica feminista e ativista antirracista estadunidense, o patriarcado é definido como uma estrutura de poder que subordina as mulheres e outras pessoas marginalizadas, legitimando a violência e a dominação masculina como parte natural da sociedade.

> O patriarcado é um sistema [...] que insiste que os homens são inerentemente dominantes, superiores a tudo e todos considerados fracos, especialmente as mulheres, e dotados do direito de dominar e governar sobre os fracos, e de manter essa dominação por meio de várias formas de psicologia, terrorismo e violência. (Hooks, 2018)

No Brasil, a pós-doutora em psicologia clínica, professora adjunta na UnB e coordenadora do grupo de pesquisa de saúde mental e gênero do CNPq, Valeska Zanello, em sua obra *Saúde mental, gênero e dispositivos*, analisa a construção da subjetividade masculina a partir do que ela chama de dispositivos da eficácia. Para Zanello, os homens, além de serem pressionados pelo papel laboral (serem provedores), também são regidos pela eficácia sexual, que dita seu valor com base em sua performance sexual e em sua capacidade de dominação. Do lado oposto, as mulheres estão ligadas ao que a autora definiu como dispositivos amoroso e materno, que as limitam e demarcam suas posições em suas relações afetivas e familiares. Assim, os homens são levados a buscar constante validação externa, enquanto as mulheres são pressionadas a exercer o cuidado, tendo sua plena realização por meio do matrimônio e da maternidade.

A paternidade, nesse contexto, surge como uma oportunidade disruptiva para os homens. Ao assumirem a responsabilidade de criar e educar uma criança, muitos passam a questionar esses dispositivos bem como a caixa na qual viveram por toda uma vida. A paternidade, então, representa a oportunidade de espaço para profundas reflexões sobre o que significa "ser homem" e de como as normas impostas pela sociedade devem ser desafiadas com o objetivo de buscar maior autenticidade consigo, em suas relações e na promoção de um mundo mais justo. Essa nova perspectiva é um convite a uma verdadeira transformação em todos os níveis, em que sua própria masculinidade passa por uma profunda ressignificação.

A PATERNIDADE PERMITE QUESTIONARMOS OS ESTEREÓTIPOS DE GÊNERO

Quando se tornam pais, os homens se deparam com um choque entre o que aprenderam (se aprenderam) sobre masculinidades e as novas demandas emocionais da paternidade. Esse momento é um grande fator de motivação, talvez uma das únicas oportunidades para revisitar os tradicionais estereótipos de gênero e expandir o entendimento sobre o significado de ser homem. A paternidade quando verdadeiramente exercida (verdadeiramente no sentido do engajamento emocional e físico com as atividades de cuidado com seu filho e/ou filha) pode contribuir com uma verdadeira reconfiguração sobre a identidade do homem, permitindo que ele rejeite ou, no mínimo, questione padrões rígidos (que muitas vezes representam seus próprios traumas de infância) e acolha a vulnerabilidade e o cuidado como partes essenciais de sua nova definição de masculinidade.

No passado, ser pai se resumia a ser o provedor financeiro, enquanto o afeto e o cuidado, socialmente, eram delegados às mães. No entanto, o envolvimento dos homens-pais nas responsabilidades cotidianas e no cuidado emocional, portanto, na forma mais ampla do cuidado, está mudando esse cenário. Estudos mostram que pais que se envolvem nas rotinas dos filhos transformam suas relações pessoais e desafiam os estereótipos tradicionais que limitam os papéis de homens e mulheres na sociedade.

A INTELIGÊNCIA EMOCIONAL E A MATURIDADE: PRESENTES DA PATERNIDADE

A paternidade não é apenas uma questão de responsabilidade. Também representa um caminho para o crescimento emocional individual. Seu desenvolvimento é um aspecto fundamental na vida de homens que escolhem ser presentes na vida de seus filhos. Ao lidar com os desafios de criar e educar uma criança, os homens são levados a refletir sobre suas próprias emoções, sobre seu estado de presença, além de desenvolver empatia. Essas habilidades emocionais não apenas fortalecem as relações familiares, como também trazem impactos significativos para o ambiente de trabalho.

A maturidade inevitavelmente se reflete na forma como os homens encaram a vida, ajudando-os a equilibrar e escolher prioridades e a valorizar a qualidade de suas relações. Os homens envolvidos emocionalmente com suas crianças relatam maior capacidade de gestão do tempo, resiliência em momentos de crise e visão mais ampla sobre o propósito de suas vidas.

A PATERNIDADE: OPORTUNIDADE PARA O AUTOCONHECIMENTO

Assumir o seu papel como pai e viver a experiência da paternidade de forma real e autêntica, portanto, representa uma janela única para o autoconhecimento e o crescimento pessoal. Para muitos homens, ser pai envolve um processo de questionamento das expectativas e valores com os quais foram criados e isso é um ponto de tensão e dor de muitos que não têm ou tiveram uma referência de pai presente dentro de casa. Ou, quando fisicamente presente, aquele pai estava emocionalmente ausente. Tudo isso resulta em uma reavaliação de suas atitudes, permitindo um processo de amadurecimento que impacta a maneira como se relaciona dentro de uma organização.

Existem inúmeros impactos positivos para os homens que decidem exercer sua paternidade de forma madura e autêntica. Destaco cinco pilares de mudanças transformacionais que surgem do exercício consciente da paternidade:

1. **Transformação nas relações pessoais**: a paternidade muda a dinâmica das relações interpessoais. Há a descoberta de novas formas de conexão, comunicação e cuidado com seus filhos, parceiros e até mesmo com outros membros da família e da sua comunidade. De maneira indissociável, esta nova postura beneficia seu lado profissional, reverberando na cultura da empresa para a qual trabalha.
2. **Saúde mental e bem-estar**: homens que se envolvem profundamente na criação e educação dos filhos e filhas experimentam uma melhora em sua saúde mental e bem-estar. A conexão emocional desenvolvida traz senso de propósito, contribuindo com o aumento do seu nível de satisfação com a vida. Um estudo do Boston College Center for Work & Family destaca que pais envolvidos têm maior satisfação e melhor qualidade de vida em geral.
3. **Ressignificação das masculinidades**: a paternidade presente desafia a ideia tradicional de masculinidade como sinônimo de força e domínio. Ao contrário, ensina que ser vulnerável, presente e afetuoso também são formas possíveis de ser homem, rompendo com a noção ultrapassada de masculinidade.
4. **Impacto na carreira e produtividade**: homens que equilibram suas vidas familiares com suas carreiras relatam maior produtividade. Empresas que oferecem políticas de apoio à paternidade, como flexibilidade de horário e licenças mais longas, veem aumentos na retenção de talentos e na satisfação dos colaboradores.
5. **Influência positiva nas próximas gerações**: pais engajados com sua paternidade têm um impacto positivo nas próximas gerações, promovendo uma educação equilibrada. As crianças que crescem com pais presentes tendem a desenvolver comportamentos mais saudáveis em termos emocionais e sociais.

OS BENEFÍCIOS PARA AS EMPRESAS

A promoção de uma cultura que valoriza e apoia os pais em suas responsabilidades familiares traz benefícios para a organização. Quando as empresas adotam políticas de flexibilidade, como licenças-paternidade estendidas e apoio ao cuidado infantil, os resultados são visíveis na produtividade, retenção de talentos e satisfação dos funcionários.

A criação de uma cultura de apoio à paternidade contribui para a construção de ambientes mais inclusivos, onde as questões de gênero são abordadas de forma equitativa. Isso se reflete na promoção de lideranças mais empáticas e colaborativas, capazes de criar espaços de trabalho mais saudáveis e inovadores.

Uma das formas mais eficazes de criar e desenvolver uma cultura que promova o exercício autêntico da paternidade é eliminar os tabus que envolvem o tema e naturalizar homens quando precisam se ausentar para levar seus filhos ao médico e/ou atender a urgências no meio do dia. De maneira prática, a liderança deve ser exemplo, pois exerce o poder da influência por meio da sua conduta.

Além disso, eliminar formas de humor hostil que reforcem os estereótipos de gênero que subtraem os homens do lugar de cuidadores também é uma prática valiosa.

E promover Rodas de Conversa entre os homens (não apenas no mês dos pais) que ofereçam pontos de apoio e sejam redes de conexão, onde não haja hierarquia nem julgamento entre os que escolherem participar, contribui para o desenvolvimento emocional e da empatia.

Quando os homens percebem que seu ambiente de trabalho permite o exercício pleno de sua paternidade, se abrem para iniciativas de valorização da diversidade, equidade e inclusão. A experiência de cuidar de uma criança ensina a importância da empatia, da flexibilidade e da colaboração. Essas qualidades são transferidas para suas carreiras, onde os envolvidos passam a ser defensores de uma cultura mais inclusiva, que promove a equidade, e incentivam a participação de outros colaboradores em suas jornadas parentais.

Pesquisas, como as realizadas pela FEA USP (2017) e pelo Boston College Center for Work and Family, demonstram que empresas que adotam políticas de apoio à paternidade veem melhorias em diversos indicadores. Essas empresas se destacam em retenção de talentos, produtividade e satisfação no trabalho. O exercício da paternidade, com o apoio da empresa, tem se mostrado uma ferramenta de transformação, gerando resultados positivos para os pais e para toda a organização.

Promover a paternidade presente e um ambiente aberto ao diálogo entre os homens sobre as questões de gênero e parentalidade são passos cruciais para a transformação da sociedade. Além de estratégico, ter uma cultura de incentivo ao exercício pleno da paternidade é cumprir com a responsabilidade social que compete às empresas e, assim, contribuir com passos largos na maratona que temos pela frente rumo à equidade de gênero.

REFERÊNCIAS BIBLIOGRÁFICAS

HARRINGTON, B.; VAN DEUSEN, F.; FRAONE, J.; EDDY, S. The new dad: take your leave - Perspectives on paternity leave from fathers, leading organizations, and global policies. Boston College Center for Work and Family Report, p. 1-43, 2014.

Hooks, bell. *Feminismo é para todos*: políticas arrebatadoras. 1. ed. Rio de Janeiro: Rosa dos Tempos, 2018.

KIVEL, Paul. Men's work: how to stop the violence that tears our lives apart. 1. ed. 1998.

NOGUEIRA, Cristiane de Andrade. O pai e o profissional no mundo contemporâneo: benefícios e conflitos da paternidade na carreira. 2017. 121 p. Tese (Doutorado em Psicologia) – Universidade de São Paulo, São Paulo, 2017.

ZANELLO, Valeska. *Saúde mental, gênero e dispositivos*: cultura e processos de subjetivação. Curitiba: Appris Editora, 2018.

MICHELLE LEVY TERNI

É cofundadora da Filhos no Currículo, desenvolve soluções focadas em bem-estar parental e equidade de gênero nas empresas. Inspirada pelos filhos, cria programas transformacionais na cultura parental e marca empregadora.

CAPÍTULO 20

GÊNERO: MATERNIDADE E O MUNDO DO TRABALHO

MICHELLE LEVY TERNI

A maternidade é uma jornada profundamente transformadora. Ela provoca uma mudança de identidade, valores e expectativas da mulher em relação ao mundo do trabalho. No entanto, muitas organizações ainda não estão preparadas para abraçar essas transformações, deixando mães diante de barreiras sistêmicas e culturais que as impedem de progredir ou conciliar adequadamente filhos e carreira. Figuras maternas são constantemente confrontadas com a necessidade de fazer uma escolha entre esses dois pilares essenciais da vida, o que as coloca sob imensa pressão e, muitas vezes, as afasta de seu pleno potencial profissional.

Neste capítulo, abordaremos como as empresas podem criar ambientes que valorizem as figuras maternas, proporcionando um espaço seguro para a conciliação entre responsabilidades familiares e profissionais. Examinaremos as principais dificuldades enfrentadas pelas mães no trabalho e apresentaremos o conceito de bem-estar parental. Além disso, analisaremos como políticas isonômicas, flexibilidade laboral e programas de apoio emocional são essenciais para que figuras parentais prosperem de forma integrada em suas vidas pessoais e profissionais.

O IMPACTO DA MATERNIDADE NO TRABALHO E O EFEITO DEGRAU QUEBRADO

Ainda hoje, o mercado de trabalho, muitas vezes, impõe uma bifurcação artificial entre "carreira" e "filhos", sugerindo que uma escolha deve ser feita. Para as figuras maternas, essa pressão é sentida de maneira ainda mais intensa. Dados da Fundação Getúlio Vargas revelam que 48% das mulheres com filhos até dois anos acabam deixando o mercado de trabalho. Além disso, o fenômeno do "degrau quebrado" (McKinsey & Company, 2023) interrompe a ascensão profissional dessas mulheres, geralmente no momento em que tentam equilibrar suas carreiras com a chegada de uma criança.

Eu senti na pele a revolução da maternidade tomando conta da minha vida como um tsunami. Não era só o meu corpo que não cabia mais nas roupas; meu trabalho também não se ajustava mais. Depois dos filhos, comecei a me perguntar: fazia sentido sair de casa todos os dias para trabalhar? A vida estava literalmente pulsando ao meu lado, no meu colo, no meu peito. Eu só queria me transportar da poltrona de amamentação até o trocador e não perder a primeira risada do meu bebê — nem todas as outras que viriam. Como eu, muitas mulheres convivem com o desejo de abandonar a carreira após os filhos — mais especificamente, 84% delas (Almeida, 2024) —, mas poucas realmente podem se dar a esse luxo. Muitas são arrastadas pela correnteza da carreira, torcendo para que o barco não vire no meio do caminho.

A maternidade é, sem dúvida, uma das principais razões pelas quais a carreira das mulheres desacelera ou, em muitos casos, é interrompida. Enquanto os homens continuam avançando, as mães enfrentam uma série de barreiras, desde a falta de políticas de apoio adequadas até discriminação e microagressões no ambiente de trabalho. Hoje, segundo o Dieese (2023), 48% das mulheres no Brasil são chefes de seus lares e principais provedoras de suas famílias. Para muitas delas, parar de trabalhar não é uma opção. Elas dependem de uma rede de apoio informal e enfrentam um sistema público que pouco contribui para aliviar essa carga.

Em um ambiente corporativo que oferece políticas parentais restritivas, jornadas inflexíveis e pouca segurança psicológica, muitas mães sentem que vivem em um *rafting* constante, navegando por águas traiçoeiras e enfrentando o risco de cair num penhasco chamado "desigualdade salarial". A diferença salarial entre mães e pais chega a 22,8% (Dyniewicz, 2023), e o salário dos homens com filhos continua crescendo independentemente de suas responsabilidades familiares. Essa disparidade é resultado de uma visão ultrapassada que atribui às mulheres a principal responsabilidade pelo cuidado, liberando os homens para focarem suas carreiras.

CARGA MENTAL E ECONOMIA DO CUIDADO: DESAFIOS INVISÍVEIS

A carga mental, invisível para muitos, é um dos maiores desafios enfrentados pelas figuras maternas. Além das exigências profissionais, as mulheres frequentemente assumem a maior parte das responsabilidades relacionadas ao cuidado com os filhos e com o lar. Essa "segunda jornada" gera altos níveis de estresse e exaustão, comprometendo sua capacidade de focar a carreira. A carga mental está diretamente conectada à economia do cuidado, que abrange todas as atividades não remuneradas necessárias para manter a vida familiar. Historicamente, 65% dessas atividades recaem sobre as mulheres, correspondendo a 13% do PIB brasileiro ao longo dos últimos vinte anos (Pessoa, 2023).

Para mitigar esse fardo, as empresas precisam reconhecer o valor do cuidado e promover políticas que incentivem a corresponsabilidade. A implementação de licenças parentais isonômicas é um bom começo, mas não é suficiente. Programas de apoio emocional, como mentorias, treinamentos de liderança em parentalidade e a promoção de ambientes de trabalho seguros e inclusivos são igualmente necessários para que homens e mulheres possam conciliar trabalho e vida familiar de forma justa e saudável.

O POTENCIAL TRANSFORMADOR DAS POLÍTICAS DE BEM-ESTAR PARENTAL

O conceito de um ambiente de bem-estar parental envolve a criação de uma cultura organizacional que ofereça suporte integral a figuras maternas e paternas, promovendo políticas, práticas e um clima de segurança psicológica que permita a conciliação saudável entre a vida profissional e as responsabilidades familiares. Nesse ambiente, lideranças acolhedoras são fundamentais, promovendo uma parentalidade protagonista e implementando políticas e processos claros que respeitem e atendam às necessidades das figuras parentais.

Desde a fundação da Filhos no Currículo, pude coletar casos potentes de empresas como Cielo, Einstein e Nubank, que são exemplos de organizações que compreenderam a importância de apoiar suas equipes com políticas parentais adequadas e investiram em jornadas de letramento para gestores, criando uma rede de suporte para figuras maternas e paternas. O Nubank, por exemplo, conta com um grupo de afinidade chamado Purple Parents, que facilita a troca de experiências entre todas as figuras parentais da organização. A Diageo, por sua vez, implementou uma licença parental de 180 dias, resultando em aumento de 11% no engajamento interno e maior inclusão no ambiente de trabalho. Além disso, essa mudança também impactou positivamente seus resultados econômicos, com um aumento de 12% nas vendas de Johnnie Walker, impulsionado por uma campanha de Dia dos Pais que destacou a nova política de licença parental.

ESTRATÉGIAS PARA COEXISTIR: FILHOS E CARREIRA

Durante a jornada da parentalidade, é comum que as figuras maternas enfrentem o dilema entre priorizar seus filhos ou suas carreiras. Muitas vezes, essa dualidade gera sentimentos de culpa, exaustão e a falsa sensação de que é impossível gerir ambas as esferas. No entanto, um dos primeiros passos para transformar essa percepção é ressignificar a visão de filhos como potência, e não como barreira. Em vez de ver a parentalidade como um obstáculo à ascensão profissional, mães e pais podem adotar uma perspectiva em que a criação de seus filhos os torne profissionais mais completos, resilientes e adaptáveis.

Filhos não são barreiras, mas fontes de aprendizado. Eles nos desafiam a desenvolver habilidades como paciência, criatividade, liderança e gestão de conflitos, todas extremamente valorizadas no ambiente corporativo. A prática diária de cuidar de uma criança proporciona um laboratório vivo de desenvolvimento pessoal e profissional. À medida que a figura de cuidado aprende a lidar com as demandas emocionais e físicas da parentalidade, essas habilidades são transferidas para o contexto do trabalho, onde a empatia e a resiliência são ferramentas poderosas para liderar equipes e tomar decisões.

Outro conceito fundamental para a convivência saudável entre carreira e filhos é a **ressignificação da culpa**. A culpa é uma presença constante para muitas mães, especialmente quando elas precisam fazer escolhas entre estar presentes em compromissos importantes para seus filhos e atender a uma demanda profissional. Contudo, a culpa pode ser encarada como uma informação, um sinal que indica a necessidade de equilíbrio entre os papéis. Não se trata de eliminá-la, mas de entender a mensagem oculta por esse sentimento. "O que será que a culpa quer me dizer? Como posso me responsabilizar pelas minhas decisões e traçar um plano de ação para aquilo que precisa ser endereçado?" Ao reconhecer que a culpa pode nos ensinar sobre nossas prioridades, as figuras maternas podem se libertar do fardo que ela impõe e, assim, fazer escolhas mais conscientes.

Parte crucial desse equilíbrio é a **construção de uma rede de apoio sólida**. Muitas vezes, a ideia de "dar conta de tudo" sozinha é uma barreira mental que impede o desenvolvimento de uma parentalidade mais leve e sustentável. Ao buscar apoio no parceiro, na família, na comunidade e até no ambiente de trabalho, as mães podem compartilhar responsabilidades e aliviar o peso da sobrecarga mental. A rede de apoio não é apenas uma ajuda prática; é também uma fonte de segurança emocional.

Colocar todos os envolvidos na criação dos filhos em seu devido lugar parental é outro ponto central. A corresponsabilidade no cuidado das crianças é essencial para que a parentalidade deixe de ser vista como uma função exclusiva das mulheres. Todos, sejam os pais biológicos, avós, padrinhos ou outras figuras de cuidado, podem ter espaço para assumir papéis ativos na criação dos filhos. Quando esses papéis são claramente definidos, as tarefas invisíveis e a carga mental são distribuídas de forma mais equitativa.

Definir prioridades e atitudes inegociáveis também é fundamental para a conciliação de filhos e carreira. Nem tudo pode ser feito ao mesmo tempo, e tentar abraçar todas as responsabilidades de uma vez só pode levar ao esgotamento. É importante que as figuras maternas e paternas reflitam sobre o que é realmente essencial em suas vidas e do que estão dispostas a abrir mão temporariamente. Ao identificar essas prioridades, fica mais fácil definir limites saudáveis e evitar que o acúmulo de responsabilidades gere frustração. Muitas vezes, pequenas concessões, como delegar tarefas ou ajustar expectativas, podem fazer toda a diferença no equilíbrio entre os dois papéis.

Essas estratégias colaboram com o equilíbrio entre vida pessoal e profissional, permitindo que as figuras maternas prosperem em suas carreiras e relações familiares. É possível construir uma carreira de sucesso sem renunciar ao papel parental, ressignificando conceitos como culpa e autorresponsabilidade.

CONCLUSÃO

Neste capítulo, apresentamos como filhos e carreira podem coexistir e se fortalecer mutuamente, contribuindo para o desenvolvimento pessoal e profissional das figuras maternas. Embora frequentemente vista como um obstáculo, a maternidade fornece habilidades valiosas como liderança, resiliência e empatia. Empresas que adotam políticas isonômicas e promovem o bem-estar parental não apenas fomentam a carreira feminina, mas também impulsionam a satisfação e produtividade de suas pessoas colaboradoras.

Criar um ambiente de bem-estar parental exige uma transformação cultural que integre lideranças preparadas, políticas acolhedoras e um ambiente de segurança psicológica que permita um protagonismo materno sem culpa. Isso resulta em maior engajamento de talentos nas organizações e uma futura geração criada com apego seguro para colaborar na construção de uma sociedade mais evoluída.

Esperamos uma mudança de paradigma que reconheça a parentalidade não como um empecilho, mas como uma alavanca para o desenvolvimento profissional e a criação de uma cultura organizacional inclusiva e inovadora. Um ambiente que valoriza a parentalidade contribui para o desenvolvimento humano de forma integral.

REFERÊNCIAS BIBLIOGRÁFICAS

ALMEIDA, Fernanda. Férias escolares impactam a carreira e a saúde mental das mulheres. 2024. *Forbes*. Disponível em: https://forbes.com.br/forbes-mulher/2024/01/maternidade-ferias-escolares-impactam-a-carreira-e-a-saude-mental-das-mulheres/. Acessado em: 3 dez. 2024.

DYNIEWICZ, Luciana. Diferença salarial entre homens e mulheres vai a 22%, diz IBGE. Estadão, 2023.Disponível em: https://www.cnnbrasil.com.br/economia/macroeconomia/diferenca-salarial-entre-homens-e-mulheres-vai-a-22-diz-ibge/. Acessado em: 3 dez. 2024.

DIEESE. Boletim Especial 8 de março Dia da Mulher, março 2023. Disponível em: https://www.dieese.org.br/boletimespecial/2023/mulheres2023.pdf. Acessado em: 3 dez. 2024.

MACHADO, Cecilia. Mulheres perdem trabalho após terem filhos. 2018. Disponível em https://repositorio.fgv.br/items/e84546b2-5957-4e99-8197-c7f7f1ace4c6. Acessado em 8 fev. 2025.

MCKINSEY & COMPANY. Mulheres no local de trabalho em 2023. Disponível em: https://www.mckinsey.com/featured-insights/destaques/mulheres-no-local-de-trabalho-em-2023/pt. Acessado em: 3 dez. 2024.

PESSOA, Carolina. Trabalho doméstico não remunerado aumentaria em 13% o PIB do país. Agência Brasil, 2023. Disponível em: https://agenciabrasil.ebc.com.br/radioagencia-nacional/geral/audio/2023-10/trabalho-domestico-nao-remunerado-aumentaria-em-13-o-pib-do-pais. Acessado em: 3 dez. 2024.

DANÚBIA SILVA

CEO da Ascensão Negra, consultora e palestrante de diversidade, inclusão e ESG, mentora de jornada profissional e negócios, comunicadora e podcaster. Especialista em vendas estratégicas e relacionamento, relações públicas em formação.

CAPÍTULO 21

SORORIDADE X DORORIDADE: CONSTRUINDO ESPAÇOS SEGUROS PARA MULHERES NEGRAS

DANÚBIA SILVA

É fundamental refletir sobre o nosso papel na sociedade a partir dos marcadores sociais e, para isso, precisamos conhecer a nossa verdadeira história. Para abrir esse diálogo, trago o pensamento de Pinheiro (2023), que afirma:

> A filosofia africana sankofa[1] nos ensina que o conhecimento dos passos que nos trouxeram até aqui é essencial para a construção identitária de quem somos no presente. Só compreendendo de onde viemos e reconhecendo nossa potência no mundo atual, saberemos para onde devemos ir enquanto povo destituído de sua própria história.

A palavra "sororidade" já é difundida entre as mulheres. Sororidade se refere à união e solidariedade entre as mulheres, fundamentada no reconhecimento e respeito mútuos. Derivada do termo "soror", que significa "irmã" em latim, a palavra promove colaboração e apoio entre mulheres, lutando contra opressões como o machismo.

No entanto, ao falarmos sobre TODAS as mulheres, devemos questionar se um único termo realmente abrange todas as experiências femininas. Vilma Piedade (2017) questiona:

1 Ver: https://www.gov.br/mdh/pt-br/navegue-por-temas/crianca-e-adolescente/acoes-e-programas/Sankofa.pdf.

Um dos problemas do pensamento feminista foi perceber o movimento como um projeto único, moldado para a mulher branca, ocidental, de classe média, instruída. Uma visão mais relativista de feminismo é incorporada em 1980, quando o movimento começa a pensar em questões relativas aos diferentes tipos de mulher, considerando aspectos culturais, sociais e, principalmente, étnicos.

SORORIDADE E DORORIDADE

Sororidade e dororidade são conceitos que expressam solidariedade entre mulheres, mas com ênfases e contextos distintos, especialmente em relação às mulheres negras. Ambos os termos estão intimamente ligados à criação de espaços seguros e acolhedores, onde as mulheres negras possam expressar suas vivências, dores e alegrias sem medo de serem julgadas ou marginalizadas.

Dororidade, termo cunhado por Vilma Piedade, refere-se à dor específica vivenciada por mulheres negras devido às interseccionalidades de gênero e raça.[2] Essas interseccionalidades as colocam em situações de opressão e discriminação, sendo o resultado de séculos de racismo, misoginia e outros sistemas de opressão que afetam diretamente suas vidas.

> Sororidade, etmologicamente falando, vem de sóro – irmãs. Dororidade, vem de Dor, palavra-sofrimento. Seja Física. Moral. Emocional. Mas qual o significado da dor? Aqui o conceito. A palavra Dor tem origem no latim, dolor. Sofrimento moral, mágoa, pesar, aflição, dó, compaixão. Não há dor maior ou menor. Dor não se mede. É de quem sente. Há dor. Dor dói e pronto. (Piedade, 2017)

2 Interseccionalidade: em termos simples, é a interação entre dois ou mais fatores sociais que definem uma pessoa. Questões de identidade como gênero, etnia, raça, localização geográfica ou mesmo idade não afetam uma pessoa separadamente.

PESQUISA DOS CONCEITOS

Realizei uma pesquisa com mulheres negras e não negras para ilustrar a importância do conhecimento e da prática dos termos. Entrevistei 58 mulheres não negras via formulários online:

- 94% acreditam que as mulheres negras enfrentam discriminação no ambiente de trabalho;
- 98% acreditam que os ambientes não estão preparados para acolher uma mulher negra após um episódio de racismo;
- 93% acreditam que as mulheres negras têm menos oportunidades de avançar em suas carreiras devido ao racismo;
- 96% se dispõem a se educar mais sobre racismo sistêmico e suas implicações;
- 44% já presenciaram um episódio de racismo, mas apenas 37% fizeram algo a respeito;
- 85% afirmam não estar preparadas para apoiar uma mulher negra após um episódio de racismo;
- 93% sabem que podem denunciar um episódio de racismo;
- 86% sabem o que é sororidade, enquanto apenas 56% conhecem o conceito de dororidade.

Os resultados mostram que, embora as mulheres não negras reconheçam as dificuldades enfrentadas pelas mulheres negras, muitas não se sentem preparadas para oferecer o acolhimento necessário. A pesquisa revela, ainda, que 98% acreditam que uma mulher negra se sentiria mais confortável sendo acolhida por outra mulher negra após sofrer racismo.

Os dados mostram que a sororidade, por si só, não abrange plenamente as mulheres negras. Para elas, a dororidade oferece um conceito mais específico que reconhece suas dores e desafios únicos.

DESAFIOS E OPRESSÕES DA REALIDADE DE MULHERES NEGRAS

Entrevistei sete mulheres negras via formulário e sete entrevistas online. Todas sofreram racismo no ambiente de trabalho. Infelizmente, nenhuma delas denunciou. Isso aponta para a exclusão invisível causada pelo racismo estrutural, que vai muito além das práticas legais e está enraizado nos hábitos, comportamentos e práticas diárias que afirmam a superioridade de determinados grupos étnicos. É preciso avaliar: "Será que todas as empresas são racistas? Seus dirigentes, diretores e acionistas são supremacistas brancos? Certamente não. Mas é possível dizer que muitos não se dão conta da sutileza do racismo arraigado no cotidiano ainda que, no discurso, se coloquem contra práticas racistas". (Meirelles et al., 2022, p. 46)

Quando perguntadas sobre como enfrentam o racismo, elas disseram: "A interseccionalidade dificulta ainda mais. Conciliamos questões como criação de filhos, acesso a oportunidades, identidades, enquanto mulheres brancas e homens partem de um outro lugar."; "Enfrentamos o racismo de forma dolorosa, pois impacta diretamente a saúde mental. Não há espaço para vulnerabilidade; espera-se que mulheres negras sejam fortes o tempo todo. Isso é cansativo."

A vivência constante do racismo impõe às mulheres negras um estado de alerta permanente, como uma das entrevistadas explica: "O racismo nos deixa tensas, em estado de alerta o tempo todo. Não nos permite relaxar ou aproveitar a vida de forma leve e despretensiosa".

Mulheres negras enfrentam racismo de maneiras específicas no ambiente de trabalho. Exemplos como a constante suposição de que estão em posições subalternas ou a presunção de inferioridade intelectual. A exclusão dos espaços de liderança são fatores que minam a autoestima das mulheres negras e as fazem questionar seu lugar na sociedade.

As mulheres negras enfrentam dificuldades na sociedade, especialmente no que diz respeito ao trabalho. Como cita Celso Athayde (Meirelles et al., 2022):

> Nós vivemos em um país onde, até pouco tempo atrás, o racismo fazia parte da política oficial do governo. Vivemos em um país que foi fundado dentro de um modelo escravocrata, e, por mais que saibamos disso, deliberadamente fazemos questão de esquecer.

> Ignoramos porque acreditamos que é "coisa do passado", como se não tivesse influência alguma no presente e no futuro.

Esses estereótipos e a falta de oportunidades profissionais também impactam diretamente sua autoestima e saúde mental. O livro *Racismo invisível* (2019) elucida muito bem esses fatos: "O branco não precisa disso, mas o negro precisa provar que é mais capaz. Ao afirmar que se a profissional for mulher e negra é mais difícil, reafirma a existência do preconceito racial e de gênero".

DESAFIOS E PERSPECTIVAS PARA O FUTURO

Dados econômicos e sociais apontam que: em média, as mulheres negras ganham menos do que homens brancos, mulheres brancas e homens negros. No primeiro trimestre de 2023, a média salarial de uma mulher negra no Brasil era de R$ 1.948,00, o que corresponde a apenas 48% do salário de um homem branco. Elas também estão sub-representadas em cargos de liderança, ocupando apenas 4,7% das posições de comando nas quinhentas maiores empresas do país (Instituto Ethos, 2022).

O enfrentamento das desigualdades começa pela conscientização, como trazido no início do capítulo:

> A herança branca contém marcas de apropriação de bens materiais e imateriais, originárias da condição de descendente de escravocratas e colonizadores e é uma herança frequentemente tratada com mérito para legitimar a supremacia econômica, política e social. Essa herança fortalece a autoestima e o autoconceito da população branca tratada como "grupo vencedor, competente, bonito, escolhido para comandar". (BENTO, 2022: 120-121)

E O QUE PODE SER FEITO?

Sororidade e dororidade, quando praticadas de maneira consciente, são ferramentas poderosas para a construção de uma sociedade mais justa e inclusiva. Esses conceitos reconhecem que as experiências de opressão variam entre as mulheres e que, para construir alianças feministas eficazes, é essencial levar em conta as interseccionalidades de raça e gênero.

Vamos pensar em conjunto: que caminhos podemos percorrer para a promoção de ambientes antirracistas?

1. Educação e conscientização

- **Treinamentos obrigatórios sobre racismo** e diversidade racial para todas as pessoas colaboradoras em todos os níveis. Os treinamentos devem abordar o racismo estrutural, as microagressões e as formas de preconceito no ambiente de trabalho.
- **Espaços de diálogo e reflexão contínua** sobre questões raciais, para que as pessoas colaboradoras possam aprender, compartilhar experiências e se engajar na construção de um ambiente mais inclusivo.

2. Política antirracista transparente

- Desenvolver uma **política interna antirracista** que seja formalizada, comunicada amplamente e aplicada em toda a organização. Essa política deve conter diretrizes específicas contra o racismo, discriminação e preconceito racial, estabelecendo consequências para atos racistas e criar **canais** para que as pessoas colaboradoras possam relatar práticas racistas ou discriminatórias com segurança, sabendo que serão investigadas e tratadas com seriedade.

3. Diversificação do recrutamento e promoção

- Revisar os processos de recrutamento e seleção para evitar preconceitos inconscientes que possam excluir pessoas negras. Isso pode incluir:
- Eliminar vieses de seleção, como preferências por currículos de universidades renomadas, que historicamente excluem estudantes negros.

- Criar programas de mentoria e desenvolvimento de carreira voltados para as pessoas negras, garantindo que tenham oportunidades de crescimento dentro da organização.
- Estabelecer metas de diversidade racial nas contratações e promoções, para garantir que pessoas negras tenham acesso a cargos de liderança.

4. Inclusão no planejamento estratégico

- Incorporar o combate ao racismo e a promoção da equidade racial no planejamento estratégico da empresa, tratando a diversidade como uma prioridade que deve ser refletida nos valores e na missão da organização.
- Incluir a equidade racial como um planejamento de avaliação do desempenho de lideranças, responsabilizando-as por garantir ambientes livres de discriminação e promover a inclusão.

5. Escuta ativa e engajamento

- Ter uma postura de **escuta ativa**, consultando frequentemente as pessoas colaboradoras negras sobre suas percepções e experiências no ambiente de trabalho, com espaços seguros para que se sintam à vontade ao compartilhar perspectivas sem recebimento de represálias. É preciso ter pessoas preparadas e treinadas.

A intencionalidade é necessária para se materializarem as sugestões, com recorrente reconhecimento dos vieses inconscientes e consciência de privilégio para que as mudanças e transformações sejam realizadas.

Se mulheres negras são hoje 27% da população brasileira, **ONDE** elas estão, além do identitário da "Cor da Faxina no Brasil"?

REFERÊNCIAS BIBLIOGRÁFICAS

AMATO, Luciano (coord.). *Diversidade e inclusão e suas dimensões* – Volume II. São Paulo: Labrador, 2023.

BELLAGAMBA, Lucía Rios. O que é interseccionalidade e por que importa saber seu significado? Disponível em: https://blogs.iadb.org/brasil/pt-br/o-que-e-interseccionalidade-e-por-que-importa-saber-seu-significado/#:~:text=Em%20termos%20simples%2C%20a%20interseccionalidade,n%C3%A3o%20afetam%20uma%20pessoa%20separadamente. Acessado em: 15 set. 2024.

BENTO, Cida. *O pacto da branquitude*. 1. ed. São Paulo: Companhia das Letras, 2022.

EXAME. Solidão e preconceito: pesquisa aponta percepções de mulheres negras em cargos na liderança. 2023. Disponível em: https://exame.com/esg/solidao-e-preconceito-pesquisa-aponta-percepcoes-de-mulheres-negras-em-cargos-na-lideranca/#:~:text=O%20levantamento%2C%20por%20sua%20vez,de%20mulheres%20pretas%E2%80%9D%2C%20afirma. Acessado em: 15 set. 2024.

INSTITUTO ETHOS. Balanço 2022 e perspectivas 2023. 2023. Disponível em: https://www.ethos.org.br/wp-content/uploads/2023/02/Balanco-2022-e-Perspectivas-2023-Instituto-Ethos.pdf. Acessado em: 17 fev. 2025.

LADEIA, Renato. *Racismo invisível* – a discriminação racial nas organizações. 2. ed. São Paulo: Fina Teia, 2019.

MEIRELLES, Renato; ALMEIDA, Silvio; BAPTISTA, Rachel Rua et al. *Inclusão nas organizações*: como ser uma empresa antirracista. São Paulo: Instituto Locomotiva, 2022.

NAKAMURA, João. Negros e pardos são maioria no mercado de trabalho, mas rendimentos de brancos são 61,4% maiores, aponta IBGE, 2023. Disponível em: https://www.cnnbrasil.com.br/economia/macroeconomia/negros-e-pardos-sao-maioria-no-mercado-de-trabalho-mas-rendimentos-de-brancos-sao-614-maiores-aponta-ibge/#:~:text=Segundo%20dados%20do%20IBGE%2C%204,3%25)%20se%20mantinha%20abaixo. Acessado em: 15 set. 2024.

PESSOA, Carolina. Mulheres negras ganham menos do que mulheres brancas, diz pesquisa, 2023. Disponível em: https://agenciabrasil.ebc.com.br/radioagencia-nacional/economia/audio/2023-07/mulheres-negras-ganham-menos-do-que-mulheres-brancas-diz-pesquisa#:~:text=Publicado%20em%2031/07/2023,a%20Pnad%20Cont%C3%ADnua%2C%20do%20IBGE. Acessado em: 15 set. 2024.

PIEDADE, Vilma. *Dororidade*. São Paulo: Editora Nós, 2017.

PINHEIRO, Bárbara Carine Soares. *História preta das coisas*: 50 invenções científico-tecnológicas de pessoas negras. 2. ed. São Paulo: Ed. Livraria da Física, 2023.

SILVA, Danúbia. Sororidade e dororidade: a união e desafios das mulheres negras. 2024. Disponível em: https://awale.com.br/dororidade/. Acessado em: 15 set. 2024.

GISELE MÜLLER

Mulher, mãe, empreendedora, aliada e ativista em DE&I. Consultora em cultura inclusiva e liderança. Fundadora da Éssi Consultoria. Especialista em direitos humanos e diversidades, pós-graduada em modelos de gestão estratégica de pessoas e psicóloga.

CAPÍTULO 22

A LIDERANÇA NÃO TEM GÊNERO, EU TENHO

GISELE MÜLLER

A videochamada começa. Cinco pessoas online, duas câmeras fechadas, todas mulheres representantes das áreas de gestão de pessoas e diversidade e inclusão discutindo as aflições de como atingir as metas estabelecidas de liderança feminina. Debatem sobre programas de aceleração de carreira, mentoria, caminhos conhecidos que sem dúvidas trazem resultados, porém, no íntimo, cada uma delas desconfia não ser suficiente.

Perguntas são colocadas: quais as mulheres que estão alcançando os mais altos cargos? Elas se mantêm lá? Qual o custo real dessa conquista? Essa liderança inclui todas as mulheres e suas singularidades? A reflexão coletiva é quebrada pelo áudio vazado, aberto por uma mãozinha pequena, daquelas rechonchudinhas, que esbarrou no teclado sem querer. A mãe acolhe a criança, pede desculpas, agradece e diz-se aliviada por estar naquele ambiente de segurança.

As respostas terão que esperar.

CENÁRIO ATUAL

A importância da discussão da equidade de gênero nas organizações é tão ampla e significativa que abrange órgãos sociais, financeiros e econômicos. A ONU demonstra sua preocupação e compromisso na Agenda 2030 por meio do Objetivo de Desenvolvimento Sustentável (ODS) número 5, "Igualdade de Gênero" especificamente na meta 5.5: "Garantir a participação plena e efetiva das mulheres e a igualdade de oportunidades para a liderança em todos os níveis de tomada de decisão". Esses dados são quantificados em métricas no Pacto Global, o qual propõe às empresas parceiras 30% de mulheres em cargos de alta gestão até 2025 e 50% até 2030.

A B3, a bolsa de valores do Brasil, por sua vez, exige que as empresas listadas elejam pelo menos uma mulher e um integrante de grupos sub-representados para seus conselhos de administração ou diretorias estatutárias até 2025/2026 como parte de seu compromisso com a agenda ASG (Ambiental, Social e Governança). Mesmo com o peso de todos esses objetivos públicos, ainda assim não estamos caminhando na velocidade esperada. De acordo com o relatório de 2024 do Fórum Econômico Mundial, o Brasil ocupa a 70ª posição no Índice Global de Disparidade de Gênero, tendo fechado 71,6% da lacuna. O 2º Relatório de Transparência Salarial e Critérios Remuneratórios publicado pelo Ministério do Trabalho e Emprego, em setembro de 2024, revelou que, no setor privado brasileiro, as mulheres ganham, em média, 20,7% a menos do que os homens. A discrepância entre os salários é ainda maior para as que estão em cargos de direção e gerência, elas recebem 27% a menos.

Para entender o porquê de as mulheres ainda não terem atingido os mais altos cargos, precisamos voltar um pouco e compreender o imaginário construído e esperado para essa tal de liderança.

"THINK MANAGER, THINK MALE"

Se pedirmos para as pessoas nas corporações descreverem alguém em liderança, muito provavelmente começarão com: homem, na sequência pode ser que venha branco, cisgênero, sem deficiência, heterossexual. No ranking da Fortune Global 500 de 2024, somente vinte e oito mulheres figuram como CEOs. De quinhentas, vinte e oito. A primeira, Karen S. Lynch da CVS Health aparece na décima posição, a segunda, Mary T. Barra da General Motors surge apenas na posição trinta e nove. Duas brasileiras irrompem a lista: Magda Chambriard da Petrobras e Tarciana Medeiros do Banco do Brasil, marcando os lugares 99 e 217 da lista. A história vem de muito tempo antes dos 94,4% de presença massiva de homens do ranking citado.

Desde a antiguidade até pouco mais da metade do século 20, quando se pensava em figuras de poder, homens eram retratados. Uma das primeiras linhas de pensamento no século 19, popularizada pelo historiador escocês Thomas Carlyle, foi chamada da teoria do "Grande Homem", em que sugere que as qualidades de liderança, como carisma, inteligência, habilidades políticas e sabedoria eram inatas, razão pela qual alguns homens simplesmente nasciam para liderar. A mitologia por trás de Abraham Lincoln, Júlio César, Mahatma Gandhi e Alexandre, o Grande, ajudaram a contribuir para a noção de que grandes líderes não são feitos, nascem.

No início da década de 1970, a psicóloga americana Sandra Bem desenvolveu a Teoria do Esquema de Gênero e o *Bem Sex Role Inventory* (BSRI), que explora como os papéis de gênero são internalizados por meio da socialização, recompensas e punições, formando esquemas mentais que influenciam comportamentos e identidades de gênero.

Nessa mesma época, Dra. Virginia Schein começou a analisar os estereótipos de gênero como uma barreira psicológica para as mulheres na gestão. Na pesquisa de Schein de 1973, trezentos gerentes estadunidenses receberam uma lista de 92 descritores de características, atitudes e temperamentos. Usando essa lista, os participantes tiveram que selecionar termos para descrever homens em geral, mulheres em geral ou gerentes de sucesso sem especificação de gênero. Os resultados confirmaram a hipótese de que pessoas em gerência bem-sucedidas eram vistas tipicamente com traços considerados masculinos: assertividade, confiança, orientação para a tarefa, com poucos descritores associados ao feminino, como empatia, diplomacia e comunicação. Com isso iniciou uma linha de pesquisa que demonstrou uma tendência global conhecida como *"Think Manager, Think Male"*.[1]

Essa percepção contribui para a sub-representação feminina em cargos de alta gestão e é um fenômeno observado em diversas culturas ao redor do mundo.

Em 2019, Schein revisitou sua teoria e destacou que, apesar da presença de mulheres em cargos de gestão servirem como um modelo positivo, desafiando estereótipos e promovendo um ambiente mais inclusivo, os

1 "Pense gerente, pense homem", em tradução livre.

rótulos masculinos persistem. Schein enfatiza a necessidade de mudar a mentalidade organizacional para promover uma cultura que valorize a diversidade e reconheça a eficácia de diferentes estilos no poder, independentemente do gênero.

LIDERANÇA NÃO TEM GÊNERO

Temos à nossa disposição, hoje, uma série de teorias de liderança: transacional e transformacional, distribuída, dos estilos, situacional, entre tantas outras. O que há em comum nesses conceitos é que o gênero não é discutido como fator determinante em nenhum dos estudos.

A posição de líder não tem gênero, mas a pessoa que lidera tem e muitas vezes pode perpetuar os vieses que vimos anteriormente. Castilla e Benard (2010) em seu artigo "O paradoxo da meritocracia nas organizações" testaram empiricamente que, quando uma cultura organizacional promove a meritocracia, em comparação à que não o faz, os gerentes podem ironicamente mostrar maior viés a favor dos homens em relação às mulheres com desempenho igual, nas recompensas e progressão de carreira.

Um exame das práticas de pagamento mostrou que a implementação de um sistema de recompensa por desempenho ostensivamente meritocrático, projetado para dar uma compensação extra com base em seu desempenho, não eliminou o preconceito de gênero e raça nos ganhos. No geral, os aumentos salariais foram significativamente menores para mulheres, minorias étnicas e funcionários não nascidos nos Estados Unidos quando comparados com homens brancos com as mesmas pontuações de avaliação de desempenho, no mesmo cargo e unidade de trabalho, com o mesmo supervisor e o mesmo capital humano. Da mesma forma, usando dados de uma empresa financeira, foi observada uma diferença de 25% nos bônus baseados em desempenho, também distribuídos a critério dos gerentes, entre mulheres e homens nos mesmos empregos.

Nesse mesmo estudo, temos alguns achados muito intrigantes. As pessoas que têm a oportunidade de discordar de um conjunto de declarações sexistas têm mais probabilidade de recomendar um candidato do sexo masculino em vez de um do sexo feminino em cenários experimentais de contratação.

Por outro lado, o gênero da pessoa na gestão parece impactar os resultados de alguma maneira. Zenger & Folkman em seu artigo "Pesquisa: mulheres pontuam mais do que homens na maioria das habilidades de liderança", de 2019, destacam a análise de mais de oito mil avaliações 360 graus em que as mulheres superaram os homens em dezessete das dezenove capacidades que diferenciam líderes excelentes de medianos ou ruins. As mulheres foram classificadas como excelentes em tomar iniciativas, agir com resiliência, praticar o autodesenvolvimento, buscar resultados e demonstrar alta integridade e honestidade. Os homens foram classificados como melhores em duas: desenvolvimento de perspectiva estratégica e experiência técnica ou profissional.

O gênero não deveria importar, mas aparentemente ainda importa.

CAMINHOS POSSÍVEIS

Uma vez que a liderança não tem gênero, mas eu tenho, precisamos repensar os processos que sustentam os estereótipos criados e atuar diretamente neles. Os programas que agem no desenvolvimento das mulheres são muito importantes, porém insuficientes se as estruturas que impedem os avanços não forem revisadas.

Os programas de aceleração de carreira são relevantes na formação e sustentação das competências das mulheres para que elas se fortaleçam e desenvolvam suas habilidades para alcançarem os mais altos cargos, estes serão ainda mais efetivos se vierem acompanhados de revisão do processo de progressão de carreira, avaliação de desempenho e políticas de remuneração e recompensa sem vieses.

A mentoria é uma ferramenta poderosa e será muito mais efetiva se as pessoas mentoras tiverem consciência sobre todo o contexto dos estereótipos de gênero, as microviolências existentes no dia a dia da organização e vieses nos processos. Dessa forma, diminui-se a possibilidade de tentar encaixar essas mulheres dentro do que se espera do estereótipo masculino e torna-se mais provável um fortalecimento de suas potencialidades, criação de recursos de enfrentamento dos desafios postos com um desenvolvimento autêntico e sustentável.

A representatividade importa e muito, as metas de trinta a cinquenta por cento de representação, para além de aproximar da demografia da população, também tem o propósito de minimizar o efeito do token. Quando se tem mulheres plurais, com múltiplas vivências e diferentes perspectivas, reduz o efeito daquela única que chegou lá representar todas as demais e ter que dar certo para abrir espaço para as outras.

Não há solução simples para questões complexas nem uma única ação que resolva o todo. É preciso agir, mesmo que não tenhamos todas as respostas.

REFERÊNCIAS BIBLIOGRÁFICAS

B3. Política de diversidade e inclusão. Disponível em: https://www.b3.com.br/pt_br/empresa/investidores/politica-de-diversidade-e-inclusao/. Acessado em: 8 out. 2024.

BEM, Sandra L. "Gender schema theory: a cognitive account of sex typing". *Psychological Review*, v. 88, n. 4, 1981, p. 354-364.

CARLYLE, Thomas. *On heroes, hero-worship and the heroic in history*. London: Chapman and Hall, 1841.

CASTILLA, Emilio J.; BENARD, Stephen. "The paradox of meritocracy in organizations". *Administrative Science Quarterly*, v. 55, n. 4, 2010, p. 543-76.

FORTUNE. Global 500: 2024. Disponível em: https://fortune.com/ranking/global500/2024/search/. Acessado em: 8 out. 2024.

FÓRUM ECONÔMICO MUNDIAL. Relatório Global de Disparidade de Gênero 2024. Disponível em: https://www.weforum.org/reports/global-gender-gap-report-2024. Acessado em: 8 out. 2024.

MINISTÉRIO DO TRABALHO E EMPREGO. 2º Relatório de Transparência Salarial e Critérios Remuneratórios. Setembro de 2024. Disponível em: https://www.gov.br/trabalho-e-emprego/pt-br/assuntos/estatisticas/relatorios. Acessado em: 8 out. 2024.

ORGANIZAÇÃO DAS NAÇÕES UNIDAS (ONU). Agenda 2030 para o Desenvolvimento Sustentável. 2015. Disponível em: https://www.un.org/sustainabledevelopment/pt/agenda2030/. Acessado em: 8 out. 2024.

PACTO GLOBAL. Metas de diversidade de gênero. Disponível em: https://www.pactoglobal.org.br/atividades/metas-de-diversidade-de-genero. Acessado em: 8 out. 2024.

SCHEIN, Virginia E. "The relationship between sex role stereotypes and requisite management characteristics". *Journal of Applied Psychology*, v. 57, n. 2, 1973, p. 95-100.

THE BRITISH PSYCHOLOGICAL SOCIETY. Think manager - think male: from gender bias to gender balance [Vídeo]. Disponível em: https://www.youtube.com/watch?v=xxxx. Acessado em: 7 out. 2024.

ZENGER, Jack; FOLKMAN, Joseph. Research: women score higher than men in most leadership skills. Harvard Business Review, 2019. Disponível em: https://hbr.org/2019/02/research-women-score-higher-than-men-in-most-leadership-skills. Acessado em: 7 out. 2024.

JOANA IVO

É consultora em estratégias para a igualdade de gênero. Advogada com passagem pela Pepsico e Comitê dos Jogos Olímpicos e Paralímpicos Rio 2016, é mestre em *Equality Law* pela Manchester Law School. Joana é corredora de meias--maratonas e apaixonada por literatura.

TAMILES ALVES

É doutora pela USP, onde defendeu a tese "Governamentalidade à brasileira: racismo institucional nas políticas públicas para a população negra". No âmbito corporativo, atua como especialista em DE&I.

THEO VAN DER LOO

Foi CEO da Bayer no Brasil de 2011 a 2018 e, atualmente é conselheiro em diversas empresas. Além disso, continua engajado na promoção da diversidade e inclusão no ambiente empresarial, com ênfase na questão racial.

CAPÍTULO 23

DIVERSIDADE NO EMPODERAMENTO DE MULHERES E O PAPEL DOS HOMENS (BRANCOS)

JOANA IVO | TAMILES ALVES | THEO VAN DER LOO

O empoderamento de mulheres já se consolidou como expressão frequente no ambiente corporativo, no entanto, ainda é mais comentado do que apoiado de fato. Como explicar, por exemplo, que a Constituição Brasileira, norma mais alta na hierarquia do nosso sistema jurídico, seja desrespeitada há mais de noventa anos? Afinal, desde 1934[1] é proibido pagar menos a uma mulher que desempenhe a mesma função que um homem (vedação muito anterior à lei da igualdade salarial de 2023). Entretanto, discriminações salariais vêm ocorrendo em diversos setores e níveis hierárquicos.

Sabemos que hoje a vida das mulheres é melhor do que foi no passado. Afinal, na primeira metade do século XX, as mulheres conquistaram o direito de votar; mulheres casadas podem, desde 1962, trabalhar sem ter que pedir autorização do marido (foi preciso um decreto!); a Constituição de 1988 concedeu a tão batalhada igualdade perante a lei (o Código Civil de 1916, que vigorou até 2002, considerava a mulher casada como "relativamente incapaz"). Ou seja, em termos de direitos, avançamos muito.

Entretanto, se compararmos algumas leis às estatísticas, concluímos que ainda há um longo caminho para que o direito escrito seja também o direito usufruído. Discriminações naturalizadas por tanto tempo fortale-

1 Em 1943, a CLT (Consolidações das Leis do Trabalho) recepcionou essa regra constitucional.

ceram desigualdades estruturais em diversos espaços sociais. E como nos ensina a única mulher no Supremo Tribunal Federal, Ministra Cármen Lúcia, em seu livro *Direitos de/para todos*, "a injustiça não se resolve fácil".

Pensando na construção da justiça e, consequentemente, do empoderamento, é fundamental que o processo pelo qual mulheres tenham poder e autonomia não seja um movimento isolado que confere direitos e liberdade apenas a pequenos grupos. O olhar para a redução dos obstáculos que prejudicam mulheres precisa ser ampliado. Se considerarmos as empresas, não pode ficar, por exemplo, restrito ao escritório, deve beneficiar também as mulheres das fábricas.

É por isso que a constante valorização do sucesso individual precisa ser repensada. É comum que mulheres que chegam às mais altas posições ganhem notoriedade. Celebrar conquistas é fundamental, fortalece a caminhada pela igualdade e inspira tantas outras, mas, certamente, o "ela chegou lá" não é empoderamento. E se for explorado de forma acrítica representa até um certo risco, já que o discurso da meritocracia tende a enfraquecer a demanda por ações de equidade. Globalmente, é o que temos testemunhado com a diminuição de investimentos na agenda de diversidade e inclusão.

Assim, aumentar um pouco a representatividade, sem medidas concretas para que mulheres deixem de ser exceção, não transforma. A escritora Joice Berth convida a refletir sobre a relação entre o individual e o coletivo para fortalecer o empoderamento: "Empoderamos a nós mesmos e apoiamos outros indivíduos em seus processos, conscientes de que a conclusão só se dará pela simbiose do processo individual com o coletivo". Aliás, igualmente contraproducente é a banalização do termo empoderamento. O desgaste da palavra, usada de forma rasa até para impulsionar a venda de produtos, tira o significado do movimento, desviando a atenção da seriedade do processo.

Mas, ao longo da história, mulheres vêm exigindo diversidade no movimento feminista. Em 1851, na Convenção dos Direitos da Mulher em Ohio, no seu memorável discurso "E eu não sou uma mulher?", Sojourner Truth protestou contra a figura de uma mulher universal e a invisibilidade da mulher negra. Nesse mesmo sentido, o fez Sueli Carneiro, nossa ilustre filósofa, sobre a narrativa que ignorava a realidade de mulheres negras: "Mulheres que não entenderam nada quando as feministas disseram que as mulheres deveriam ganhar as ruas e trabalhar". Afinal, quais mulheres lutaram pelo direito de trabalhar se sempre houve mulheres trabalhando? Mulheres pobres eram 82% dos operários nas fábricas, segundo o primeiro Censo Brasileiro (1872),[2] e mulheres negras trabalharam desde o Brasil Colônia, no horror que a escravidão representou neste país. Esses são dois exemplos de que, quando falta diversidade ao empoderamento, ele precisa ser transformado.

Enfim, o combate às desigualdades de gênero, em um país com maioria de pessoas negras só acontece realmente se ampliarmos o olhar e lutarmos simultaneamente pela igualdade racial (e demais grupos minorizados). Como o educador Paulo Freire ensinou ao Brasil e ao mundo, "qualquer discriminação é imoral e lutar contra ela é um dever por mais que se reconheça a força dos condicionamentos a enfrentar". Se comprometidos com a agenda de equidade, vale sempre perguntar qual condicionamento cada um de nós carrega e perpetua na sua rotina. O real empoderamento de mulheres precisa ser diverso para existir e transformar de fato o mercado de trabalho e, consequentemente, a sociedade.

A DIVERSIDADE DE MULHERES NAS EMPRESAS BRASILEIRAS

A pauta da equidade de gênero, embora tenha sido fortalecida em muitas organizações nos últimos anos, vem enfrentando alguns desafios que vão desde os retrocessos na inclusão das mulheres à falta de pluralidade na representatividade feminina nos espaços.

Geralmente, quando olhamos para as mulheres que ganharam espaço nas empresas, sobretudo as que estão em cargos de liderança, é possível

2 SOARES, Cristiane; MELO, Hildete Pereira de; BANDEIRA, Lourdes. O trabalho das mulheres brasileiras: uma abordagem a partir dos censos demográficos de 1872 a 2010. Apresentado no Encontro Nacional de Estudos Populacionais, ABEP, realizado de 24 a 28 de novembro, em São Pedro (SP).

dizer que há um padrão sendo seguido: muitas delas são brancas, cis, heterossexuais, sem deficiência, têm menos de cinquenta anos, e são de classe média. Mulheres negras, indígenas, trans, lésbicas, com deficiência, 50+, e tantas outras minorizadas são minoria nas empresas e, mesmo quando elas estão presentes, não ocupam cargos estratégicos e de liderança.

De acordo com o censo multissetorial construído pela Gestão Kairós em 2022, as mulheres negras, embora representem 28,5% da população brasileira (60 milhões), são apenas 3% dos líderes das empresas. Infelizmente, essa realidade não é diferente para outras mulheres de grupos minorizados segundo o mesmo censo: as mulheres lésbicas não chegam a 1% em cargos de liderança; as mulheres trans são apenas 0,3% entre as líderes; as mulheres com deficiência chegam apenas a 0,6% dos cargos de liderança; e quando se olha para o fator idade, as mulheres que têm mais de quarenta anos correspondem a 11,4% na liderança, e as que têm acima de cinquenta anos, chegam a 2,4% (Dayrell, 2022).

É preciso compreender que ser mulher não prescinde da pluralidade e da diversidade, e que esses fatores precisam ser levados em conta quando se fala em equidade de gênero. Nesse sentido, é imprescindível analisar a categoria mulher pelo ponto de vista de "mulheridades", conceito que contempla todas as formas de ser mulher, e também pelo prisma da "interseccionalidade", termo cunhado pela intelectual afro-estadunidense Kimberlé Crenshaw, que se refere aos variados tipos de opressões que uma mesma mulher pode sofrer, em função de sua raça, classe, orientação sexual, e que se popularizou no meio acadêmico, sendo utilizado pelas feministas negras que não viam as suas reivindicações serem acolhidas pelo feminismo branco.

É importante que a interseccionalidade impacte a transformação dos espaços, e que a representatividade feminina não tenha como base o tokenismo (conceito trabalhado por Martin Luther King que se refere a um esforço superficial das organizações para incluir pessoas de grupos minorizados tendo poucos representantes, como se poucas pessoas pudessem representar toda uma coletividade).

A inclusão das mulheres no mercado de trabalho e o compromisso com a equidade de gênero é algo que cabe aos homens também, sobretudo os homens brancos, os quais são os grandes tomadores de decisões nas organizações e na sociedade e, portanto, responsáveis diretos por combater as opressões e as desigualdades de gênero onde quer que elas se manifestem.

O PAPEL DOS HOMENS (BRANCOS) — UM RELATO DE THEO VAN DER LOO, EX-CEO DA BAYER BRASIL

Há alguns anos, participei de um simpósio onde uma palestrante utilizou o termo "homem tóxico". Naquele momento, senti-me ofendido, como se a crítica fosse direcionada a mim. Nunca me considerei um "homem tóxico", embora em algum momento eu possa ter agido assim, sem mesmo me dar conta. A partir dessa experiência, comecei a refletir sobre o meu comportamento e a observar o de outros homens.

Ao me engajar nas discussões sobre diversidade, compreendi como era importante o "lugar de escuta", especialmente como homem branco. Percebi que a observação atenta, aliada à inteligência emocional e à intuição, pode ser valiosa para promover um ambiente de trabalho mais inclusivo e equitativo. Essa experiência me levou a reconhecer o papel crucial que cada indivíduo desempenha na construção de uma cultura organizacional transformada, genuinamente diversa e inclusiva.

Muitas vezes falhamos em escutar com empatia as experiências dos outros, por exemplo, o que é ser mulher no ambiente de trabalho, ser negro no Brasil, enfrentar dificuldades de locomoção ou "sair do armário" como uma pessoa homoafetiva. Essa jornada pela diversidade não deveria começar no RH ou em um comitê; ela precisa ser, antes de tudo, uma jornada pessoal e individual.

Embora o homem branco não seja o protagonista, não significa que deve ser apenas um apoiador ou torcedor em prol da inclusão e diversidade. Afinal, os torcedores gostam de dar palpites, mas não fazem gols. Vejo o homem branco como um corresponsável pelos avanços em inclusão e diversidade, podendo acelerar esse processo (ou não), pois na maioria das vezes é ele quem detém o poder.

Como o homem branco não é prejudicado pela desigualdade de gênero, pode considerar o tema secundário, de baixa prioridade. Essa desconexão pode contribuir para a lentidão dos avanços.

Um dos principais desafios na implementação de mudanças organizacionais é o comprometimento da alta liderança. Não basta que o CEO deseje a mudança, é essencial uma abordagem genuína e corajosa para mobilizar e engajar toda a organização, começando pelo comitê executivo. A coragem, nesse contexto, significa agir com autenticidade e convicção. É preciso tocar mentes e corações.

A cultura organizacional frequentemente emerge como um obstáculo à mudança, especialmente no que diz respeito à inclusão e à diversidade. Em empresas de grande porte e estruturas complexas, o desafio é ainda maior. Nesse contexto, é comum a manifestação de "forças ocultas" que, de maneira sutil ou explícita, resistem às iniciativas em prol da diversidade.

Um aspecto crucial é o impacto dos vieses inconscientes nas oportunidades de carreira para profissionais de grupos diversos, sobretudo mulheres. Muitas são excluídas de promoções e processos seletivos devido a preconceitos. Como resultado, algumas até desistem de se candidatar a vagas, antecipando a discriminação que poderiam enfrentar.

Para superar esses desafios e promover a equidade de gênero, é fundamental que líderes (na maioria das vezes, homens brancos), de maneira proativa e consistente:

1. Implementem programas de conscientização sobre vieses inconscientes de gênero;
2. Analisem as métricas e estabeleçam metas claras de diversidade, inclusão e equidade de gênero, vinculadas a bônus;
3. Criem processos de promoção e recrutamento mais justos para mulheres;
4. Fomentem uma cultura de abertura e diálogo sobre diversidade e equidade de gênero;
5. Evitem contratar gestores que perpetuem estereótipos e que não se comprometam a criar um ambiente seguro e equitativo para as mulheres;
6. Tenham um canal de denúncias eficiente, para casos de discriminação e assédio.

Relatórios internacionais já comprovaram que empresas com diversidade de gênero em seus quadros executivos são mais lucrativas, confirmando que essa é uma pauta para estar na agenda do CEO. Vejo esses estudos como o resultado de um cálculo matemático: quanto maior a diversidade, maior será a oferta de talentos na empresa. Afinal, o homem branco não detém o monopólio do talento, da inteligência e da sabedoria.

Líderes engajados podem e devem apoiar a transformação de suas empresas em ambientes mais inclusivos e inovadores, aproveitando todo o potencial de uma força de trabalho diversificada para que haja uma verdadeira transformação na cultura organizacional. E com melhores resultados para os negócios! Afinal, o único risco que a equidade de gênero, diversidade e inclusão oferecem é que, se nada for feito, a empresa ficará para trás em relação à concorrência.

REFERÊNCIAS BIBLIOGRÁFICAS

BERTH, Joice. *Empoderamento*. São Paulo: Pólen, 2019.

CARNEIRO, Sueli. Enegrecer o feminismo, a situação da mulher negra na América Latina a partir de uma perspectiva de gênero. In: HOLLANDA, Heloisa Buarque de (org.). *Pensamento feminista*: conceitos fundamentais. Rio de Janeiro: Bazar do Tempo, 2019.

DAYRELL, Marina. Mulheres negras são apenas 3% entre líderes nas empresas, diz estudo. Terra, 11 mar. 2022. Disponível em: https://www.terra.com.br/nos/mulheres-negras-sao-apenas-3-entre-lideres-nas-empresas-diz-estudo,cc51a786e4402676743ce2163f45fce9hj9rhyxq.html. Acessado em: 12 out. 2024.

FREIRE, Paulo. *Pedagogia da autonomia*: saberes necessários à prática educativa. São Paulo: Paz e Terra, 2019.

ROCHA, Cármen Lúcia Antunes. *Direitos de/para todos*. Bazar do Tempo, 2024.

LUCIANO AMATO

Consultor em diversidade, equidade e inclusão. Coach e mentor de carreira. CEO da Training People, empresa especializada em programas de diversidade, equidade e inclusão. Fundador e CEO do Instituto Bússola Jovem. Professor de Diversidade no MBA da FIAP.

CAPÍTULO 24

CASE INSTITUTO BÚSSOLA JOVEM: QUEBRANDO CRENÇAS, CONSTRUINDO PONTES, TRANSFORMANDO VIDAS

LUCIANO AMATO

O Brasil é um país de grandes disparidades sociais que comprometem o futuro do país e relegam pessoas a viverem abaixo da linha de pobreza. Fruto da falta de vontade política para resolver problemas estruturais, em detrimento da comodidade de manter pessoas com baixo senso crítico.

Este capítulo trará reflexões sobre o cenário do jovem em situação de vulnerabilidade social, suas barreiras e potências.

As diferenças de oportunidades entre jovens em situação de vulnerabilidade social e de classe média ou alta são bastante evidentes nas desigualdades sociais, econômicas e educacionais e refletem em suas vidas, criando barreiras estruturais e psicológicas. A começar pelo contexto onde moram, com estruturas precárias, alto índice de violência e distância dos grandes centros onde se encontram as melhores oportunidades.

Enquanto jovens com alto poder aquisitivo estudam em escolas de alto padrão, com programas pedagógicos consistentes, nas escolas públicas são comuns a falta de estrutura, salas de aula superlotadas, professores desmotivados e falta de materiais.

Como resultado, a formação técnica e profissional é bastante prejudicada, afetando o desenvolvimento de conhecimentos básicos e competências importantes que permitiriam se tornarem profissionais mais competitivos.

A necessidade de trabalhar cedo para complementar a renda familiar, além de impedir a dedicação integral aos estudos, obriga-os a escolher empregos sem alinhamentos com suas escolhas pessoais, enquanto jovens de classe média e alta contam com o apoio financeiro da família.

O acesso limitado à tecnologia dificulta a participação em cursos online, a busca por vagas de emprego e até o desenvolvimento de habilidades necessárias.

Muitos enfrentam preconceito no mercado de trabalho por fatores relacionados à origem social. Jovens de periferia ou de grupos minoritários, como negros e indígenas, enfrentam barreiras adicionais de discriminação.

Um estudo da Federação das Indústrias do Paraná (Fiep, [s/d]) mostra que apenas um em cada quatro jovens de baixa renda chega à universidade. O estudo tomou como base a Pesquisa Nacional por Amostra de Domicílios (PNAD Contínua) de 2012 a 2022.

Segundo os dados mais recentes do IBGE (2023), o país tinha 5,9% da população em extrema pobreza e 31,6% em estado de pobreza. Condições construídas por meio de uma cultura de privilégios, e com "endereço certo". As pessoas pretas ou pardas representam mais de 70% dos pobres e dos extremamente pobres. A região Nordeste, em 2022, detinha 27% da população total do Brasil, mas concentrava 43,5% da população na pobreza e 54,6% da população em extrema pobreza.

Todo esse cenário é assustador e escancara a falta de atuação competente do poder público, que há anos promete melhoria na educação, mas os problemas se repetem. É possível mudar esse cenário? Para confirmar trago um *case* que vem fazendo a diferença, impactando e gerando resultados efetivos à população.

UMA PROPOSTA DE VALOR

O Instituto Bússola Jovem nasce da convivência de seus fundadores por mais de quinze anos fazendo entregas de brinquedos no Natal para a comunidade por meio de outra ação social, do inconformismo, do desejo de mudança e da certeza de que era possível reescrever a história daquelas pessoas que ali residiam.

O bairro Capão Redondo tem aproximadamente trezentos mil habitantes, ocupa a 79ª posição em IDH (Índice de Desenvolvimento Humano) dos 96 bairros de São Paulo, sendo a 6ª região com maior densidade demográfica, segundo a Prefeitura de São Paulo (Cidade de São Paulo, 2024).

Oito anos mais tarde, tem uma legião de 170 voluntários ativos, e outros tantos que deixaram suas sementes, conectados por um propósito:

quebrar crenças limitantes, construir pontes entre o impossível e o possível e transformar vidas.

Quando iniciou suas atividades, uma preocupação foi compreender com o líder da comunidade qual a carência da região e suas prioridades. De imediato nos relatou a necessidade de atuar com os jovens, pois, apesar de terem competências relevantes, as barreiras e as crenças limitantes formadas muitas vezes na própria base familiar, reforçadas por um sentimento de proteção, limitavam suas esperanças, perspectivas e capacidade de sonhar.

Logo, qualquer ação deveria distanciar-se do assistencialismo, ser propositiva e principalmente criar protagonismo e autonomia para construírem seus caminhos.

Com esses dados em mãos, foi definido como público-alvo jovens com idade entre 16 e 20 anos como limite para entrada no projeto, porém com a possibilidade de serem atendidos até completar 24 anos, ensino médio cursando ou completo e residentes na região Sul.

Cumprindo seu papel na sociedade civil, foram estabelecidos alguns critérios no processo seletivo, dando peso maior para: renda familiar e renda *per capita* por família, orientação afetiva e identidade de gênero (LGBTQIAP+), deficiência, estrutura familiar, situação de trabalho na família, entre outros.

O programa tem quatro pilares: educação, empregabilidade, carreiras e saúde mental.

EDUCAÇÃO

A trilha de aprendizagem tem o foco de desenvolver as competências socioemocionais e cognitivas que contemplam uma estrutura sequenciada baseada em três pilares:

- Autoconhecimento e autogestão – Base para que o jovem se fortaleça ao reconhecer seus potenciais, perceber pontos de desenvolvimento e aplicar esse conhecimento nas etapas subsequentes, compreendendo que esse é um processo contínuo.
- Preparação para o mercado de trabalho – Desenvolvimento de competências e utilização de ferramentas que frequentemente são utilizadas no mercado corporativo: comunicação, liderança, estratégia, trabalho em equipe etc.

- Empreendedorismo de impacto social – Os jovens aplicam o conteúdo aprendido e criam empreendimentos de impacto social com a finalidade de perceberem que existem outros caminhos além do mercado corporativo e se conscientizem da possibilidade de se tornarem agentes de mudança da própria realidade, alinhados aos seus projetos de vida e aos ODS.

Para que o resultado do programa se efetive, uma das principais práticas é a criação e oferta de um ambiente afetivo, inclusivo, acolhedor, empático, que garanta espaço à diversidade e permita que os jovens se sintam seguros na busca de seus objetivos, apoiando-os em relação aos seus sonhos.

Os encontros são muito vivenciais, com uso de metodologias ativas, jogos, rodas de conversas onde exercitam a criticidade e a comunicação, atividades que ativam o potencial criativo, escuta ativa e feedback, e que possibilitam um resultado de apenas 10% na média da evasão por turma.

São realizadas visitas guiadas em exposições culturais, de empreendedorismo e/ou que tenham conexão com a trilha de aprendizagem, que complementam o aprendizado, pois o local onde residem apresenta muita carência de cursos, atividades culturais, recreativas etc.

EMPREGABILIDADE

Os jovens chegam com necessidades básicas, como geração de renda familiar, e depositam a esperança de serem contratados e mudarem a realidade de suas famílias.

Para atender a esses anseios, a equipe de empregabilidade busca parcerias com empresas contratantes, orienta os jovens sobre postura, marketing pessoal, dicas de processo seletivo, criam perfil no LinkedIn, currículo e acompanham o desempenho dos jovens em processos seletivos.

O fato de a maioria dos jovens estar na fase do primeiro emprego e desbravando um mundo novo faz com que sejam criadas muitas inseguranças. O acompanhamento que a área de empregabilidade oferece encoraja o jovem a agir sabendo que terá um apoio. Vale ressaltar que há um cuidado para não criar dependência.

São realizadas visitas guiadas em empresas com o objetivo de proporcionar o contato dos jovens com os ambientes corporativos, onde normalmente são recebidos pelos colaboradores da organização e conhecem as áreas, os segmentos e os processos.

Gerar oportunidades aos jovens para conhecerem outros espaços é um fator importante para compreenderem que podem e têm direito de ocupar outros ambientes e não somente a comunidade que residem. Significa quebrar barreiras que a sociedade lhes impõe.

CARREIRAS E FUTURO

De forma geral, a adolescência é um período de mudanças, indecisões e escolhas, muitas vezes realizadas sem os conhecimentos e competências necessários. O nosso público-alvo, por ter uma barreira financeira grande, acaba direcionando suas forças e tempo para arrumar um emprego imediato, sem grandes sonhos, e acabam não pensando em uma carreira profissional.

O pilar de carreira dentro do Instituto Bússola Jovem tem o desafio de fazê-los perceber qual é a importância de pensar sobre a carreira profissional, de fazer escolhas conscientes e consistentes, de ampliar o conhecimento sobre profissões, tendências e os diversos caminhos possíveis na sua construção.

Para atingir seu objetivo, a área de carreira tem um time de coaches de carreira denominados navegadores. São profissionais atuantes no mercado e com expertise na condução do processo junto ao jovem.

Em reuniões virtuais, programadas de acordo com a disponibilidade do orientador de carreira e jovem, são feitas as orientações. Há uma programação a ser seguida, com compartilhamento de ferramentas entre a equipe de coach, de forma a garantir a metodologia.

São realizadas visitas guiadas em universidades e/ou locais vinculados aos sonhos profissionais dos jovens, além de conectá-los com profissionais das áreas em que desejam atuar, com a finalidade de gerar subsídios para facilitar suas decisões profissionais.

SAÚDE SOCIAL

O equilíbrio e a saúde mental são pontos valorizados, pois, principalmente após a pandemia de covid-19, foi evidenciado um aumento significativo de jovens com ansiedade, depressão, fazendo uso de medicamentos controlados e a necessidade de oferecer apoio psicológico.

Considerando a importância do bem-estar do jovem e o impacto da saúde no todo, foi criada uma área específica com psicólogos parceiros e são feitos encaminhamentos, de acordo com a necessidade.

RESULTADOS

O Instituto Bússola Jovem impactou a vida de mais de trezentos jovens e indiretamente aproximadamente duas mil pessoas. Mais de 50% dos jovens encaminhados para processos seletivos foram contratados, 2.300 horas de trilha de aprendizagem e de orientação de carreira.

É evidente a mudança do jovem de quando inicia na trilha de aprendizagem e ao término. A maturidade, comunicação e oratória, capacidade de trabalhar em equipe, segurança, entre outras competências.

Uma das principais barreiras era o ingresso em cursos de graduação. Atualmente temos vários casos de jovens que ingressaram em Arquitetura, Letras, Enfermagem, Psicologia, Marketing, Moda, Sistemas de Informação, Administração, inclusive alguns que concluíram a graduação.

Em 2022, o Instituto Bússola Jovem recebeu o prêmio Top Sustentabilidade e foi reconhecido como destaque de projeto de inclusão e capacitação de jovens pela ADVB (Associação dos Dirigentes de Venda e Marketing do Brasil).

A estrutura interligada de todas as etapas: educação, empregabilidade, carreiras e saúde mental constitui os principais fatores formais que geram o desenvolvimento dos jovens, mas igualmente importante são o acolhimento, reconhecimento de potenciais, entre outros.

Ao acolher, ouvir, criar um ambiente seguro para que possam se manifestar, acreditar e reconhecer seus potenciais, quebrar as crenças limitantes, despertar sua autoestima e o desejo de sonhar, criamos as pontes para o que antes era impossível se tornar possível, atingível e concreto. A partir dessa consciência, o jovem entende que pode quebrar barreiras e que não há limites para alcançar objetivos e sonhos.

Dentro desse contexto, o Instituto Bússola Jovem é quem dá a mão, a direção, encoraja a seguir em frente. É a faísca que reacende o desejo de sonhar, aquele sonho que num momento parecia impossível, mas se torna real.

BOAS PRÁTICAS

Fica evidente que o país tem graves problemas estruturais, mas, ao mesmo tempo, ações viáveis para solucioná-los. Uma ação conjunta: 1º, 2º e 3º setores é o ideal.

O 1º setor deve dar as diretrizes de crescimento do país, proporcionar educação de qualidade, economia que melhore as condições e a dignidade da população, implementar programas sociais e incentivar o 2º setor a apoiar iniciativas do 3º setor, por meio de leis de incentivo.

O 2º setor deve estar consciente da sua responsabilidade perante a sociedade, implementar a agenda ESG por propósito e valores organizacionais, incentivar que seus colaboradores apoiem causas sociais. Vale ressaltar que apoiar o 3º setor traz diversos benefícios, como o impacto na percepção da marca, atração de talentos, diferenciação da concorrência, engajamento de colaboradores por meio de programas de voluntariado. Uma pesquisa, da Brasil Giving (2020), mostra que 71% dos consumidores estão mais inclinados a comprar de marcas que apoiam organizações sociais.

O 3º setor deve atuar com ações consistentes que realmente gerem mudanças nos segmentos em que atuam.

A responsabilidade por construir uma sociedade mais justa e inclusiva é de setores, mas também individual. Que tal começar agora procurando uma pauta que faça sentido com seu propósito de vida?

REFERÊNCIAS BIBLIOGRÁFICAS

BRASIL GIVING 2020. Um retrato da doação no Brasil, junho de 2020. Disponível em: https://www.idis.org.br/wp-content/uploads/2020/07/CAF_BrazilGiving2020.pdf. Acessado em: 1 dez. 2024.

CIDADE DE SÃO PAULO. Urbanismo e licenciamento, 23 de maio de 2024. Disponível em: https://capital.sp.gov.br/web/licenciamento/w/noticias/366736. Acessado em: 1 dez. 2024.

FIEP. Juventude brasileira de baixa renda, [s/d]. Disponível em: https://www.fiepr.org.br/observatorios/estudo-juventude-brasileira/. Acessado em: 1 dez. 2024.

IBGE, AGÊNCIA. Pobreza cai para 31,6% da população em 2022, após alcançar 36,7% em 2021. Em 06/12/2023. Disponível em: https://agenciadenoticias.ibge.gov.br/agencia-noticias/2012-agencia-de-noticias/noticias/38545-pobreza-cai-para-31-6-da-populacao-em-2022-apos-alcancar-36-7-em-2021. Acessado em: 1 dez. 2024.

MÓRRIS LITVAK

É especialista em longevidade e CEO da Maturi, plataforma que conecta profissionais 50+ ao mercado de trabalho. Atuante em palestras e consultorias, ele é referência na inclusão geracional no Brasil.

CAPÍTULO 25

CONTEXTUALIZAÇÃO SOBRE O ENVELHECIMENTO POPULACIONAL NO BRASIL

MÓRRIS LITVAK

O Brasil está passando por uma transição demográfica sem precedentes. Segundo o IBGE (2022-2023), a população idosa — aqueles com sessenta anos ou mais — representará cerca de 30% da população total até 2050. Hoje, os 50+ já representam mais de 27% da população brasileira ou 58 milhões de pessoas. Isso significa que estamos envelhecendo rapidamente, já que, além de viver mais, estamos tendo menos filhos e, com isso, o mercado de trabalho brasileiro também está envelhecendo. Se hoje ainda vivemos uma fase em que os mais jovens dominam o cenário corporativo, em poucos anos essa realidade será bem diferente.

Essa mudança demográfica, no entanto, não é algo restrito ao Brasil. Países da Europa e da Ásia já estão lidando com o envelhecimento de suas populações há décadas e muitos deles estão à frente em termos de políticas públicas e corporativas voltadas para a inclusão de pessoas mais velhas. No entanto, o Brasil ainda está engatinhando nessa questão. Nossa cultura, historicamente, valoriza a juventude e muitas vezes vê a idade como um empecilho para o progresso. No entanto, essa visão está começando a mudar — e é aqui que entra a importância de discutir o mercado para os 50+.

A IMPORTÂNCIA DE DISCUTIR O MERCADO DE TRABALHO PARA OS 50+

Discutir o mercado de trabalho para profissionais 50+ vai muito além de questões de diversidade e inclusão. É uma necessidade estratégica. Com o envelhecimento da população, as empresas que não se prepararem para integrar, de forma eficiente e intencional, profissionais mais maduros, estarão perdendo uma força de trabalho qualificada, resiliente e comprometida.

Uma projeção da Fundação Getúlio Vargas estima que, em 2040, 57% da força de trabalho no Brasil terá mais de 45 anos (FGV EAESP, 2028).

O etarismo, também conhecido como idadismo, ageísmo ou simplesmente preconceito etário, ainda é uma barreira significativa. Muitos profissionais a partir dos quarenta anos já relatam dificuldades em se recolocar no mercado, enfrentando preconceitos que vão desde a falta de familiaridade com novas tecnologias até a crença de que são menos produtivos ou inovadores do que seus colegas mais jovens. Isso cria um ciclo vicioso de exclusão, que priva tanto os profissionais de oportunidades quanto as empresas de um talento que poderia ser extremamente valioso.

Portanto, é essencial que as empresas brasileiras e multinacionais comecem a olhar para essa questão de maneira estratégica, criando políticas inclusivas que aproveitem o melhor de cada geração. O envelhecimento da força de trabalho não é uma ameaça, mas sim uma oportunidade de alavancar a diversidade de pensamento, experiência e perspectivas que só equipes multigeracionais podem proporcionar.

Estudos globais demonstram que empresas com equipes multigeracionais são mais propensas a obter maior lucratividade. De acordo com um relatório da consultoria McKinsey &Company (2018), elas têm 21% mais chances de superar seus concorrentes em rentabilidade.

Já um levantamento conduzido pela Deloitte (2024) revelou que aquelas que adotam políticas inclusivas para todas as idades têm uma taxa de retorno sobre o investimento (ROI) mais alta, alcançando até 2,3 vezes mais lucratividade.

Outro estudo, realizado no Brasil, mostrou que empresas com times multigeracionais são mais criativas e produtivas (Sistema FIEP, 2020).

No Brasil, estamos apenas começando a entender o impacto que a inclusão etária pode ter nas organizações. O objetivo deste capítulo é justamente provocar uma reflexão e fornecer insights práticos para que as empresas possam se preparar e agir de forma intencional. Porque a inclusão de profissionais de todas as idades não é apenas uma questão de justiça social, é uma questão estratégica para o futuro das organizações.

PANORAMA ATUAL

O mercado de trabalho brasileiro ainda carrega uma visão limitadora em relação aos profissionais mais maduros. Embora a transição demográfica esteja em curso, as políticas corporativas ainda são, em sua maioria, voltadas para públicos mais jovens. Muitos profissionais 50+ são vistos como "obsoletos" ou incapazes de acompanhar o ritmo das mudanças tecnológicas.

Entretanto, essa visão perpetua estereótipos e impede as empresas de se beneficiarem do conhecimento e das competências socioemocionais desses profissionais. Dados recentes mostram que, embora a participação dos 50+ no mercado de trabalho esteja crescendo, ainda há muito a ser feito para incluir esse grupo de forma significativa. (Senai, 2023)

O VALOR DA EXPERIÊNCIA

Profissionais 50+ trazem consigo décadas de vivência no mundo corporativo. Suas habilidades, como resiliência, inteligência emocional e capacidade de resolução de conflitos são altamente valorizadas, mas muitas vezes subestimadas no mercado de trabalho. Empresas que já adotam práticas de inclusão etária relatam que a presença de pessoas 50+ aumenta a coesão das equipes e melhora o desempenho geral.

A diversidade etária é um diferencial competitivo, permitindo que as empresas acessem uma variedade de pontos de vista e soluções mais criativas. Para que isso aconteça, as organizações precisam superar preconceitos e aproveitar o potencial dessa geração.

BARREIRAS ENFRENTADAS: O ETARISMO

O etarismo é uma forma de discriminação ainda pouco discutida, mas presente em muitas organizações. Profissionais 50+ enfrentam exclusão em processos seletivos e são frequentemente subestimados em suas capacidades. Embora estejam dispostos a aprender novas ferramentas, muitas vezes não recebem as oportunidades ou o treinamento necessário para essa adaptação.

Esse ciclo de exclusão tem impacto negativo tanto nos profissionais quanto nas empresas. Do lado dos trabalhadores, gera desmotivação e um sentimento de inutilidade. Do lado das empresas, significa perda de talentos experientes que poderiam estar contribuindo de maneira significativa para o sucesso organizacional.

Importante lembrar, ainda, que no Brasil temos o Estatuto da Pessoa Idosa, que cita o pleno direito dos 60+ no Brasil a trabalho e emprego sem serem discriminados em função da idade.

BOAS PRÁTICAS DE INCLUSÃO GERACIONAL

A inclusão de profissionais 50+ deve ser tratada como uma estratégia de longo prazo, integrada à cultura corporativa. As empresas precisam ir além de programas pontuais de contratação afirmativa, construindo ambientes onde diferentes gerações possam colaborar e aprender juntas.

Temos desenvolvido iniciativas que promovem a inclusão geracional, como a mentoria reversa, em que profissionais mais jovens e mais velhos compartilham conhecimentos e experiências. Ao longo do tempo percebemos e depois pudemos comprovar que essa prática estimula a inovação e fortalece as equipes, gerando resultados positivos tanto para as empresas quanto para os colaboradores.

Além disso, programas de treinamento contínuo, voltados especificamente para o público 50+, são fundamentais. Eles permitem que esses profissionais se mantenham atualizados em relação às novas ferramentas e tendências do mercado. A inclusão digital, por exemplo, é essencial para garantir que os 50+ estejam integrados às demandas atuais.

Outra prática eficaz é o recrutamento afirmativo para pessoas 50+. Essa ação garante que profissionais mais maduros tenham oportunidades de emprego e mostra que a empresa valoriza a diversidade etária. Empresas que implementam essas práticas sinalizam ao mercado o compromisso com a inclusão e a valorização da experiência.

O PAPEL ESTRATÉGICO DAS ÁREAS DE RH, DIVERSIDADE E ESG

As áreas de Recursos Humanos, diversidade e ESG (*environmental, social and governance*) são essenciais para liderar essa transformação. O RH deve implementar políticas inclusivas que contemplem todas as fases da carreira, desde o recrutamento até o desenvolvimento contínuo. Isso inclui ajustar a linguagem dos anúncios de vagas e oferecer treinamentos que capacitem profissionais de todas as idades.

Já no campo de ESG, a inclusão etária está diretamente ligada à responsabilidade social e ao impacto positivo que as empresas podem ter em suas comunidades. A inclusão de profissionais 50+ promove sustentabilidade social, mostrando que a empresa valoriza o capital humano em todas as suas fases de vida.

O IMPACTO DA LIDERANÇA NA INCLUSÃO ETÁRIA

Nenhuma transformação acontece sem o envolvimento direto da alta liderança. Para que a inclusão geracional seja efetiva, é essencial que os líderes estejam comprometidos com essa causa e integrem a inclusão etária à estratégia corporativa. Líderes que defendem a inclusão geracional de forma genuína criam uma cultura organizacional que valoriza as contribuições de todas as gerações.

Empresas que incentivam a criação de grupos de afinidade geracional permitem que profissionais de diferentes idades se conectem, discutam desafios e compartilhem ideias sobre como melhorar o ambiente de trabalho. A liderança, ao patrocinar essas iniciativas, reforça seu compromisso com a diversidade etária e ajuda a moldar uma cultura mais inclusiva.

Diversas organizações que têm investido na diversidade etária relatam diminuição no *turnover* (rotatividade) e no absenteísmo em equipes com mais equilíbrio geracional, bem como melhora no clima organizacional.

OPORTUNIDADES E SOLUÇÕES PRÁTICAS

Há dezessete anos nos Estados Unidos e desde 2022 no Brasil, a certificação Age Friendly Employer visa reconhecer as empresas com um ambiente de trabalho "Age-Friendly", que significa adotar práticas que não apenas removam barreiras para os profissionais 50+, mas também os integrem de forma estratégica e intencional. Um ponto de partida é repensar os processos de contratação, ajustando a linguagem dos anúncios para não desestimular candidaturas de pessoas mais velhas e estabelecendo metas claras para inclusão.

Outro ponto crucial é a adaptação do ambiente físico e organizacional, flexibilizando o regime de trabalho para permitir, por exemplo, jornadas flexíveis ou home office. Isso atende às necessidades específicas de profissionais mais velhos que buscam equilíbrio entre vida pessoal e trabalho. Treinar gestores para reconhecer o valor da diversidade etária é essencial para criar um ambiente inclusivo e acolhedor.

LIFELONG LEARNING E ATUALIZAÇÃO CONTÍNUA

O conceito de *lifelong learning* (aprendizado ao longo da vida) é crucial para garantir que profissionais 50+ possam continuar se desenvolvendo. Empresas que oferecem oportunidades de capacitação para esse público estão investindo em seu próprio futuro. Treinamentos em tecnologia, habilidades digitais e *soft skills* são fundamentais para garantir que esses profissionais se mantenham competitivos.

TECNOLOGIA E INCLUSÃO DIGITAL

Um equívoco comum é que profissionais 50+ têm dificuldades com tecnologia. No entanto, a inclusão digital é fundamental para garantir a verdadeira inclusão geracional. Com suporte técnico contínuo e uma cultura de aprendizado colaborativo, empresas que investem na capacitação digital dos 50+ colhem benefícios, como maior inovação e diversidade no ambiente de trabalho.

CARREIRA LONGEVA

Outros pontos igualmente importantes nesse processo passam por revisão de benefícios, olhando para essa realidade que será cada vez mais comum de colaboradores mais velhos e com menos filhos, porém com pais idosos (a "geração sanduíche" já é uma realidade hoje em dia), assim como revisão de plano de carreira, em que a idade não pode ser um limitador de entrada e nem de saída de profissionais, assim como de mudança de área, pois será cada vez mais comum a reinvenção e novas carreiras na nossa vida profissional mais longa, em que a preparação para a aposentadoria dá lugar à preparação para a longevidade e para o pós-carreira, planejando desde cedo a vida pessoal e profissional fora do mundo corporativo, passando por questões de autoconhecimento, planejamento financeiro, propósito e projeto de vida, e empreendedorismo.

CONCLUSÃO

O mercado de trabalho está passando por uma transformação inevitável devido ao rápido envelhecimento populacional. A inclusão de profissionais 50+ não é apenas uma questão de responsabilidade social, mas uma estratégia essencial para garantir que as empresas se mantenham competitivas, inovadoras e diversas.

O preconceito etário ainda priva o mercado de talentos qualificados e experientes. No entanto, empresas que reconhecem o valor da diversidade geracional já estão colhendo os frutos de equipes mais coesas e produtivas. A inclusão etária deve ser intencional e contínua, começando com a adaptação de políticas de recrutamento, ambiente de trabalho e oportunidades de desenvolvimento.

As empresas que ainda não abraçaram essa causa precisam agir com urgência. O futuro do trabalho é multigeracional, e as organizações que compreenderem isso estarão mais preparadas para enfrentar os desafios e aproveitar as oportunidades que o envelhecimento da população oferece.

REFERÊNCIAS BIBLIOGRÁFICAS

DELOITTE. Diversidade, Equidade e Inclusão (DE&I) nas Organizações 2024. Disponível em: https://www.deloitte.com/br/pt/about/people/social-responsibility/pesquisa-diversidade-inclusao-organizacoes.html. Acessado em: 2 dez. 2024.

FGV EAESP. Envelhecimento nas Organizações e a Gestão da Idade, FGV EAEEP - 2018. Disponível em: chrome-extension://efaidnbmnnnibpcajpcglclefindmkaj/https://eaesp.fgv.br/sites/eaesp.fgv.br/files/u68/pesquisa_fgvbrasilprev.pdf. Acessado em: 2 dez. 2024.

IBGE. Censo 2022 (2023). Disponível em: https://agenciadenoticias.ibge.gov.br/agencia-noticias/2012-agencia-de-noticias/noticias/38186-censo-2022-numero-de-pessoas-com-65-anos-ou-mais-de-idade-cresceu-57-4-em-12-anos. Acessado em: 25 fev. 2025.

PNAD Contínua (2022) – IBGE. Disponível em: https://agenciadenoticias.ibge.gov.br/agencia-noticias/2012-agencia-de-noticias/noticias/34438-populacao-cresce-mas-numero-de-pessoas-com-menos-de-30-anos-cai-5-4-de-2012-a-2021. Acessado em: 2 dez. 2024.

MCKINSEY & COMPANY. A diversidade como alavanca de performance – 2018. Disponível em: https://www.mckinsey.com/capabilities/people-and-organizational-performance/our-insights/delivering-through-diversity/pt-BR. Acessado em: 2 dez. 2024.

SENAI. Serviço Nacional de Aprendizagem Industrial (Senai) a partir de dados da Relação Anual de Informações Sociais (RAIS) – 2023. Disponível em: https://agenciabrasil.ebc.com.br/economia/noticia/2023-05/numero-de-trabalhadores-com-mais-de-50-anos-dobra-no-pais. Acessado em: 2 dez. 2024.

SISTEMA FIEP. Sistema Federação das Indústrias do Estado do Paraná – 2020. Rotas da Diversidade e Longevidade 2035. Disponível em: https://www.senaipr.org.br/tecnologiaeinovacao/blog/ebook-%7C-rotas-da-diversidade-e-longevidade-2035-1-36287-449880.shtml. Acessado em: 2 dez. 2024.

NOAH SCHEFFEL

Fundador EducaTRANSforma, consultor de DEI, pós-graduado em Políticas e Gestão de Serviço Social, em Direitos Humanos, Gênero e Sexualidade, em Liderança e Gestão de Equipes, em História e Cultura Afro-Brasileira e MBA em Gestão da Inovação.

CAPÍTULO 26

EMPREGABILIDADE TRANS E INTERSECCIONALIDADE COM UMA HISTÓRIA NÃO TÃO ÚNICA

NOAH SCHEFFEL

Quando falamos de empregabilidade trans, estamos falando de um tópico muito delicado no Brasil. A estimativa da Associação Nacional de Travestis e Transexuais (ANTRA, 2024) é de que 90% desse recorte já tenha recorrido à prostituição como forma de sustento, de forma compulsória, e não por escolha. A mesma associação ainda indica que apenas 4% das pessoas trans brasileiras estão no mercado de trabalho formal. E para fechar os dados, a expectativa de vida de uma pessoa trans no Brasil é de apenas 35 anos de idade.

Mas não foi através do levantamento da ANTRA que eu aprendi isso, mas sendo eu mesmo: um homem trans com vontade de traçar uma história diferente da minha para as outras pessoas. E por isso fundei o EducaTRANSforma, que se tornou o maior ecossistema nacional gratuito de inclusão de pessoas trans no mercado de trabalho através da educação em tecnologia e ponte para a empregabilidade.

DIFERENTE DA MINHA HISTÓRIA POR QUÊ?

Nasci "menina" e fui adotado pela minha tia com o meu irmão gêmeo. Mas eu nasci "pequena" demais e passei quase dois meses no hospital até ter alta e poder ir para casa, depois de dizerem que eu não sobreviveria. Acho que ali começou a minha luta contra o que a sociedade diria sobre mim.

Cresci tentando me encaixar no padrão que a vida tinha me desenhado. A transgeneridade não era uma pauta existente na minha vivência para que eu pudesse me entender.

Aos 26 anos, tive minha primeira filha, a qual gestei e dei à luz no dia mais feliz da minha vida. A Anita nasceu e me mostrou o que era de verdade o amor, além de me fazer mãe. O ano era 2013, e eu já me entendia como pessoa trans, mas guardava isso em segredo para não precisar passar pela transição de gênero e para não decepcionar ninguém. Eu trabalhava numa importante empresa de tecnologia e geria equipes, onde, por vontade de fazer diferente, treinava pessoas de recortes sub-representados no mercado de trabalho. Treinava e colocava na minha equipe para trabalhar, e ali nascia uma equipe extremamente diversa e colaborativa, onde a inovação imperava de forma positiva.

Apesar de não poder me identificar como homem para a sociedade, eu tinha um teto, dividia a guarda da minha filha Anita com o pai dela e tinha um emprego onde eu era "considerada muito boa" no que fazia. O ano era 2018, e eu estava casado e havia adotado a filha da minha esposa na época, tendo então minha segunda filha, a Helena, que conheci quando tinha 2 aninhos de idade. Era uma vida digna.

COMO PESSOAS TRANS PODEM SE ENTENDER E ENCARAR A VIDA SENDO QUEM SÃO?

Entender que somos diferentes da maioria é um desafio. Somos uma minoria da população e que sofre pela marginalização e falta de acessos dignos. Portanto, entender-se enquanto uma pessoa trans é um ato desafiador, mas também é um ato de coragem perante a sociedade em que vivemos. Minha recomendação é que sempre se tenha pessoas aliadas e amigas ao redor, para que, no processo de entendimento de quem somos, tenhamos com quem contar. Além disso, pessoas aliadas podem ajudar nas transfobias diárias, sendo defensoras da causa trans e, por consequência, sendo nossas defensoras quando estamos tão frágeis que não conseguimos nem nos defender.

OS MEDOS, AS PERDAS E OS GANHOS QUE VIERAM COM A TRANSIÇÃO

Foi no trabalho, me envolvendo mais e mais com questões ligadas à diversidade dentro da organização em que trabalhava, que comecei a sentir um incômodo crescente com relação à minha identidade de gênero, e lá que me senti seguro para admitir que era um homem, e não uma mulher. Sim, eu era um homem trans, e aquele me parecia o lugar que mais me acolheria sendo quem eu sou.

Meu maior medo era contar para minha família. Preocupava-me demais o fato de a minha filha Anita, não entender com sua pouca idade e eu vir a perder a guarda dela. Preocupava-me como ser mãe e homem ao mesmo tempo, pois a sociedade tinha me cravado o papel de mulher eternamente quando dei à luz. Ou você já tinha visto uma mãe que é homem? Preocupava-me como minha mãe, uma senhora de idade e pela qual eu sinto tanta gratidão, iria entender. E me tirava o sono como minha, até então, esposa entenderia que não estava casada com uma mulher, e sim com um homem.

Esse foi um dos pilares a desmoronar. Minha esposa na época disse que a única coisa que a faria terminar comigo seria a hipótese de eu ser homem. Obviamente ela já tinha entendido o que eu estava demonstrando sentir com relação à minha identidade de gênero. E assim foi. Ela realmente não entendeu quando eu falei, e o relacionamento começou ali o seu fim.

Com a Helena foi tranquilo, afinal, ela não tinha a figura de pai presente, e de fato foi um presente pra ela me ganhar como pai, e um presente para mim, com ela me tornando pai dela, e me chamando assim desde o momento que contei.

Na terapia, eu entendi que precisava contar logo à minha filha Anita, mesmo com meus medos. Certo dia a busquei na escolinha e, antes de ir para casa, parei no pet shop para comprar ração. Olhei para trás no carro e ela estava sentada na cadeirinha quando respirei fundo e perguntei: "Anita, você acha que a mãe parece mais com menina ou com menino?" Ela parou um pouco pra pensar, e no auge dos seus 5 aninhos, respondeu: "ah, mãe, parece mais com menino". Eu gelei, pois aquela era minha oportunidade de contar que eu não só parecia, como de fato era. Engoli todos os meus medos e disse: "então, Anita, é porque a mãe é mesmo um menino". Somente alguns segundos se passaram no que na minha cabeça pareceram horas, enquanto eu imaginava os piores cenários de resposta ou reação dela. Mas ela me disse: "mãe, se tu é menino, tu precisa de um nome de menino. Qual seria meu nome de menino?" E eu respondi: "teu nome de menino seria Noah". Ela prontamente me falou: "tá, mãe, eu te dou meu nome de menino". E desde aquele momento eu me chamo Noah. Fiquei tão emocionado que esqueci de comprar ração, tendo que voltar para buscar. Esse pilar segue intacto com ela hoje aos onze anos de idade, ainda me chamando de mãe e entendendo que eu posso ser homem e ser mãe dela também.

COMO LIDAR COM A FAMÍLIA NA TRANSIÇÃO DE GÊNERO?

Sempre que falo sobre isso, digo que não transicionamos sozinhos, todas as pessoas ao nosso redor transicionam junto conosco. Isso porque nossa vida é completamente transformada e não seria diferente com quem está ao nosso redor. É aqui que pessoas cisgênero têm seu papel principal: o acolhimento da família para que todas as pessoas trans possam ser quem elas de fato são e ter um espaço seguro para retornar. A família tem o papel de receber a informação e jamais negligenciar aquela pessoa que sempre amou. Não é a identidade de gênero dessa pessoa que diz quem ela é, por isso a família que entende e segue amando aquela pessoa faz a diferença na saúde emocional e física da pessoa trans.

Mas o que fazer caso você seja trans e sua família não o acolha? Busque por redes de suporte de amigos e redes de suporte emocional. Todo processo de transição de gênero é uma jornada solitária, e precisamos ter perto de nós pessoas que nos amem durante todo esse processo para que não sejamos tão drasticamente atingidos pela transfobia.

QUANDO A DIGNIDADE VAI EMBORA

Ser o Noah no trabalho não foi fácil. Mesmo sendo um ótimo profissional e estando há dez anos na empresa, a transfobia me atingia de todos os lados, especialmente do RH. Não respeitavam meus pronomes, não me chamavam pelo nome social e eu passava o dia inteiro sem banheiro. A situação se tornou insuportável, levando à ideação suicida e, voluntariamente, procurei uma clínica psiquiátrica.

No entanto, o "auxílio" que prometeram no momento da minha internação era uma mentira. Deixaram-me apenas com um moletom sem cordinha e tênis sem cadarço, garantindo que minha esposa traria roupas, mas ela nunca foi autorizada a me visitar. Fui internado numa ala feminina, e todas as minhas roupas foram marcadas com meu nome morto. Minha identidade de gênero foi desrespeitada, e eles negaram até ligações com a minha esposa.

A situação na clínica era terrível. Fui ameaçado por uma paciente que tentava roubar minha comida e até dizia que me mataria. Reclamei e os enfermeiros me ameaçaram com eletrochoques. As horas pareciam eternas, e a sensação era de que estavam tentando me apagar, como faziam com os outros. Finalmente, consegui ligar para minha esposa e pedi para ela me buscar. Lembro de apagar após a ligação e só acordar quando a enfermeira disse que ela havia assinado minha alta.

COMO PESSOAS TRANS PODEM LIDAR COM OS PRECONCEITOS DIARIAMENTE?

Eu não soube lidar imediatamente com a transfobia que sofri, e sei que a maior parte de nós também não sabe. Nós silenciamos e sofremos em silêncio ou respondemos de forma agressiva e violenta, o que também nos machuca.

Mas, se posso falar a partir do que aprendi, devemos procurar não nos desgastar com questões que não valem a nossa saúde física ou emocional. Ignorar qualquer tipo de comentário de pessoas desconhecidas e oriundo de pessoas que não estão nas nossas vidas seria uma primeira dica. Agora, quando são de pessoas que estão ao nosso redor, minha sugestão é buscar canais de denúncia dentro de organizações, empresas ou escolas, para dar nome ao que estamos passando e para que as pessoas sejam de fato responsabilizadas pelos atos cometidos. Somente assim teremos a paz que desejamos viver.

O QUE VOCÊ FAZ DAQUILO QUE TE FIZERAM

Quando voltei ao trabalho, contei aos diretores o que havia acontecido, e por causa de quem eu havia tido essa crise que me levou à internação. Nada foi feito. Essa pessoa ocupou por mais quase um ano a maior cadeira de gestora de RH da empresa. Eu, que estava para fazer o TCC de uma de minhas pós-graduações, olhei em volta, me vi sozinho de novo, e escolhi o tema empregabilidade trans.

Eu trabalhava na mesma empresa, mas estava muito mais forte para aguentar toda a transfobia que passava. Mudei minha ótica e resolvi focar toda a raiva que sentia em mudar a realidade de pessoas trans, para que nenhuma delas precisasse passar pelo mesmo que passei. O ano era 2019, e um dia, buscando informações para minha pesquisa, me deparei com um relato de um homem trans que iria fazer a barba que tinha cultivado com esforço nos últimos três anos, colocar uma "roupa feminina" e tentar passar numa entrevista de emprego enquanto mulher, pois não tinha mais condições de viver desempregado. Ali meu TCC deixou de ser uma ideia e se tornou um projeto que ganharia vida. Com a ajuda de dois amigos, desenhei o que seria o EducaTRANSforma: uma formação gratuita em tecnologia para pessoas trans conquistarem seus empregos.

O EDUCATRANSFORMA

Aquilo que eu havia passado, transformei em vontade de ser um agente para minha comunidade e nasceu o EducaTRANSforma, apoiado por muitas pessoas amigas voluntárias que se juntaram à causa, e por empresas que apoiaram financeiramente o projeto, que no dia 5 de dezembro de 2019, teve sua inauguração para oito pessoas trans estudantes.

Mas veio a pandemia, e tivemos de reformular o projeto para o formato online, então os apoios às pessoas alunas se estenderam de atendimentos psicológicos, psiquiátricos, endocrinológicos gratuitos, para doação de equipamentos, apoio para internet e luz, e muitas vezes alimentação para nossas pessoas estudantes.

Com o formato online pudemos crescer e aumentar o alcance, atingindo pessoas não só de Porto Alegre, onde o projeto nasceu, mas pessoas trans-vestigêneres do Brasil todo. De oito pessoas do primeiro ano de atuação, no quarto ano tivemos mais de 1.500 que passaram pelas formações do EducaTRANSforma, que fez parceria com mais de cinquenta grandes empresas para contratação de talentos, e que prestou consultoria a elas para que situações como as que aconteceram comigo não acontecessem com mais ninguém.

Hoje o EducaTRANSforma possui uma plataforma online formada por quase duas mil pessoas, com treinamentos de *soft skills* liberados e gratuitos, e atende todos os grupos sub-representados no mercado de trabalho, além de permitir via plataforma que esses talentos sejam encontrados por anúncios de vagas gratuitos para as empresas ou *hunting* intencional gratuito com critérios autodeclarados de marcadores sociais e conhecimentos técnicos e relacionais.

Como ser uma pessoa aliada da causa trans:

- Ao presenciar qualquer tipo de preconceito, se posicione contra;
- Respeite nome social e pronomes de tratamento;
- Apoie projetos e iniciativas que fomentam a empregabilidade e o estudo;
- Invista em treinamentos de conscientização;
- Respeite o gênero com que a pessoa se identifica em todos os espaços;
- Contrate pessoas trans.

Através da minha história conheci muitas outras de pessoas talentosíssimas que só precisam de uma oportunidade para ter a carreira que sonham. Mas precisamos que você se comprometa também a ser um agente de transformação!

REFERÊNCIAS BIBLIOGRÁFICAS

ANTRA. Associação Nacional de Travestis e Transexuais. Assassinatos, 2024. Disponível em: https://antrabrasil.org/. Acessado em: 2 dez. 2024.

BENILDA BRITO

Mulher negra, lésbica, quilombola, de Asè, 50+. Mestra em Gestão Social, membro da plataforma DHESCA Brasil, griot da Múcua Consultoria e coordenadora do N'zinga – Coletivo de Mulheres Negras de Minas Gerais.

TALITA SOUSA

Mulher negra, sapatona e de candomblé. Bacharel em Ciências e Humanidades e Políticas Públicas. Atualmente é gestora de projetos na Éssi Consultoria, além de especialista em Cultura Organizacional e DEI&P.

CAPÍTULO 27

MULHERES NEGRAS, LÉSBICAS E DE AXÉ: IDENTIDADES PRESENTES E RESISTENTES NO MUNDO

BENILDA BRITO | TALITA SOUSA

Somos ensinadas a respeitar o medo mais do que nós mesmas.
Audre Lorde

AFROGRAFIAS DAS NOSSAS ENCRUZILHADAS

Benilda: medo e silêncio, logo invisível. Foi assim que me senti durante muitos momentos da minha vida. Enquanto silenciava o desejo e a atração por corpos que se pareciam com o meu, silenciava sonhos de realização de projetos de amor com outras mulheres, e sentia muito medo da reação das outras pessoas diante da revelação da minha identidade lésbica. Até que um dia, lendo Audre Lorde, me deparei com a seguinte frase: "Meus silêncios não me protegeram. Seu silêncio não vai proteger você".

> Quais são as palavras que você ainda não tem? O que você precisa dizer? Quais são as tiranias que você engole dia após dia e tenta tomar para si, até adoecer e morrer por causa delas, ainda em silêncio? Para algumas de vocês que estão aqui hoje, talvez eu seja a expressão de um dos seus medos. Porque sou mulher, sou negra, sou lésbica, porque sou quem eu sou – uma poeta negra guerreira fazendo o meu trabalho, então pergunto: vocês têm feito o trabalho de vocês? (Lorde, 2019)

Terminada a leitura, gritei: **"Sim! Sou lésbica!"**. E tudo se fez e faz poesia em mim: pele, corpo, olhar, desejo… me permiti o toque carinhoso em meu corpo grande e negro, alimentada pela certeza da coragem de poder viver e verbalizar um bem-estar mental, físico e espiritual com a mulher que eu viria a vivenciar amor, família, alegrias e desafios. **Rompi o silêncio**. Lorde tinha razão: ao quebrar o silêncio e assumir as interseccionalidades que me atravessam, me exponho à maior vulnerabilidade. Mas as afirmações de nossas identidades são afirmações políticas muito valiosas e não queremos, não podemos, e não iremos mais nos render aos silenciamentos.

> Entre as mulheres lésbicas, eu sou negra; e entre as pessoas negras, eu sou lésbica. Qualquer ataque contra as pessoas negras é um problema para lésbicas e gays, porque eu e milhares de outras mulheres negras somos parte da comunidade lésbica. Qualquer ataque contra lésbicas e gays é um problema para pessoas negras, porque milhares de lésbicas e homens gays são negros. **Não existe hierarquia de opressão**. (Lorde, 2019)

Os racismos, o machismo e a lesbofobia acontecem ao mesmo tempo porque nossa identidade é vivida integralmente. Por isso, reafirmamos não existir hierarquia de opressão, já que nenhum grupo social tem mais direito de viver livre da intolerância que qualquer outro. Porém, no Brasil, a questão raça/cor adicionada à identidade de uma pessoa a torna escancaradamente mais vulnerabilizada.

Talita: quando me deparei com o convite para escrever este capítulo fiquei pensando por alguns dias: quem são as mulheres lésbicas brasileiras referência, não só no mundo corporativo, mas naquilo que se propõem a fazer? E no mundo? Por que ainda é um grande tabu para mulheres lésbicas colocarem sua orientação afetivo-sexual em pauta?

O primeiro nome que veio, e sempre me vem à mente, é minha grande referência e aqui parceira de escrita, Benilda Brito. Desde que ouvi pela primeira vez Benilda se apresentar e dizer "sou uma mulher negra, lésbica, candomblecista..." uma luz se acendeu em meu coração e me vi nessas três interseccionalidades integralmente (e muito bem) representada. Passei a adotar como marcador das minhas primeiras palavras de apresentação nos espaços em que circulo, principalmente profissionais: "Olá, me chamo Talita Sousa, sou uma mulher negra, sapatona e de candomblé". Essa sou eu, e assim como naquele dia não mais me senti só, quero que todas aquelas que de alguma forma se veem em mim se sintam acompanhadas nessa caminhada, se não desde antes, a partir de agora.

Eu me entendi mulher e lésbica ainda na adolescência. Sempre fui muito curiosa, e achava careta essa coisa de "isso pode, aquilo não pode". Questionadora, entendi que a vida se desenhava de várias maneiras possíveis, e no desafio de descobrir o autoamor, pude conhecer o poder do afeto. Amar uma mulher é reconhecer em mim a beleza e o encanto de ser coração pulsando fora do peito.

Faço das *afrografias* de Benilda e citações de Audre Lorde, as minhas. Boa leitura!

EU-MULHER

Uma das questões indagada e trazida aqui está na invisibilização de nós, mulheres lésbicas. Como mencionado, são algumas as interseccionalidades que compõem o pacote: mulher, lésbica, e, para além desses marcadores, por vezes se somam outras como raça, por exemplo, em nosso caso.

Enquanto mulheres que se relacionam com outras mulheres, experienciamos, consequentemente, os atravessamentos das pautas de gênero e, apesar de inegáveis os avanços, há uma longa jornada pela frente. Todos os desafios conhecidos por nós, inerentes à experiência de ser mulher no mundo, em especial no mundo corporativo, se intensificam quando essa mulher não corresponde à expectativa heteronormativa, cisgênero, branca e/ou que performe feminilidade. Falar de diversidade, equidade, inclusão e pertencimento é urgente. Ao trabalhar a cultura organizacional de uma empresa, discutimos a importância de que todas as pessoas que compõem determinada atmosfera corporativa sejam autênticas e se sintam confortáveis em ser quem elas verdadeiramente são.

Promover a diversidade e a inclusão dentro das organizações vai muito além da questão social e política.

Pesquisas têm nos atualizado a respeito dos resultados positivos dessa inclusão afetarem diretamente o negócio em termos de aumento da produtividade, inovação, criatividade, bem-estar e muito mais. Uma pessoa que se sinta confortável em ser quem ela é, é uma pessoa que contribui positivamente com o ambiente, impactando o crescimento e a evolução do negócio. Nos últimos anos, experienciamos avanços significativos em relação à diversidade, principalmente em nível de liderança. Porém, pensar representatividade por si só é insustentável.

Respeitar as particularidades de cada pessoa é básico e essencial para pensarmos a vida em coletividade. A agenda 2030 da ONU se apresenta enquanto "um plano de ação para as pessoas, para o planeta e para a prosperidade", além da busca pelo fortalecimento da paz universal com mais liberdade. São resumidos em 5Ps, os pilares da agenda: planeta, pessoa, paz, prosperidade, parceria, defendendo o lema: "ninguém será deixado para trás". São dezessete objetivos[1] e mais de 160 metas visando encaminhar questões globais, sendo parte deles direcionada à pauta social de diversidade e inclusão, como os ODS 10 (redução das desigualdades) e 5 (igualdade de gênero), por exemplo, orientados por princípios fortes de compromisso com a diversidade e inclusão.

Em dezembro de 2023, a McKinsey organizou e publicou a 4ª edição do Diversity Matters, trabalho que contou com a participação de 1.265 empresas, 23 países e seis regiões do mundo, além de entrevistas, com objetivo de investigar as mudanças profundas que ocorreram no mundo e nos negócios nos últimos anos. Uma das descobertas diz respeito à capacidade de equipes com lideranças diversificadas apresentarem retornos financeiros superiores às demais, além de se tornarem promotoras do envolvimento comunitário, impactando positivamente a vida das pessoas colaboradoras e demais partes envolvidas direta ou indiretamente.

Outra fonte interessante é o LesboCenso, uma pesquisa nacional desenvolvida pelos coletivos Coturno de Vênus e pela Liga Brasileira de

1 A atuação destacada do governo brasileiro na elaboração da proposta dos ODS (objetivos de desenvolvimento sustentável) e na implementação da Agenda 2030 traz em adição o ODS 18 (Igualdade étnico-racial) visando, resumidamente, eliminar o racismo e a discriminação, a intolerância e todas as formas de violência contra povos indígenas e afrodescendentes, garantir efetivação e acesso à justiça e segurança pública devidos, a representatividade equitativa nas instâncias, colegiados e órgãos do Estado etc.

Lésbicas (LBL), realizada entre 2021 e 2022, com o objetivo de mapear o perfil sociodemográfico e as vivências de mulheres lésbicas e sapatão, visando alterar o cenário de subnotificações de crimes, violação de direitos e da falta de políticas públicas específicas para esse grupo. O primeiro relatório apresenta alguns números a serem observados, com mais ou menos 19.455 respondentes.

Das entrevistas, mais de 73% afirmaram estar trabalhando na época, mas, ao observarmos outros elementos da pesquisa, podemos inferir que, apesar de estarem empregadas, essas mulheres são poucas a acessar o ensino superior, além de terem uma renda média familiar baixa. Sobre falarem abertamente sobre suas identidades, cerca de 66% declararam ser "assumidas" em todos os espaços de convívio, enquanto as que não falam abertamente sobre isso em alguns espaços, a maior concentração está em ambientes familiares, seguidos de trabalho e instituições religiosas. Paralelamente, 78,6% afirmaram já terem sofrido lesbofobia, 77% afirmaram conhecer alguém que sofreu violência por ser lésbica/sapatão e, quando perguntado a respeito das violências sofridas, 31,3% relatam assédio moral, 21% assédio sexual e 18% violência psicológica, além de identificado que 75% dos agentes de violência são pessoas conhecidas. A contribuição dessa pesquisa é de extrema importância para toda a comunidade LGBTQIA+, não apenas para mulheres lésbicas. Sabemos que são subnotificadas as informações a respeito de nossas vidas, que são cotidianamente atravessadas por violências diversas. A pergunta que não quer calar é: *até quando?*

CIRCULARIDADES — VALORIZAÇÃO, RESPEITO E INCLUSÃO

Na cultura africana a circularidade é um princípio ativo. O círculo é uma figura geométrica que não tem início nem fim. Por isso, nossas manifestações culturais, políticas, religiosas, sociais, se baseiam na roda. Seja no samba, na capoeira ou no Candomblé, o simbolismo da roda é ratificar que *"cabe todo mundo"*. A valorização da diversidade em uma prática afrocentrada e a inclusão são movimentos históricos em nossas manifestações: o cuidado com a cidadania é pensado de maneira coletiva para vivenciarmos o bem-viver, todas as pessoas são bem-vindas, têm saberes diversos e são valorizadas.

Por tudo escrito até aqui, convidamos você a uma pausa com olhar crítico a respeito de suas relações, sejam elas familiares, de trabalho ou amizades. Seus círculos são diversos? Sobre sua postura ética, pessoal, social para além do institucional, suas atitudes e ações são respeitosas e inclusivas? Pare neste instante e reflita: com quantas mulheres lésbicas você convive? Quantas mulheres lésbicas que são figuras públicas você é capaz de nomear? Pense em cinco pessoas que te inspiram... quantas são mulheres? Alguma delas é lésbica?

É imprescindível que as empresas reconheçam, celebrem e valorizem a pluralidade. A existência de mulheres negras, lésbicas e de axé deve ser respeitada, e ativamente promovida, pois trazem consigo uma sabedoria ancestral que pode transformar culturas. É inspirador ver Tarciana Medeiros,[2] mulher, negra, lésbica, nordestina, atual presidenta do Banco do Brasil, à frente de uma instituição tão relevante, simbolizando que é possível ocupar espaços de liderança com diversidade e representatividade e competência. Que este chamado à circularidade nos inspire a construir ambientes mais inclusivos, onde a diversidade seja uma realidade palpável, e que cada voz, experiência e identidade sejam reconhecidas e celebradas.

Ao promover inclusão, equidade e respeito, contribuímos para um futuro mais justo e equilibrado, em que todas as pessoas possam prosperar juntas, pelo bem-viver. **Que a roda nunca pare de girar e que nossa ciranda seja cada vez mais plural e diversa.**

REFERÊNCIAS BIBLIOGRÁFICAS

INSTITUTO ETHOS. O compromisso das empresas com os Direitos Humanos LGBT: Orientações para o mundo empresarial em ações voltadas a lésbicas, gays, bissexuais, travestis e transexuais. 2013. Disponível em: bit.ly/4dCLGpT. Acessado em: 2 dez. 2024.

2 Em 2023, Tarciana Medeiros entregou o maior resultado da história do banco, com uma valorização de mais de 70% no preço das ações. Por tal feito, e tantos outros, foi listada pela *Forbes* como a brasileira mais influente e uma das cem mulheres mais poderosas do mundo.

LESBOCENSO. Relatório da primeira etapa da pesquisa Lesbocenso Brasil, 2021-2022. Disponível em: http://bit.ly/4dC9vyl. Acessado em: 2 dez. 2024.

LORDE, Audre. *Irmã outsider*: Ensaios e conferências. Trad. Stephanie Borges. São Paulo: Autêntica Editora, 2019.

LORDE, Audre. Não existe hierarquia de opressão. In: LORDE, Audre. *I am your sister*: collected writings of Audre Lorde. Oxford: Oxford University Press, 1990, 2009.

MCKINSEY & COMPANY. A diversidade importa cada vez mais: o valor do impacto holístico. Disponível em: https://bit.ly/3zJCKRX. Acessado em: 2 dez. 2024.

DANIELA SAGAZ

Psicóloga, palestrante e mentora que aborda temas de: liderança acolhedora, diversidade como estratégia e ampliação do potencial humano. Com uma carreira sólida de mais de quinze anos em RH, incluindo passagens internacionais, é atualmente líder de DE&I.

CAPÍTULO 28

O IMPACTO DO CAPACITISMO NA CARREIRA DAS PESSOAS COM DEFICIÊNCIAS

DANIELA SAGAZ

A inclusão de pessoas com deficiência no ambiente corporativo ainda enfrenta obstáculos que se manifestam tanto nas estruturas físicas e culturais das empresas quanto nos vieses inconscientes que persistem nas atitudes capacitistas das pessoas. Apesar dos avanços registrados nos últimos anos, com um aumento significativo nas contratações, a realidade é que a grande maioria dessas pessoas permanece confinada a cargos de base.

Dados recentes da pesquisa, publicada pelo Instituto Ethos (2023), revelam que apenas 0,7% das pessoas com deficiência ocupam cargos no quadro executivo e de diretoria, e 1,6% em posições de gerência. Esses números ilustram a persistência de barreiras que dificultam o avanço desses talentos para níveis mais altos.

É nesse contexto que o capacitismo se apresenta como um dos principais fatores que impedem a inclusão e o crescimento de pessoas com deficiência. Ao longo deste capítulo, discutiremos seu impacto e exploraremos formas de combatê-lo.

CAPACITISMO: O QUE É?

Imagine que você está num ambiente de trabalho e, durante uma conversa com colegas, o tema de condução surge. Um dos colegas pergunta quem dirige para o trabalho e, quando você menciona que também conduz, o ambiente fica visivelmente desconfortável. Um dos seus colegas, com um tom de surpresa maldisfarçado, diz: “Uau, eu nem sabia que você podia dirigir!". A frase pode parecer inofensiva, mas carrega um preconceito implícito: a suposição de que, por ter uma deficiência, você não teria capacidade para realizar uma tarefa como dirigir.

Nós, pessoas com deficiência, passamos por situações de constrangimento quase que frequentemente. E é essa dúvida sobre a capacidade da pessoa com deficiência que chamamos de capacitismo, termo que se originou na década de 1990 nos EUA (*ableism*, em inglês) e que começou a ser usado em 2015 no Brasil.

Para entender um pouco mais o contexto histórico acerca desse preconceito, precisamos voltar às antigas civilizações, como Grécia e Roma, onde pessoas com deficiência eram frequentemente marginalizadas ou vistas como "inúteis" para a vida pública e produtiva. Essa exclusão não se limitava a questões físicas ou de saúde, mas também assumia uma dimensão moral, em que a deficiência era muitas vezes associada à punição divina ou ao pecado.

Esse pensamento evoluiu ao longo do tempo, mas a visão de que as pessoas com deficiência eram menos capazes continuou a influenciar profundamente as estruturas sociais e laborais, especialmente durante a Revolução Industrial. O mundo do trabalho, moldado por um ritmo acelerado e pelo foco na produtividade, reforçou o valor de corpos e mentes "eficientes", criando barreiras quase intransponíveis para quem não conseguia se adaptar às exigências da "máquina produtiva".

Com o surgimento das primeiras legislações sobre emprego para pessoas com deficiência no século XX, houve progressos em termos de direitos e oportunidades. No entanto, a percepção de que as deficiências são sinônimo de incapacidade ainda persiste, muitas vezes de forma inconsciente, moldando a forma como as pessoas com deficiência são tratadas. Mesmo quando conseguem passar pelos obstáculos iniciais e obter um emprego, muitas vezes encontram barreiras que lhes dificultam o progresso na carreira.

O CAPACITISMO NO PROCESSO DE RECRUTAMENTO E SELEÇÃO

Uma das primeiras formas como o capacitismo impacta a carreira de uma pessoa com deficiência ocorre no processo de recrutamento. Em

2009, participei de um processo seletivo de estágio e fui finalista, cheia de expectativa. No entanto, durante a devolutiva, apesar de elogiar minhas habilidades e dizer que eu era compatível 100% com a empresa, ao final o recrutador disse: "Não vamos te contratar única e exclusivamente pela falta de acessibilidade para o seu tipo de deficiência". Lembro até hoje de sair dessa entrevista sem conseguir falar, e por um longo tempo acreditei verdadeiramente que a minha deficiência seria uma barreira para o ingresso no mercado de trabalho.

Pessoas com deficiência são submetidas a essa e outras várias situações quase que frequentemente nos processos de R&S. Vieses como: "Não há talentos com deficiência competentes no mercado"; "Pessoas com deficiência custam caro para as corporações" são formas de pensar e agir que levam esses talentos a serem preteridos em favor de outros candidatos.

CAPACITISMO X ACESSIBILIDADE

Uma vez contratadas, as pessoas com deficiência continuam a enfrentar uma série de barreiras físicas e institucionais que dificultam a sua plena inclusão no ambiente de trabalho. Apesar da legislação brasileira, como a Lei de Cotas (Lei n. 8.213/91) e a Lei Brasileira de Inclusão (LBI), que determina que os empregadores proporcionem ambientes acessíveis, muitas empresas ainda falham em cumprir até mesmo esses requisitos mínimos.

As barreiras arquitetônicas são as mais evidentes. Escadas sem rampas, falta de elevadores, banheiros inadequados, a não existência de tecnologias assistidas — como softwares com leitura de telas ou intérprete de LIBRAS (língua brasileira de sinais) continuam a ser realidade frequente em muitas organizações, e que acentuam a dificuldade na comunicação e o desempenho no trabalho.

Outro fator importante é a forma como essas adaptações são oferecidas. Muitas vezes, o que deveria ser visto como um direito legítimo acaba sendo tratado como um "favor" que a empresa concede. Essa atitude gera um impacto emocional significativo, muitas vezes criando um estigma de que as pessoas com deficiência estão "incomodando". Um estudo do Instituto

Ethos (2023) revelou que 43% das pessoas com deficiência têm receio de pedir adaptações no trabalho, temendo ser vistas como um "peso" para sua liderança/equipe. Isso destaca a necessidade urgente de mudança nas organizações, adotando uma abordagem proativa e tratando a acessibilidade como parte fundamental do ambiente de trabalho.

CAPACITISMO E PROGRESSÃO DE CARREIRA

O capacitismo impacta todos os pilares organizacionais, desde a atração e o desenvolvimento até a retenção e o sentimento de pertencimento. Apesar de avanços legais e de políticas afirmativas, o ambiente corporativo ainda apresenta profundas lacunas quando se trata de inclusão efetiva e equitativa. Na prática, a inclusão nas empresas se resume, ainda, a Lei de Cotas, sem a implementação de programas de desenvolvimento de carreira para esses profissionais.

Um outro fator de impacto é a falta de representatividade de pessoas com deficiência em cargos de liderança, e quando não existem modelos de sucesso cria-se um ciclo de baixa motivação, em que essas pessoas sentem que tais posições não são para elas. Esse é um aspecto crucial do capacitismo estrutural, pois a representatividade é fundamental para quebrar estigmas e mostrar que pessoas com deficiência podem e devem ocupar posições de liderança.

O PAPEL FUNDAMENTAL DA LIDERANÇA NA PROGRESSÃO DE CARREIRA DE PESSOAS COM DEFICIÊNCIA: FOCO NAS COMPETÊNCIAS, NÃO NA DEFICIÊNCIA!

A verdadeira liderança inclusiva foca uma transformação cultural profunda, em que o potencial dos colaboradores é reconhecido pelas suas competências, não pela deficiência. No contexto da progressão de carreira de pessoas com deficiência, a forma como os líderes escolhem atuar na gestão do talento é decisiva. Ao priorizar as habilidades e competências, em vez de focar a deficiência, a liderança pode desbloquear oportunidades de desenvolvimento, crescimento e liderança para todos.

LIDERANÇA INCLUSIVA: MUDANÇA DE PERSPECTIVA

A liderança tem o poder de tomada de decisão e, na gestão de pessoas com deficiência, deve-se ir além de oferecer acessibilidade física e incluir colaboradores exclusivamente para o cumprimento de cotas. O verdadeiro impacto está na forma como os líderes percebem o potencial de cada indivíduo. Líderes que focam as competências, em vez de verem a deficiência como um "problema", são capazes de criar oportunidades reais para o crescimento desses talentos.

Em vez de pensar que pessoas com deficiência têm "limitações" que as impedem de assumir maiores responsabilidades, questione-se: quais são as competências, habilidades e experiências únicas que essa pessoa pode trazer para a equipe e para a organização? E vá além: pergunte para a pessoa com deficiência e explorem juntos esses questionamentos.

FOCO NAS COMPETÊNCIAS: UM MODELO TRANSFORMADOR

Iniciei este capítulo trazendo um exemplo de quando participei de um dos primeiros processos seletivos. Lembram da devolutiva absurda que tive?: "Mas, não vamos te contratar única e exclusivamente pela falta de acessibilidade para o seu tipo de deficiência".

Pois bem, logo depois desse episódio passei por uma experiência que foi transformadora na minha carreira. Era uma vaga de estágio para a área de Recursos Humanos, com mais de 150 candidatos concorrendo. Em toda a participação, me senti extremamente incluída com perguntas como: "Você precisa de algum recurso para se sentir mais confortável?". Ao final, a boa notícia com a devolutiva: "Você é a candidata escolhida, e esperamos apoiá-la nessa jornada de desenvolvimento, e aprender muito também". Desde o primeiro dia de trabalho toda a equipe estava disposta a me apoiar, dando o espaço para que eu pudesse sinalizar minhas necessidades, estreitando um relacionamento marcado pela confiança e respeito.

Os anos passaram e, ao longo da minha carreira, tive a oportunidade de ser liderada por várias pessoas, que contribuíram significativamente para o meu crescimento. Aqui trago quatro pontos-chave que definiram a liderança que me ajudou a crescer e ocupar hoje uma posição de liderança:

Escuta ativa

Um dos comportamentos mais impactantes que experimentei foi a escuta ativa. Em sessões individuais, meus líderes se colocaram à disposição para ouvir com atenção as minhas necessidades e desafios. O ato de realmente ouvir, com abertura para receber feedback, foi um dos primeiros passos para construir um ambiente de confiança.

Mais do que ouvir, é preciso agir

As necessidades que trazia para as nossas conversas não eram apenas anotadas, mas rapidamente atendidas. E quando algo exigia mais tempo ou recursos, trabalhávamos juntos para criar soluções paliativas até que as mudanças definitivas fossem implementadas. Essa postura fez com que eu me sentisse valorizada e ouvida de verdade.

Vulnerabilidade na liderança — você não sabe e nem precisar saber de tudo!

Um traço que sempre admirei foi a vulnerabilidade de alguns dos meus líderes. Em vez de presumirem que sabiam todas as respostas, eles buscavam entender as minhas necessidades de forma genuína, sem medo de perguntar. Isso criava uma relação transparente e forte.

Feedback estruturado e igualitário

A maneira como a maioria dos feedback me foi dada ao longo da carreira foi crucial para o meu crescimento. As avaliações que recebi sobre minhas fortalezas e áreas de melhoria foram sempre estruturadas de forma clara e com foco nos meus próximos passos de carreira. Importante notar: esses feedback seguiram o mesmo modelo dado a qualquer outro colaborador, sem distinção por causa da deficiência. No entanto, havia uma sensibilidade em compreender que, em certos casos, eu poderia precisar de ferramentas de acessibilidade para atingir meus objetivos.

CONCLUSÃO

É evidente o quanto o capacitismo afeta profundamente a progressão de carreira de pessoas com deficiência e, embora existam leis que apoiam, o preconceito inconsciente ainda mina o potencial desses talentos. O caminho para uma verdadeira inclusão passa por uma mudança de mentalidade: de deixar de ver a deficiência como uma condição para reconhecê-la como uma característica natural da diversidade humana.

Uma liderança inclusiva não é apenas uma prática recomendável; é uma necessidade urgente para construir um mercado de trabalho que reflita a diversidade da sociedade brasileira. Afinal, se 8,9% da população no Brasil possui algum tipo de deficiência (IBGE, 2022), por que menos de 1% dessas pessoas ocupa cargos de liderança? A resposta para essa pergunta está sob responsabilidade de cada um de nós, líderes e organizações, que têm o poder de transformar essa realidade.

REFERÊNCIAS BIBLIOGRÁFICAS

INSTITUTO ETHOS. *Perfil social, racial e de gênero das 1.100 maiores empresas do Brasil e suas ações afirmativas – 2023-2024*. São Paulo: Instituto Ethos, 2023.

IBGE. Instituto Brasileiro de Geografia e Estatística. Censo Demográfico 2022. Disponível em: https://www.ibge.gov.br/estatisticas/sociais/trabalho/22827-censo-demografico-2022.html. Acessado em: 3 dez. 1024.

SANDRA SCARASATI PEREIRA

Mãe e mulher atípica. Bacharel em Turismo e pós-graduanda em TEA, TDAH e Neurodiversidade, pela PUC Campinas. Com mais de duas décadas de experiência na área comercial, destacou-se em posições de alta liderança. Empreendedora e colaboradora do Hubmulher.

CAPÍTULO 29

A MINHA JORNADA ATÍPICA

SANDRA SCARASATI PEREIRA

Minha trajetória combina a experiência de ser uma pessoa neurodivergente com os desafios da maternidade atípica, equilibrando vida pessoal e profissional em meio a esses obstáculos. Este texto oferece um relato das minhas vivências e tem por objetivo compartilhar reflexões e aprendizados para famílias e profissionais que enfrentam desafios similares.

DESCOBERTAS DA INFÂNCIA: UMA CRIANÇA FORA DOS PADRÕES

Desde muito cedo, percebi que não me encaixava nas expectativas sociais e escolares tradicionais. Eu me sentia diferente das outras crianças, percebia que minha forma de ver e sentir o mundo era peculiar, mas sempre me esforcei para fazer parte dos grupos sociais que me eram apresentados.

Tenho algumas memórias bem marcantes da minha infância, como dizer à minha mãe que havia uma briga constante em minha mente, uma inquietação, e isso me gerava um cansaço extremo. Na escola, quando os exercícios eram propostos, eu chegava aos mesmos resultados, porém minha forma de resolvê-los era muito diferente. Além disso, em situações de conflitos, discussões ou aglomerações de pessoas, eu tinha episódios de convulsão.

Em suma, minha infância foi marcada por mudanças frequentes de colégios, crises sensoriais, aversão a locais barulhentos, dificuldades de interpretação e de adaptação, comprometendo minha convivência social e me levando a uma imensa solidão não verbalizada.

Minha mãe, incansável na busca por respostas, consultou diversos médicos e profissionais da área, e os diagnósticos que recebíamos — epilepsia, depressão, ansiedade e fobia social — não incluíam a possibilidade de ser neuroatípica.

Quando eu tinha dezenove anos, ela faleceu. Minha mãe tinha quarenta anos e passou mais de vinte se dedicando à família incansavelmente. Tudo com ela era mais fácil. Ela gerenciava com amor e leveza as finanças, a casa, a rotina e os estudos, ganhando a admiração de todos que conviviam com ela. Minha melhor amiga, meu porto seguro, se foi, o que intensificou muito meus desafios sensoriais e emocionais. Hoje, com 43 anos, ainda sinto falta do cheiro dela, do café da manhã e das confidências e segurança que ela me passava.

Por mais de quatro décadas, eu sempre me perguntei: por que preciso me esforçar tanto para me adaptar?

UMA PROFISSIONAL DE DESTAQUE

Comecei no mundo corporativo aos dezoito anos. Minha mãe foi comigo na entrevista do meu primeiro emprego (sorte a minha não ter sido julgada por isso, até porque fiz questão de apresentá-la). Minha chefe era uma mulher admirável, havia diálogo e escuta ativa, o que me permitiu adaptar algumas questões sensoriais e me sentir confortável.

Percebia que, a cada mudança de emprego um luto era vivido. Isso porque não aprecio a ideia de romper com uma rotina na qual as pessoas já se adaptaram à minha personalidade (a minha forma de ser e ver o mundo ao meu redor), pois enfrentar essa transição sempre foi um grande desafio.

Minhas habilidades como disciplina e foco no resultado, antecipação de problemas, preocupação genuína com a empresa e com o cliente foram se destacando, e isso me levou de executiva júnior a diretora comercial de uma multinacional, em apenas cinco anos.

Ao ser promovida para o nível de liderança, as habilidades sociais como condução de muitas reuniões presenciais, presença em diversos eventos externos e viagens, se tornaram ainda mais necessárias. E apesar de lutar contra essa emoção, percebia que isso me causava uma exaustão maior do que meus pares relatavam sentir. Busquei auxílio médico e consegui através de terapia e técnicas, criar mecanismos de adaptação. Incorporei momentos de silêncio à minha rotina, fosse nas escadas do prédio após reuniões intensas ou buscando um local silencioso para algumas "fugas" durante eventos sociais. Essas intervenções permitiram-me atender melhor às demandas emocionais e manter o foco nas atividades diárias. Além disso, desenvolvi um sistema específico de organização para prever e controlar o máximo possível as interações sociais e os compromissos, minimizando a ansiedade diante de imprevistos.

A MATERNIDADE E OS DIAGNÓSTICOS

Aos trinta anos, a maternidade trouxe novos desafios. À medida que meu primeiro filho crescia, percebi que ele compartilhava muitas das minhas características, o que me levou a uma investigação persistente por diagnósticos e terapias, sem resultados conclusivos.

Quando meu segundo filho nasceu, aos meus 37 anos, percebi que exibia sinais ainda mais claros de neurodivergência, como alinhar brinquedos de maneira peculiar e não ter noção de perigo.

Comecei a receber bilhetes diários da escola sobre seu comportamento. Em uma ocasião, a diretora mencionou que talvez aquela instituição educacional não fosse o ambiente adequado para ele, o que me deixou devastada.

A busca pelo diagnóstico é longa, cansativa e solitária, mas é importante persistir. Foi durante essa jornada que encontrei apoio no Centro de Estudos do Genoma Humano da USP. Lá, realizamos avaliações criteriosas, que, em conjunto com profissionais interdisciplinares, finalmente resultaram em diagnósticos claros para meus filhos e, por fim, para mim.

Descobrir que eu também sou autista, ainda que na fase adulta, foi como encontrar a peça final de um quebra-cabeça. De repente, meus desafios ao longo da vida, como mulher, mãe e profissional, fizeram sentido. Receber o diagnóstico aprimorou meu autoconhecimento, aceitação e desempenho.

Compreender minha neurodivergência, fazer terapias adequadas e encontrar formas de autorregulação melhoraram meu dia a dia. Além disso, me possibilitou apoiar o crescimento e desenvolvimento dos meus filhos com mais segurança e compreensão, uma vez que, além de possuírem necessidades individuais como toda criança, necessitam de intervenções e terapias específicas.

Mas, afinal, o que é ser neurodivergente?

Lembra quando eu mencionei que sempre me senti diferente do que é considerado "normal"? Isso está diretamente relacionado ao meu diagnóstico. Ser neurodivergente significa ter um funcionamento neurológico ou de desenvolvimento que não segue os padrões convencionais definidos pela sociedade. Ou seja: o cérebro funciona de maneira atípica. Não é uma doença nem algo que precisa ser "consertado". É apenas uma maneira única de ser no mundo, com formas próprias de perceber, pensar e agir. Isso engloba o TEA (transtorno do espectro autista), TDAH (transtorno de déficit de atenção e hiperatividade), dislexia, entre outras condições. Muitas vezes, a pessoa pode ser TEA e TDAH, como é o meu caso.

BOAS PRÁTICAS PARA CONVIVER E INCLUIR

Por ser um espectro, as necessidades e habilidades das pessoas com TEA variam bastante. O que funciona para uma pessoa pode não funcionar para outra, tornando necessário um olhar individualizado na inclusão. Por outro lado, conviver conosco é um convite para enxergar o mundo por outra perspectiva, respeitando as diferenças e encontrando formas de compreender e apoiar cada indivíduo.

Outra informação importante vem da principal referência mundial a respeito da prevalência de autismo, o CDC (Centro de Controle e Prevenção de Doenças), dos EUA atualiza o número de crianças com TEA, com base em informações coletadas quatro anos antes da publicação. Em 2000, a estimativa era de 1 caso de autismo para cada 150 crianças. Esse número aumentou para 1 em 125, em 2004, 1 em 110, em 2006, 1 em 88, em 2008, 1 em 68, em 2010, 1 em 69, em 2012, 1 em 59, em 2014, 1 em 54, em 2016, 1 em 44, em 2018 e, no relatório mais recente, publicado em março de 2023 com dados de 2020, a prevalência chegou a 1 em cada 36 crianças.

Isso evidencia a necessidade de discutir e incluir políticas empresariais e públicas mais eficazes para nós, os atípicos. Quando as pessoas não têm acesso a informações adequadas ou não compreendem essas informações, podem criar estereótipos errados, resultando em preconceito.

NO AMBIENTE FAMILIAR

Cada família possui sua crença, rotina e forma de organização. Como o espectro é amplo e cada pessoa tem uma vivência e demanda únicas, a melhor forma é avaliar a necessidade de cada indivíduo e buscar ajuda profissional, para apoiar as adaptações e ensinamentos sobre cada necessidade.

No meu contexto familiar o que funcionou foi:

- Painel visual com horários e atividades de cada pessoa: possibilita uma visão ampla da rotina, trazendo previsibilidade e segurança para todos.
- Momento de silêncio: após as refeições, fazemos uma pausa tranquila para todos antes de retomar a próxima atividade.
- Empatia: dar espaço e respeitar os limites de cada um.
- Limitamos o tempo de uso das telas, já que crianças neurodivergentes podem se apegar demais aos dispositivos eletrônicos, prejudicando o desenvolvimento social e criativo. O contato com o mundo real é essencial para você praticar habilidades de comunicação e de interação.

Além disso, cuidar da própria saúde mental é fundamental. Se eu não estiver bem, ninguém estará. É preciso paciência, calma e empatia para lidar com as crises e dificuldades. Faço pequenas pausas para momentos de autocuidado, nem que seja apenas um banho relaxante. Isso ajuda a recarregar as energias e estar emocionalmente disponível para os meus filhos.

Já pensando no contexto familiar mais amplo, criei uma cartilha de boas práticas com o objetivo de ensinar o respeito às diferenças.

Ao longo dessa trajetória, ouvi pessoas querendo me ensinar ou dizer o que eu deveria fazer. Ouvi frases como "cada um tem seu tempo", "isso é falta de limites!", "precisa apanhar", "criança folgada", entre tantos outros. Não dê ouvidos aos "achistas de plantão". Estabeleça seus limites.

NO AMBIENTE CORPORATIVO

A neurodiversidade abarca todos os diferentes tipos de desenvolvimento cognitivo, normalizando as diferenças, ou seja, abrange indivíduos neurotípicos e neurodivergentes.

O primeiro passo para tornar o ambiente corporativo mais inclusivo é reconhecer que a diversidade neurológica traz habilidades e perspectivas únicas, promovendo soluções inovadoras. Isso exige que as organizações adaptem suas práticas para garantir que todos tenham oportunidades iguais de participação e desenvolvimento.

Se o primeiro passo estiver intrínseco na cultura organizacional, as ações de diversidade e inclusão se tornarão essenciais para promover um ambiente acolhedor e igualitário para todos os grupos de pessoas.

Mas, para que haja inclusão, é necessário que todos os funcionários consigam participar das atividades e dos processos da mesma maneira, mesmo com suas diferenças. Existem muitas ações para que isso ocorra, e aqui vou citar as que para mim são essenciais:

- Torne os processos seletivos mais inclusivos e com o mínimo de vieses inconscientes possível;
- Não existe inclusão sem conhecimento; então, letramento, treinamentos e workshops são essenciais. Priorize o conhecimento contratando pessoas que sejam neurodivergentes para promover o assunto na empresa;
- Amplie o número de líderes neurodivergentes;
- Promova o diálogo! Estimule e treine seus gestores e RH para uma comunicação clara e um ambiente colaborativo.
- Objetividade: pessoas neurodivergentes podem ter dificuldades em processar informações vagas ou excessivamente abstratas. Treinamentos devem ser diretos, estruturados e com um roteiro claro.
- Utilize recursos visuais: o apoio de slides bem organizados, infográficos e materiais escritos auxilia a compreensão e reforça a retenção das informações.
- Diversifique os meios de participação: Permita que perguntas e contribuições sejam feitas por escrito, via chat, e-mail ou até

formulários anônimos. Isso garante que mais pessoas possam interagir sem sobrecarga sensorial.

- Crie um ambiente seguro para dúvidas e ajustes: é essencial garantir que as adaptações não sejam vistas como "privilégios", mas como ajustes razoáveis para que todos possam desempenhar bem suas funções.
- Crie uma sala multissensorial, trazendo segurança e refúgio em momentos de estresse.
- Aposte na flexibilidade e no home office.

Ao incorporar essas práticas, a empresa não apenas torna o ambiente mais acolhedor, mas também melhora a produtividade e o bem-estar de todos os colaboradores.

CONCLUSÃO: A IMPORTÂNCIA DE ACEITAR E INCLUIR

Minha história não é apenas sobre o diagnóstico de autismo, mas sobre a aceitação e persistência na busca por um papel social mais justo e inclusivo.

Ao compartilhar minha trajetória como mãe atípica e pessoa neurodivergente, espero que outras mães, mulheres, líderes e crianças possam encontrar em suas próprias histórias o poder de quebrar paradigmas e construir um mundo mais inclusivo.

REFERÊNCIAS BIBLIOGRÁFICAS

ALVES, R. L. *O desafio da inclusão*: famílias e escolas no processo de desenvolvimento infantil. [S. l.]: Editora Cortez, 2018.

Centers for Disease Control and Prevention (CDC). 2023. Data & Statistics on Autism Spectrum Disorder. Recuperado em 2024. Disponível em: https://www.cdc.gov/autism/data-research/index.html. Acessado em: 25 fev. 2025.

MOURA, J. A. *Neurodiversidade no cotidiano*: estratégias para pais e educadores. Editora Appris, 2021.

DOUGLAS VERZA ALVES

PCD, é consultor e criador do canal “Acessibilidade Por Aí”, onde compartilha dicas sobre acessibilidade. Defensor do direito à mobilidade e inclusão para todos, sem barreiras.

CAPÍTULO 30

ACESSIBILIDADE

DOUGLAS VERZA ALVES

INTRODUÇÃO

Vivemos em uma sociedade em constante evolução, onde a acessibilidade surge como um tema central para a construção de uma sociedade mais inclusiva, justa e igualitária. A acessibilidade não se limita tão somente a adaptações estruturais como rampas de acesso e elevadores, mas também abrange um conceito mais amplo e desafiador, que seria a garantia de inclusão da maior parte das pessoas, independentemente de suas limitações, a direitos sociais, como cultura, lazer, educação, trabalho, entre outros, de modo a trazer a integração, respeito, dignidade e segurança, com a redução da exclusão social.

Aqui, exploraremos as boas práticas de acessibilidade tanto no âmbito físico quanto no cultural, destacando como esses aspectos são fundamentais para a participação plena de boa parte das pessoas com deficiência na vida social, econômica e cultural. A acessibilidade, quando tratada de maneira abrangente, não só elimina barreiras, mas também enriquece a experiência de todos, criando um ambiente mais inclusivo e criativo onde as diferenças são respeitadas e celebradas de forma natural pela sociedade, quebrando assim estereótipos e preconceitos que limitam a percepção das pessoas ao enxergar o outro como ser.

ACESSIBILIDADE ARQUITETÔNICA

A acessibilidade física é frequentemente o primeiro aspecto que vem à nossa mente quando pensamos em tornar ambientes inclusivos, pois ela envolve a criação de espaços que permitem o acesso seguro e confortável para a maior parte das pessoas, independentemente de suas capacidades físicas. Isso inclui desde a implementação de rampas e elevadores até a adequação de banheiros, sinalização em braile e a eliminação de barreiras arquitetônicas que dificultam ou impedem a mobilidade.

Uma das principais referências para a criação de ambientes acessíveis é a Norma Brasileira ABNT NBR 9050, que estabelece critérios e parâmetros técnicos para projetos de acessibilidade e adaptações. Essa norma é uma diretriz fundamental para arquitetos, engenheiros e designers, orientando-os na construção e adaptação de espaços que atendam às necessidades de cada pessoa, e muito embora não tenha força de lei, ela serve como um padrão de excelência, posto que é amplamente exigida como referência para a promoção da acessibilidade no Brasil.

Um exemplo claro de boas práticas baseadas na NBR 9050 é a implementação de rampas com especificação adequada de inclinação, que garante o acesso não só de cadeiras de rodas, mas também de pessoas idosas, pais com carrinhos de bebê e outros indivíduos com mobilidade reduzida. Da mesma forma, a instalação de pisos táteis que ajudam as pessoas com deficiência visual a se orientarem com segurança em espaços públicos e privados.

A importância dessas medidas vai além do cumprimento das normas legais, uma vez que representam um compromisso com a dignidade e o bem-estar das pessoas, garantindo que possam participar plenamente da vida em sociedade.

Vale aqui destacar uma experiência vivenciada por mim, que me fez perceber o que chamo de "A Grande Mudança e o Pequeno Problema da Porta", senão vejamos.

Final dos anos 2010, contrariando as estatísticas, eu já ocupava a posição de Supervisão em um dos mais importantes centros de operações de rodovias do país. O vento da mudança estava soprando, vindo do interior de Minas Gerais com uma oportunidade ímpar.

Em meio a muita gente competente e com prontidão para desafios maiores, tive a honra de ser o convidado para o cargo de Coordenação. Fiquei radiante! A promoção vinha com um detalhe nada pequeno: mudar de estado, saindo da região metropolitana de São Paulo para uma cidade pequena em Minas Gerais. Aceitei na hora! Era um desafio profissional gigantesco para o qual vinha me preparando.

Num misto de curiosidade e animação, em vez de ir direto para o hotel, no meu primeiro dia na cidade fui logo trabalhar e conhecer as instalações da empresa. Cheguei ao hotel muito depois de o sol se pôr, peguei a chave e fui direto ao quarto e me deparei com o primeiro obstáculo: a porta era estreita demais para minha cadeira de rodas, eu não passava!

Voltei à recepção, achando que haviam me dado a chave errada, e pedi um quarto adaptado. A recepcionista, sem muita surpresa, me disse que todos os apartamentos eram "padrão" e me ofereceu um quarto maior em outro andar. Lá fui eu de novo, mas... adivinhem? Mesmo problema. Eu, persistente, resolvi tentar o outro hotel da cidade — afinal, eram apenas dois na região. Atravesso a avenida e... surpresa! Porta estreita de novo.

Voltei ao hotel original, já cansado e com fome. Nessa noite fiz uma manobra de transferência, trocando de cadeira por outra que estava dentro do quarto. Passei pela porta desmontando minha cadeira e, por fim, entrei. Porém, a porta do banheiro era ainda mais estreita. Como sou brasileiro, naquela noite, dei meu jeito.

No dia seguinte, o constrangimento estava no ar, o dono do hotel me pediu desculpas e, por sorte, estava com obras ali perto, num ato heroico — ou de desespero — parou a outra obra para realizar as adequações necessárias em meu quarto. Em 24 horas, quebraram tudo, trocaram portas, colocaram barras de apoio no banheiro e até uma banqueta para o banho. Quando voltei à noite, ainda dava para sentir o cheiro de tinta fresca. Problema de acessibilidade resolvido.

Fiquei cerca de trinta dias naquele hotel até conseguir uma residência fixa. Achei que meus problemas estavam resolvidos; cedo demais. Com pouco mais de 100 mil habitantes, a cidade não era nada acessível. Não conseguia almoçar em um restaurante sem enfrentar desafios — não tinha rampa, não tinha corrimão, nada.

Pouco tempo depois, voltei a São Paulo para uma reunião. Ao ser perguntado da minha adaptação, contei sobre as situações que vivi e para minha surpresa encarei outro tipo de barreira: a atitudinal. Ao terminar meu relato, um dos diretores se dirigiu à pessoa de Recursos Humanos questionando se haviam tomado a melhor decisão sobre promover uma pessoa com deficiência para uma cidade que não tem acessibilidade. Foi então que percebi que a falta de acessibilidade talvez tenha sido um motivo para me frear profissionalmente em outras circunstâncias. Ele não conseguia perceber que o problema não era o cargo nem a minha competência, nem minha transferência, mas sim a estrutura precária do local.

Se ele tivesse interferido antes, talvez minha promoção não tivesse ocorrido. Felizmente, a liderança responsável fez o que deveria ser feito: perguntou, consultou e me deu a chance de decidir. Ela sabia que eu estava ciente dos desafios e me deu a oportunidade de escolher se queria ou não enfrentá-los. O que em geral as pessoas não entendem é que barrar meu crescimento por causa da falta de acessibilidade seria uma forma de discriminação silenciosa, despretensiosa, inconsciente, que muitas vezes passa despercebida, mas tem um impacto devastador nas carreiras de muitas pessoas com deficiência.

Talvez eu já tivesse sido tolhido inúmeras vezes ao longo da minha trajetória profissional, sem nem mesmo perceber. Tudo por conta dessa barreira atitudinal, esse preconceito velado que faz com que pessoas com deficiência sejam vistas como menos capazes ou limitadas apenas por fatores externos.

BARREIRA ATITUDINAL

O consultor de DE&I Guilherme Bara,[1] pessoa com deficiência visual e que atua no desenvolvimento, implementação e gestão de programas corporativos de cultura de respeito, *compliance* e inclusão, mencionou em um de seus podcasts que outro consultor, o panamenho Luiz Astorga, apresentou em uma convenção da ONU em 2006, uma fórmula esclarecedora de que "A incapacidade é igual à deficiência multiplicada pela barreira do meio". Logo, se consideramos, por exemplo, uma pessoa cega que não tem acesso a softwares de leitura de tela, sua incapacidade de usar um computador é máxima, entretanto, a introdução de um

1 Instagram @gui_bara – Consultor de Diversidade e Inclusão.

software de leitura de tela elimina essa barreira, capacitando-a a usar o computador de forma eficaz, eliminando assim qualquer tipo de dificuldade nesse sentido.

Uma das maiores barreiras atuais é a **ATITUDINAL**, pois já está imbuída na mente de quem associa automaticamente a deficiência com a incapacidade, já que tais atitudes podem surgir porque, desde a infância, as pessoas são frequentemente expostas a estereótipos de que "pessoas com deficiência são 'coitadinhas' ou 'super-heróis'", sem ver exemplos reais de pessoas com deficiência engajadas no trabalho e na vida social.

ACESSIBILIDADE CULTURAL

A acessibilidade cultural refere-se à capacidade de todas as pessoas participarem plenamente das expressões culturais e artísticas. É um aspecto essencial para a expressão da identidade individual e coletiva, permitindo que todos desfrutem e contribuam para o patrimônio cultural comum. A Lei Paulo Gustavo[2] traz importantes medidas para promover a inclusão e acessibilidade de pessoas com deficiência nas políticas culturais, estabelecendo ações afirmativas, que garantem a participação e o protagonismo de diversos grupos, inclusive de pessoas com deficiência, assegurando a participação desses grupos em projetos culturais, eliminando assim barreiras, destinando recursos significativos para o setor cultural, incluindo verbas específicas para a promoção de acessibilidade, como produção de conteúdos em Libras, audiodescrição e legendas, ampliando o acesso de pessoas com deficiência às manifestações culturais.

Esses recursos viabilizam não só a inclusão física, mas também a eliminação de barreiras atitudinais e digitais, fundamentais para combater preconceitos e promover um ambiente verdadeiramente acolhedor. A lei também incentiva iniciativas que fortalecem a presença de PCDs na produção e gestão cultural, valorizando suas perspectivas e capacidades criativas.

2 Lei Complementar n. 195/2022 (Lei Paulo Gustavo).

A promoção de eventos culturais acessíveis, além de ser um direito, enriquece a experiência de todos, permitindo uma diversidade de olhares que expande a compreensão e o respeito mútuo. Contudo, para alcançar uma sociedade verdadeiramente inclusiva, é preciso ir além da mera aplicação de recursos: é necessário um compromisso constante com a transformação das atitudes e percepções.

A Lei Paulo Gustavo (2022) surge como um passo significativo nessa direção, proporcionando uma oportunidade histórica para garantir que pessoas com deficiência participem e contribuam de maneira plena e digna na vida cultural do país. A verdadeira acessibilidade exige mais do que mudanças estruturais, demanda uma mudança profunda nas atitudes. Que possamos usar essa lei não apenas como um recurso financeiro, mas como um impulso para uma cultura mais justa e inclusiva.

CONCLUSÃO

Acessibilidade é um direito fundamental, essencial para garantir que a maior parte das pessoas, independentemente de suas capacidades e limitações, possa viver com dignidade e participar plenamente na sociedade. Abordei aqui boas práticas exemplificando a acessibilidade física, cultural e atitudinal, destacando como essas iniciativas facilitam a inclusão e enriquecem nossa convivência.

A verdadeira acessibilidade exige mais que mudanças estruturais, exige uma transformação nas atitudes e percepções. É vital que toda sociedade, especialmente as pessoas em posições de liderança, se comprometam não apenas com ações pontuais, mas com uma promoção contínua da inclusão. Como diz o ditado, "A palavra convence, mas o exemplo arrasta". Pessoas que demonstram um compromisso autêntico com práticas inclusivas estabelecem um poderoso precedente para a ação.

A conscientização da sociedade de que as pessoas com deficiência são parte da diversidade humana, e a inclusão delas ocorre a partir do reconhecimento da importância da eliminação de barreiras que impedem que essas pessoas possam usufruir de seus direitos em igualdade de condições com as demais pessoas, garante não só os seus direitos previstos na legislação brasileira (Lei Brasileira de Inclusão da Pessoa com Deficiência),[3] mas também é um passo para uma grande evolução da humanidade.

Encorajo cada pessoa a se perguntar: "O que eu posso fazer para tornar o ambiente ao meu redor mais acessível?". Seja através de pequenos ajustes ou grandes iniciativas, cada ação conta.

3 Lei n. 13.146, de 6 de julho de 2015.

BEATRIZ CRUZ

Cirurgiã-dentista, especialista em harmonização orofacial e mestranda na mesma área. Cadeirante desde 2010, Beatriz é uma forte defensora da acessibilidade e inclusão, destacando em sua trajetória como superar barreiras e realizar qualquer coisa, independentemente de limitações físicas.

DANIELLE MONSORES VIEIRA

Cirurgiã-dentista, especialista em odontologia estética, dentística e pacientes com necessidades especiais, professora universitária, autora de livros de Odontologia, empreendedora e CEO da D'esthétique, clínica odontológica focada na acessibilidade e na inclusão.

CAPÍTULO 31

PESSOAS COM DEFICIÊNCIA: PROTAGONISMO EMPREENDEDOR E GERAÇÃO DE OPORTUNIDADES

BEATRIZ CRUZ | DANIELLE MONSORES VIEIRA

Nos últimos anos, o cenário das profissões da área de saúde tem passado por uma transformação significativa. Profissionais da saúde estão assumindo um papel crucial não apenas no cuidado da saúde, mas também em proporcionar acessibilidade para pacientes com deficiência, ao mesmo tempo que geram oportunidades de trabalho para profissionais com limitações físicas, sensoriais ou intelectuais.

O CONTEXTO DA INCLUSÃO NO BRASIL

O Brasil, ao longo das últimas décadas, tem avançado nas discussões sobre os direitos das pessoas com deficiência. A legislação, como a Lei Brasileira de Inclusão (Lei n. 13.146/2015), reforça o direito à acessibilidade e à equidade nas oportunidades de trabalho para as pessoas com deficiência. Entretanto, o ambiente odontológico por muito tempo foi um campo que oferecia poucas opções para esses pacientes. Clínicas pouco preparadas para atender às suas necessidades, desde a infraestrutura até o acolhimento humano, criaram uma barreira ao tratamento adequado de muitos brasileiros com deficiência. Nesse cenário, surgiram profissionais que entendem que a odontologia, entre outras áreas da saúde, pode ser uma ferramenta poderosa para o desenvolvimento de uma sociedade mais inclusiva. Esses profissionais estão transformando suas clínicas em espaços acolhedores, acessíveis, e que promovem a autonomia e o bem-estar dos pacientes com deficiência.

A JORNADA DE UM EMPREENDEDOR

Empreender é um desafio por si só. Exige um conhecimento técnico apurado, habilidade na gestão de negócios e, principalmente, a capacidade de se conectar com as demandas de seus clientes. Quando o foco é o atendimento de pessoas com deficiência, esses desafios ganham uma nova dimensão.

Um profissional que decide abrir uma clínica com acessibilidade deve pensar em cada detalhe: desde o layout do espaço físico até a formação de sua equipe. Um ponto crucial é a adaptação do ambiente, para receber pacientes com mobilidade reduzida; é necessário que o consultório tenha rampas de acesso, portas mais largas, banheiros adaptados, cadeiras odontológicas com ajustes específicos e equipamentos que facilitem o atendimento. Além disso, a comunicação é um aspecto essencial. Pacientes com deficiência auditiva, por exemplo, podem se beneficiar de uma equipe que tenha conhecimento de Libras (Língua Brasileira de Sinais). Empreender nessa área não se refere apenas à estrutura física, mas também à criação de uma cultura de empatia e respeito. A equipe precisa estar preparada para atender esses pacientes de forma humanizada, compreendendo suas especificidades e acolhendo suas particularidades com dignidade.

INCLUSÃO NO MERCADO DE TRABALHO

Além de criar um ambiente acessível para os pacientes, essas clínicas também têm o poder de transformar a vida de pessoas com deficiência ao incluí-las em suas equipes de trabalho. Esse é um tema de extrema relevância, especialmente em áreas que demandam habilidades motoras finas, precisão e comunicação, como a odontologia.

Nos últimos anos, o aumento das discussões sobre inclusão social e a ampliação das políticas públicas voltadas à acessibilidade vêm desafiando o *status quo* de várias profissões, incluindo o setor odontológico, que por muito tempo foi visto como um campo inacessível para profissionais com algum tipo de deficiência. Contudo, com o avanço da tecnologia, a conscientização sobre a inclusão e a adoção de boas práticas, é cada vez mais viável garantir que esses profissionais desempenhem suas funções com a mesma excelência e eficiência dos demais.

O conceito de inclusão vai além da simples presença de pessoas com deficiência nos ambientes de trabalho ou educacionais. Ele se refere à criação de condições que permitam que essas pessoas possam participar plenamente das atividades, contribuindo de maneira ativa e significativa.

OS DESAFIOS DO INGRESSO DAS PESSOAS COM DEFICIÊNCIA NAS ÁREAS DE SAÚDE

O ingresso de pessoas com deficiência na carreira profissional da saúde pode apresentar dificuldades em diferentes fases do percurso, começando desde a escolha da profissão até o momento da prática clínica. Muitos profissionais com deficiência enfrentam obstáculos desde a formação, seja pela falta de equipamentos adaptados nas universidades, seja pela resistência por parte de colegas e professores que ainda não compreendem plenamente a capacidade desses profissionais de se destacar na área. A superação desses desafios demanda tanto resiliência pessoal quanto o apoio de uma rede estruturada, composta por instituições de ensino, organizações de apoio e a própria comunidade profissional.

Uma das barreiras mais significativas para os estudantes com deficiência é a falta de acessibilidade em laboratórios e clínicas de ensino. Algumas faculdades ainda não dispõem de equipamentos adaptados ou de espaços inclusivos, o que torna o aprendizado mais difícil para esses alunos. Dentre as principais adaptações necessárias, podemos citar cadeiras odontológicas ajustáveis, instrumentos leves e ergonômicos.

Um exemplo claro de inovação é a adaptação do pedal de controle da cadeira odontológica. Tradicionalmente, esse pedal é operado com os pés para ajustar a posição do paciente, um desafio para profissionais que possuem limitações físicas nos membros inferiores. Graças às soluções tecnológicas, esse controle pode ser modificado para que seja operado manualmente. A implementação dessas adaptações viabiliza a prática para profissionais com deficiência e contribui para maior flexibilidade de uso em diferentes contextos clínicos.

A PRÁTICA CLÍNICA E A ADAPTAÇÃO DO AMBIENTE DE TRABALHO

Na prática clínica, a adaptação do ambiente de trabalho é fundamental para garantir que o profissional com deficiência possa realizar os procedimentos de forma eficiente e segura. As clínicas, tanto públicas quanto privadas, precisam estar preparadas para receber e apoiar profissionais com deficiência, garantindo que eles tenham os recursos e as ferramentas necessários para desempenhar suas funções.

Uma das adaptações mais relevantes para a prática inclusiva é a disponibilidade de vagas de estacionamento reservadas e próximas à entrada da clínica. Além disso, as instalações internas devem ser adaptadas com rampas de acesso, banheiros acessíveis e espaços amplos que permitam a circulação de cadeiras de rodas ou outros dispositivos de mobilidade.

A IMPORTÂNCIA DA CONSCIENTIZAÇÃO E DA EMPATIA

Além das adaptações físicas e tecnológicas, a inclusão de pessoas com deficiência na área de saúde depende de um fator igualmente importante: a conscientização e a empatia por parte de colegas, pacientes e gestores. Promover uma cultura inclusiva no ambiente de trabalho é essencial para garantir que todos se sintam acolhidos e respeitados, independentemente de suas limitações físicas ou sensoriais. Infelizmente, ainda há casos de preconceito e discriminação no meio acadêmico e profissional, o que pode desestimular o ingresso de pessoas com deficiência em áreas que demandam habilidades específicas.

Para que a inclusão seja eficaz, é fundamental que haja investimento em treinamento e sensibilização de toda a equipe. Não basta contratar pessoas com deficiência e adaptar o espaço físico; é preciso criar um ambiente de trabalho onde todos se sintam valorizados e respeitados. Isso inclui promover treinamentos específicos sobre a inclusão e a acessibilidade, além de fomentar uma cultura organizacional que celebre as diferenças.

Os pacientes também desempenham um papel importante no processo de inclusão. Ao frequentarem clínicas com profissionais com deficiência, eles podem inicialmente se sentir inseguros ou desconfiados da capacidade do profissional em executar os procedimentos com precisão. No entanto, é papel da clínica e da equipe de atendimento explicar as qualificações e a experiência do profissional, mostrando que a deficiência não interfere na qualidade do atendimento. Um ambiente acolhedor e transparente é capaz de fortalecer a relação de confiança entre o profissional e o paciente, garantindo que o tratamento seja realizado com segurança e conforto para ambas as partes.

O PAPEL DAS INSTITUIÇÕES DE ENSINO E DAS POLÍTICAS PÚBLICAS

As universidades têm um papel crucial na preparação dos futuros profissionais da saúde, não apenas oferecendo o conteúdo técnico necessário, mas também proporcionando um ambiente inclusivo e acessível. Isso pode ser feito por meio de ajustes físicos, como a criação de laboratórios acessíveis, e também por meio de programas de apoio psicológico e educacional, que auxiliem os estudantes com deficiência a superar os desafios que possam surgir durante a formação.

Em termos de políticas públicas, é fundamental que o governo invista na capacitação de profissionais de saúde para lidar com a inclusão no ambiente de trabalho, além de incentivar a criação de clínicas e consultórios acessíveis. Leis que garantem a acessibilidade, como a Lei Brasileira de Inclusão (LBI), devem ser aplicadas de maneira rigorosa, garantindo que todos os espaços de saúde sejam preparados para receber tanto profissionais quanto pacientes com deficiência.

O IMPACTO SOCIAL E A CONSTRUÇÃO DE UM LEGADO

O impacto social gerado por profissionais e empreendedores que se preocupam com a acessibilidade e a inclusão é profundo e duradouro. Ao criar oportunidades de trabalho para pessoas com deficiência, esses profissionais estão ajudando a construir uma sociedade mais justa, onde todos têm a chance de desenvolver seu potencial.

A inserção de pessoas com deficiência no mercado de trabalho não só promove sua autonomia financeira, mas também contribui para a sua integração social. Além disso, ao oferecer um atendimento acessível e de qualidade para pacientes com deficiência, o profissional está colaborando para a melhoria da qualidade de vida dessas pessoas, garantindo que elas tenham acesso aos cuidados que muitas vezes lhes são negados.

Os profissionais que seguem esse caminho deixam um legado importante. Eles não apenas transformam a vida de seus pacientes e colaboradores, mas também servem como exemplo para outros profissionais, incentivando a criação de mais espaços inclusivos e conscientes de seu papel social.

CONCLUSÃO

A inclusão de pessoas com deficiência na área da saúde, principalmente na odontologia, não é apenas uma questão de justiça social, mas também de valorização das diferenças e de enriquecimento do setor. Ao adotar boas práticas de acessibilidade e inclusão, as clínicas podem se tornar espaços mais acolhedores e eficientes, promovendo um ambiente de trabalho em que todos possam desempenhar suas funções com excelência. A acessibilidade e a inclusão não beneficiam apenas os profissionais com deficiência, mas também todos os pacientes e colegas de trabalho, fortalecendo a profissão como um todo e contribuindo para uma sociedade mais inclusiva e equitativa, onde a diversidade seja valorizada e todos os profissionais, independentemente de suas limitações, possam ter oportunidades iguais de desenvolver suas habilidades e exercer suas profissões plenamente.

As clínicas inclusivas são, sem dúvida, o caminho para um mundo onde a diversidade é celebrada e onde todos, independentemente de suas limitações, são tratados com dignidade e respeito.

REFERÊNCIAS BIBLIOGRÁFICAS

BRASIL. Lei Brasileira de Inclusão da Pessoa com Deficiência (Estatuto da Pessoa com Deficiência), Lei n.13.146/2015. Brasília, DF: Presidência da República. Disponível em: https://www.planalto.gov.br/ccivil_03/_ato2015-2018/2015/lei/l13146.htm. Acessado em: 18 out. 2024.

CARDOSO, A. P.; OLIVEIRA, M. C. "Acessibilidade no atendimento odontológico: desafios e perspectivas". *Revista Brasileira de Odontologia.* Rio de Janeiro, v. 75, n. 1, 2018. pp. 22-30.

FARIAS, L. A.; AZEVEDO, R. D. Inclusão de profissionais com deficiência na área da saúde: uma análise crítica. *Revista de Saúde Pública,* São Paulo, v. 54, p. 25, 2020. Disponível em: https://doi.org/10.11606/s1518-8787.202005400254. Acessado em: 18 out. 2024.

SILVA, M. F.; ROCHA, L. A. "A importância da acessibilidade no consultório odontológico: uma revisão de literatura". *Odonto Magazine.* Rio de Janeiro, v. 10, n. 2, 2017. pp. 45-58.

SOUZA, P. C.; MENEZES, J. R. "Tecnologia assistiva na prática odontológica: soluções para profissionais com deficiência física". *Odontologia Clínica e Científica.* São Paulo, v. 18, n. 3, 2019, p. 33-40.

WHO (World Health Organization). World Report on Disability. Genebra: WHO, 2011. Disponível em: https://www.who.int/disabilities/world_report/2011/en/. Acessado em: 18 out. 2024.

MARA LÍGIA KIEFER

Atua desde 2007 como consultora e palestrante em programas de inclusão, atualmente na Somar Diversidade. Liderou programas de qualificação, empreendedorismo e inclusão de jovens de baixa renda, pessoas com deficiência, 40+ pela Prefeitura de São Paulo.

FLÁVIO GONZALEZ

Psicólogo, pesquisador da Faculdade de Educação da Universidade de São Paulo, coordenador de inclusão social do Instituto Jô Clemente, atua desde 1996 na inclusão profissional de pessoas com deficiência.

CAPÍTULO 32

A INCLUSÃO DE PESSOAS COM DEFICIÊNCIA NO MERCADO FORMAL DE TRABALHO

MARA LÍGIA KIEFER | FLÁVIO GONZALEZ

A inclusão laboral de pessoas com deficiência no Brasil tem sido um desafio para as empresas. O artigo 93 da Lei 8.213/91 obriga, como todos sabemos, à contratação desses profissionais em empresas com cem ou mais empregados. Passados mais de trinta anos da lei, contudo, dados recentes apontam que apenas 50% da cota obrigatória foi cumprida em nossa realidade. Sob qualquer ângulo de análise, a partir de diversas fontes de dados, é notória a baixíssima participação das pessoas com deficiência no mercado formal de trabalho.

UM POUCO DE HISTÓRIA

A preocupação com a participação de pessoas com deficiência não é fato recente no Brasil. Desde a época imperial, esse tema tem sido debatido.

O primeiro censo feito no Brasil, o "Recenseamento de 1872", contabilizou o total de pessoas com deficiência, dividido entre os diversos tipos. Quase duas décadas antes, fundou-se no Rio de Janeiro, em 1854, o Imperial Instituto dos Meninos Cegos e, em 1856, o Instituto Imperial dos Surdos-Mudos. Ambos com forte preocupação com a formação profissional do público atendido. Tanto assim que, mais tarde, quando da constituição seminal do Departamento Nacional de Ensino, pelo Decreto n. 16.782-A de 13 de janeiro de 1925, o Capítulo IV, intitulado "Do ensino profissional", apresentou a seguinte redação:

> Art. 28. O ensino profissional, a cargo do Ministério da Justiça e Negócios Interiores, será ministrado:
>
> I. No Instituto Benjamin Constant, para cegos;
>
> II. No Instituto dos Surdos-Mudos.

Mais tarde, a partir da década de 1930, surgiram as Pestalozzi, cuja primeira foi fundada em 1932 por Helena Antipoff; e, anos depois, já na década de 1950, o movimento das Apaes, sob influência especialmente de Beatrice Bemis, ligada ao corpo diplomático dos EUA, que tinha uma filha com síndrome de Down.

Pode-se dizer que, desde o período imperial até a década de 1980 do século XX, o modelo predominante no Brasil foi centrado na filantropia e em práticas que hoje, à luz do paradigma da inclusão, podem ser consideradas segregativas, pois mantinham as pessoas institucionalizadas. Foi a partir de 1981, ano que a Organização das Nações Unidas – ONU declarou como "Ano Internacional das Pessoas com Deficiência", que surgiu no Brasil um movimento inédito de defesa dos direitos das pessoas com deficiência, em que teve início a superação do modelo assistencialista para uma abordagem centrada nos direitos. Eram as próprias pessoas com deficiência e não seus representantes que agora reivindicavam e se mobilizavam para avançar nas suas pautas. Essa mobilização inicial, com apoio de diversas instituições, pôde mais tarde influenciar diretamente a Constituição. Em 1985, portanto, ainda no vácuo do ano internacional, o então presidente José Sarney encaminhou ao Congresso uma proposta de convocação da Assembleia Nacional Constituinte. Entre as comissões que elaboraram o texto constitucional, havia a Comissão VII, chamada de "Comissão da Ordem Social" que tinha, por sua vez, uma subcomissão denominada "Subcomissão dos Negros, Populações Indígenas, Pessoas Deficientes e Minorias". Esse grupo fez inúmeras propostas e influenciou de maneira significativa a versão final da Constituição de 1988, inclusive colocando textualmente a proibição da discriminação de trabalhadores com deficiência, no artigo 7º, parágrafo XXXI. No ano seguinte, a Lei 7.853/89 transformou a discriminação ao trabalho de pessoas com deficiência em crime, punível com um a quatro anos de reclusão e multa. Dois anos depois, em 1991, surge finalmente a chamada "Lei de Cotas", na verdade o artigo 93 da Lei 8.213/91.

CENÁRIO ATUAL

Segundo informações do Painel de Informações e Estatísticas da Inspeção do Trabalho no Brasil, o Radar SIT, no ano 2000 havia no país 47.980 pessoas com deficiência trabalhando formalmente. Na última atualização do radar temos, com base em dados de 2021, que o total desses trabalhadores é 412.520. Em um cálculo simples, temos hoje, mais de vinte anos depois, nove vezes mais pessoas empregadas, o que testemunha a eficácia da lei que, de fato, passaria a ser efetivamente cobrada a partir do Decreto n. 3.298, de 20 de dezembro de 1999. No entanto, o que temos é um cumprimento parcial, em torno de 50%, do que é exigido por lei, ou seja, apenas metade dessas vagas estão ocupadas, representando 1% do total de trabalhadores do Brasil contra uma população com deficiência, segundo dados do IBGE a partir da Pesquisa Nacional por Amostra de Domicílios Contínua – PNAD, de 2022, estimada em 18,6 milhões de pessoas, o que equivale a 8,9% da população brasileira. Fica evidente, por esses dados, que não temos avançado o suficiente e que, a despeito de todos os esforços, a exclusão de pessoas com deficiência no mercado formal de trabalho ainda é uma realidade patente em nosso país.

O MODELO SOCIAL DA DEFICIÊNCIA

Em contraposição ao modelo médico da deficiência, cuja tendência é identificar as limitações da pessoa nela mesma, em sua condição clínica e funcional, surge, entre as décadas de 1970 e 1980, o modelo social, que compreende a deficiência como resultante da condição pessoal em interação com diversas barreiras. São, sobretudo, barreiras de acesso, entendidas em sentido amplo, que limitam a participação plena. Portanto, fatores extrínsecos à pessoa, que podem, desse modo, ser modificados, são a raiz do problema da exclusão e não, como se pode supor em um primeiro momento, a deficiência em si. Depreende-se disso que, nesse novo paradigma, não se trata de falarmos em superação, como se coubesse à pessoa a responsabilidade sobre sua inclusão. É o meio que precisa ser modificado e não a pessoa que precisa se superar. Uma pessoa cega, por exemplo, que precise de apoio para atravessar uma rua, não tem o dever de se superar para atravessá-la sozinha, quando na verdade o problema está na sinalização, que no Brasil se baseia em um estímulo luminoso, desconsiderando que existem cidadãos e cidadãs que não enxergam.

O modelo social é um conceito-chave e foi concebido por militantes e teóricos com deficiência, sobretudo britânicos, como Mike Oliver e Alf Morris. Na prática, ele faz muito sentido e abre espaço para que tenhamos um olhar com foco na equidade, eliminando ou, quando isso não for possível, minimizando barreiras, o que naturalmente potencializará a autonomia de cada pessoa. Já em 1975, por exemplo, a Union of the Physically Impaired Against Segregation (UPIAS), uma organização militante fundada no Reino Unido, declarava que era a sociedade que incapacitava as pessoas e não as deficiências.

O QUE FAZER NA PRÁTICA

Compreender as raízes históricas, o cenário atual e o modelo social da deficiência é um pré-requisito importante, senão fundamental, para pensarmos a nossa prática e construirmos uma cultura inclusiva nas organizações. Seguem dez sugestões que poderão ser úteis nesse processo:

OLHE PARA O PERFIL E NÃO PARA A DEFICIÊNCIA

Muitas empresas acabam por sabotar seus próprios programas, buscando pessoas muito específicas, com deficiências supostamente leves, o que faz com que suas possibilidades sejam muito restritas. Nosso conselho é: não pense na deficiência que a pessoa tem, mas no perfil, o que pode incluir identificar os tipos de apoio de que ela vai precisar. Isso abrirá um leque muito maior de possibilidades.

NA DÚVIDA, PERGUNTE PARA A PESSOA

Deixe todas as suas hipóteses e certezas de lado. Pergunte para a pessoa o que ela realiza ou não realiza, como faz isso e que tipos de suporte pode precisar. Cada pessoa é única e ninguém melhor do que ela para falar de seus pontos fortes, interesses e necessidades ou não de apoios. Frequentemente as pessoas nos surpreendem demonstrando capacidades que, na perspectiva de leigos (e é importante que nos coloquemos nesse lugar), elas não teriam em razão desta ou daquela deficiência.

QUESTIONE AS RESTRIÇÕES APONTADAS PELAS ÁREAS

"Acho lindo este trabalho, mas na minha área não dá." Essa é uma frase recorrente e quase que diariamente escutada por quem trabalha com inclusão. Os vieses inconscientes quase sempre farão com que líderes, preocupados com suas metas e com desafios para administrar, encontrem justificativas aparentemente plausíveis e verossímeis para, ao fim, dizer que não é possível ter alguém com deficiência na sua equipe. Não aceite isso ingenuamente.

TENHA UMA PREVISÃO ORÇAMENTÁRIA

Nada é feito sem algum tipo de investimento, seja de tempo, seja de energia, seja de recursos financeiros. Não se pode imaginar, em hipótese alguma, que basta colocar a pessoa lá e desejar boa sorte, que a inclusão se processará naturalmente. Isso, na maioria dos casos, não vai acontecer. Estão em jogo elementos culturais, barreiras visíveis e invisíveis, profecias autorrealizadoras e, infelizmente, em alguns casos até sabotagens. Não vale depois cair no "mito dos cem reais", ou seja, atribuir a uma proposta ínfima de aumento salarial a rotatividade das suas vagas. A pessoa pode estar contratada, mas não incluída e, caso isso aconteça, ela irá embora ou será desligada prematuramente.

MAPEIE AS BARREIRAS E COMO NEUTRALIZÁ-LAS

Existem barreiras arquitetônicas, comunicacionais, metodológicas, instrumentais, programáticas, atitudinais ou mesmo naturais. Para cada uma delas há uma dimensão de acessibilidade. Você não precisa inventar a roda, mas também não pode cruzar os braços e não fazer nada. Tente identificar, em relação a cada candidato ou colaborador com deficiência, quais são as barreiras que podem dificultar sua participação plena e desempenho dentro do contexto da empresa e como tratar cada uma delas, de modo a impedir que prejudiquem o processo de inclusão daquela pessoa.

TRABALHE OS VIESES INCONSCIENTES

Todos nós herdamos elementos indesejáveis de nossa cultura, simplesmente porque nascemos em determinado tempo e lugar em que eles estavam presentes. Racismo, capacitismo, homofobia, transfobia, machismo, entre outros aspectos nocivos e até criminosos, de certo modo fizeram parte de nossa formação, pois tais fatores infelizmente são parte constitutiva da nossa realidade. Precisamos tomar consciência desses fenômenos, inclusive dentro de nós, e neutralizá-los, construindo e adquirindo uma cultura inclusiva.

PROMOVA UM LETRAMENTO ANTICAPACITISTA

A ideia de letramento se popularizou nos últimos tempos. A lógica é um pouco diferente da simples noção de palestras. Reconhecemos nossa ignorância e, em face dela, procuramos nos informar. Nesse processo nos surpreendemos com o tanto de equívocos e conhecimentos distorcidos que carregávamos dentro de nós e de nossa organização. É preciso que estejamos constantemente nos informando sobre o tema e criando rede de informações que possam gerar os conhecimentos necessários para lidarmos com o pertencimento e a inclusão social.

CONTRATE QUEM SABE FAZER E APRENDA TAMBÉM

Há profissionais e organizações das mais diversas com larga experiência nesses temas. Contrate-os! Partir do zero em um terreno desconhecido é um caminho muito mais árduo e sujeito a equívocos, falhas. Muitos dos problemas que as empresas enfrentam nesse campo teriam sido evitados se tivessem buscado apoio especializado.

APOSTE NO POTENCIAL

Pessoas que passaram por um longo processo de exclusão e, em alguns casos, até mesmo anos de isolamento social, obviamente não irão chegar "prontas". Sabemos, como crítica à ideia simplista de meritocracia, que nem todas as pessoas partiram do mesmo ponto. Algumas tiveram muitas desvantagens e obstáculos, em diversas dimensões da vida, e precisam ser desenvolvidas. Portanto, aposte no potencial e não necessariamente na bagagem que a pessoa já traz.

ACOMPANHE, DESENVOLVA, ESTIMULE

O velho jargão empresarial aqui continua válido: delegar não é delargar. Você precisa acompanhar o desenvolvimento de processos de inclusão, estimular as lideranças, os pares, além da própria pessoa. Esse é um processo de *employee experience* que começa com uma usabilidade amigável para candidatar-se às vagas, passando pelos relacionamentos com as pessoas antes que as demandas surjam, seguindo até o processo de socialização com a celebração de contratos que não sejam apenas documentais, mas psicológicos e que tragam o sentido de pertencimento. Há também os micromomentos, como conversar com os colegas no almoço, definir objetivos com o gestor direto, participar das reuniões periódicas. Cuidar dessa jornada é essencial para o êxito em programas de inclusão.

REFERÊNCIAS BIBLIOGRÁFICAS

BRASIL. Convenção Internacional sobre os Direitos das Pessoas com Deficiência, Decreto 6.949/09, de 25 de agosto de 2009. Disponível em: http://www.planalto.gov.br/ccivil_03/_ato2007-2010/2009/decreto/d6949.htm. Acessado em: 4 dez. 2024.

BRASIL. Lei Brasileira de Inclusão da Pessoa com Deficiência (Estatuto da Pessoa com Deficiência), Lei 13.146/15, de 06 de julho de 2015. Disponível em: http://www.planalto.gov.br/ccivil_03/_ato2015-2018/2015/lei/l13146.htm. Acessado em: 4 dez. 2024.

BRASIL. Lei n. 8.213/91. Lei de Benefícios e Serviços Previdenciários. Disponível em: https://www.planalto.gov.br/ccivil_03/leis/l8213cons.htm. Acessado em: 4 dez. 2024.

BRASIL. Decreto n. 16.782-A de 13 de janeiro de 1925. Disponível em: https://www2.camara.leg.br/legin/fed/decret/1920-1929/decreto-16782-a-13-janeiro-1925-517461-publicacaooriginal-1-pe.html. Acessado em: 4 dez. 2024.

ESTIMADO, Roberta Baessa; SOFIATO, Cássia Geciauskas. A educação de surdos e cegos na França e no Brasil. *Revista Educação Especial*, v. 32, 2019, pp.1-20, 2019. Disponível em: https://periodicos.ufsm.br/educacaoespecial/article/view/33087. Acessado em: 4 dez. 2024.

DANIEL MUNDURUKU

É professor de formação, escritor por vocação, empresário por necessidade e ator à toa. Escreve para crianças e jovens desde 1996, tendo publicado 67 livros pelas mais diversas editoras brasileiras.

CAPÍTULO 33

LITERATURA INDÍGENA: DO PASSADO AO AGORA

DANIEL MUNDURUKU

Pois todo dia era dia de índio
Todo dia era dia de índio
Mas agora eles só têm
O dia 19 de Abril.
Jorge Ben Jor

Quem nunca ouviu essa música de Jorge Ben Jor na voz de Baby do Brasil? Quem não sentiu uma ponta de emoção ao se dar conta de que o projeto colonialista brasileiro ocultou a presença dos indígenas na formação da identidade nacional, "oferecendo" apenas um dia para "comemorar" a memória de nossos primeiros ancestrais?

A relação que desenvolvemos pessoalmente com os povos indígenas é bastante sintomática de nossa identificação e de nossa identidade nacional. Algumas vezes, inclusive, falamos de nosso orgulho por ter uma avó bugre "que foi pega a laço". Por outro lado, há também um aspecto negativo que prevalece no nosso repertório, demonstrando o "outro lado" de nossa relação com esses grupos ancestrais. Trata-se especialmente do tipo de pensamento que desenvolvemos sobre o *indígena*, que vem sendo repetido à exaustão desde muito tempo atrás e que revela que não sabemos mesmo quem é o *indígena* e quais suas especificidades culturais. Por isso ficamos na superfície, talvez com medo de mergulhar para dentro de nós mesmos e descobrirmos que temos sido injustos com os primeiros habitantes do Brasil e, consequentemente, com a nossa origem primeira e da qual participamos queiramos ou não, desejemos ou não. Ela faz parte de cada brasileiro que habita esta terra mesmo que não partilhe diretamente de uma ascendência indígena, pois não se trata de sangue, mas de pertencimento. Pensássemos assim de verdade, a história dos povos originários não teria sido tão difícil por aqui. E falo isso não apenas por causa das guerras de extermínio contra eles, mas especialmente por causa da forma negativa como os tratamos.

O que narrei até aqui foi para mostrar que as palavras têm um poder enorme de moldar as mentes das pessoas. Elas servem para alçar, elevar, dignificar; ao mesmo tempo que podem detonar, humilhar e desqualificar pessoas, povos, grupos, civilizações. Esse é o poder que a palavra tem. Felizmente, porém, a palavra tem como intermediária a consciência humana. Digo felizmente porque a consciência pode ser educada, transformada e utilizar o apreendido para transformar as relações através do uso correto das palavras.

Vale lembrar que a história do Brasil sempre foi contada pelos colonizadores que se consideravam superiores aos povos originários que por aqui encontraram. A própria narrativa que eles traziam como parte de sua formação europeia vinha eivada de argumentos que lhes davam qualquer certeza sobre seu direito de explorar, escravizar e até matar os povos que se opusessem ao seu propósito colonialista. A história que o colonizador contava continha uma verdade que lhes foi imposta como absoluta e que ninguém deveria questioná-la sem correr o risco de ser perseguido e maltratado. Isso estava imposto nas leis gerais que conheciam e na religião em que juravam acreditar.

Por isso vale a pena a gente aprender como chamar essa população que desde muito cedo foi apelidada de forma sistemática e que por isso atravessou os séculos até chegar aos nossos dias.

INDÍGENAS, SIM. ÍNDIOS, NÃO!

É preciso, vale lembrar, nos libertarmos desse conceito que desvaloriza nossa diversidade. Precisamos entender que não existem *índios* no Brasil. Precisamos aprender como chamá-los, como festejá-los, como conhecê-los, como valorizá-los. Precisamos encontrar um lugar para eles dentro de cada um de nós. A melhor maneira de fazer isso é conhecendo-os da melhor maneira que pudermos.

De hoje em diante, fique combinado que não haverá mais "índio" no Brasil. Fica acertado que os chamaremos indígenas, que é a mesma coisa que nativo, original de um lugar, originário. Certo? Bem, calma lá. Alguém me soprou uma questão: mas *índio* e indígena não são a mesma coisa? Pois é. Não, não são. Digam o que disserem, mas ser um indígena é pertencer a um povo X. Ser "índio" é pertencer a quê? É trazer em si todos os adjetivos pouco apreciados em qualquer ser humano. Ela é uma palavra preconceituosa, racista, colonialista, etnocêntrica, eurocêntrica. Ela é uma palavra que nega o ser. Já a palavra indígena é uma afirmação de Ser. Claro que ela não vem desacompanhada de uma outra pergunta que é: indígena de onde? Aqui entra a necessidade de procurarmos conhecer a diversidade dos povos originários, suas culturas, seus ritos, seus mitos, suas cosmovisões ancestrais. Uma palavra não pode colocar abaixo tudo o que centenas de povos foram construindo ao longo de sua trajetória em nosso mundo.

NOVAS TECNOLOGIAS DA MEMÓRIA

Precisamos, agora, dar um passo enorme para pensarmos nossa contemporaneidade. Isso porque temos que compreender que nossas populações originárias não estão presas ao passado e muito menos projetam suas vidas para um futuro que não dominam e do qual não estão convencidas de que o mesmo acontecerá. Isso significa dizer que são povos do presente, do agora, do hoje. E aqui entra justamente o que gostaríamos de apresentar: os indígenas contemporâneos.

O AGORA

A partir dos anos 1990, uma pequena revolução começou a tomar rosto com relação às políticas públicas para os povos indígenas. Apesar da principal promessa constante na Constituição, que era a demarcação de todos os territórios indígenas em até cinco anos, outras conquistas foram dando espaço para criar alguma esperança.

Talvez o primeiro grande debate tenha sido sobre os rumos da educação efetivada em terra indígena. Até essa data, a escola não fazia parte do universo dos povos originários. Quando muito se falava de uma escola religiosa ou ligada diretamente a um setor da Funai que desenvolvia ações de educação, mas que estava completamente atrelada ao modelo hegemônico e sem autonomia sobre os conhecimentos a serem administrados. A escola da aldeia era a clara reprodução do modelo ocidental e urbano, lembrando que o interesse do Estado nacional era impor às crianças das aldeias a "civilização". Com o advento da educação diferenciada, um novo paradigma se apresentou e com a necessária formação de professores indígenas para ocuparem o lugar de educadores em seus locais de origem.

Se na educação houve uma mudança radical, o mesmo se pode dizer sobre a saúde. Foram organizados distritos sanitários por todas as regiões para mapear as principais demandas e criar políticas públicas para o atendimento médico e hospitalar para que os indígenas não fossem mais obrigados a sair de seus territórios quando necessitassem de ajuda médica. O tema da saúde passou também por essa mudança e gerou grandes transformações no conjunto das sociedades indígenas. Isso não significa dizer que os problemas estão resolvidos, mas naquele primeiro momento a população indígena cresceu e exigiu novas demandas ao Governo Federal; e entre elas estava a formação de profissionais da saúde que também fossem indígenas, realidade que já é possível perceber nos dias atuais.

LITERATURA

No entanto, é no campo das artes que se pode perceber o maior avanço da presença indígena na sociedade brasileira. E uma das primeiras linguagens a serem dominadas com maestria — talvez por ser a mais difícil — foi a literatura. Ela veio se estabelecendo de forma sutil e permanente durante todo o processo da formação do movimento indígena porque os primeiros líderes sabiam da importância do domínio da escrita para poderem demonstrar sua capacidade de interlocução com os "donos do poder".

Muito embora não fossem pessoas letradas, tinham convicção de que precisavam transformar a oralidade que os habitava em palavras escritas, e daí nasceu a necessidade de escreverem artigos, relatórios e darem entrevistas que pudessem ser cunhadas nos grandes meios de comunicação. Essa estratégia se mostrou eficaz e convincente, vindo a afetar as novas gerações de estudantes indígenas que passaram a dominar a técnica da escrita e abrir o flanco literário para a produção de livros voltados para crianças, jovens e adultos brasileiros.

Hoje mensura-se haver aproximadamente 120 autores indígenas em franca produção literária e em constante crescimento. Chega-se a um montante de 350 obras lavras desses autores e autoras, número que deve ser subdimensionado, haja vista o crescente surgimento de novos títulos e novos autores publicados por editoras nacionais e internacionais nos últimos anos.

Vale lembrar que essa conquista não foi simples nem fácil. Furar o "bloqueio" editorial exigiu uma luta permanente aliada à mudança da governança federal especialmente nos anos 2000. Embora houvesse ensaios publicados ora aqui ora ali, o boom da literatura indígena veio a acontecer na segunda metade de 1990 até 2010, quando já começaram a se estabelecer novas políticas de inclusão para as populações indígenas e as mudanças na educação infantil e infantojuvenil. Somente nesse momento é que o mercado editorial foi "correr atrás" do tempo perdido e olhar para as possibilidades de uma literatura escrita por autores indígenas.[1]

ARTES PLÁSTICAS E OUTRAS LINGUAGENS

Outra linguagem que vem se afirmando no mercado cultural brasileiro é a produção de artistas plásticos. Inspirados nos grafismos e traços característicos das artes dos diversos povos, artistas indígenas de ambos os sexos vêm se destacando no cenário nacional e internacional, mostrando competência e esbanjando criatividade, impressionando públicos em diversos países.

1 Para quem desejar conhecer a literatura indígena, sugiro uma visita ao site da Livraria Maracá. Essa é uma livraria especializada na comercialização de livros escritos por autores e autoras indígenas, montando um grande painel dessa produção contemporânea. Disponível em: www.livrariamaraca.com.br.

Esses artistas têm sido convidados para exposições individuais e coletivas, para realizarem curadorias e criarem obras específicas para eventos e bienais.

Nomes mais relevantes nesse cenário são o de Jaider Esbell — que nos deixou muito cedo —, Daiara Tukano, Denilson Baniwa, Caboco Wapichana, entre tantos outros nomes importantes.

Se caminharmos em direção ao audiovisual, iremos encontrar uma produção incrível sendo reconhecida em festivais nacionais e internacionais, não apenas com destaque pelo conteúdo apresentado, mas também pela crítica especializada que tem demonstrado como essas produções apresentam um Brasil ainda oculto do grande público. Dentre os nomes que podemos destacar estão o de Alberto Guarani, Sueli Maxakali, Patrícia Yxapy, Graciela Guarani, Divino Tserewahú, Takumã Kuikuro, apenas para citar alguns.

Além dessas linguagens que apresentam os saberes dos povos originários nos mais diferentes formatos, temos a possibilidade de observar a ocupação dos indígenas nas universidades — como professores doutores ou como estudantes de mestrado — e como graduandos nos mais diferentes cursos.

Para encerrar este não tão longo ensaio, lembro da presença indígena também na política institucional. Os últimos anos mostraram a urgência de se ter representantes na mais alta esfera do poder, caminho que já considerava necessário percorrer para poder influenciar as políticas públicas para nossos povos. Tentativas anteriores, como a chegada de Mario Juruna ao Congresso Nacional, demonstravam a dificuldade e que a absorção das demandas indígenas ficariam para outro momento histórico, o que foi se desenhando aos poucos com o passar dos anos.

Por conta das idas e vindas do processo político nacional, que ora entrava em um patamar de crescimento econômico e social e ora entrava em crise por conta dos enormes escândalos verdadeiros ou inventados a respeito da corrupção que frequentava o Congresso Nacional, o movimento indígena não conseguia emplacar suas demandas principais num contexto de embate político. E foi justamente por considerar o cenário que se apresentava, que o movimento decidiu apresentar seus nomes para concorrer a vagas no Congresso Nacional, saindo relativamente vencedor nas eleições de 2022 e conseguindo eleger três nomes, todas mulheres.

E ainda teve uma quarta deputada eleita, mas fechada com a pauta da extrema direita.

Os nomes neste cenário são: Sônia Guajajara, por São Paulo (que depois assumiria o Ministério dos Povos Indígenas); Célia Xakriabá, por Minas Gerais; e Juliana Terena, também por São Paulo.

À GUISA DE CONCLUSÃO

Nossa intenção foi dar uma visão geral sobre os povos indígenas brasileiros, suas demandas, suas conquistas e seu ingresso ao mundo ocidental. Longe de ser um texto completo, quis fazer apenas uma pequena introdução ao tema que é tão pouco compreendido pelo sistema hegemônico e disseminado para toda a sociedade brasileira como um problema a ser resolvido. Seria o mesmo que dizer que é preciso incorporar os povos indígenas à sociedade nacional, anulando e negando suas identidades ancestrais.

Este pequeno ensaio quis demonstrar que os povos indígenas estão sempre fazendo um grande esforço para entender a sociedade brasileira, mas essa sociedade não quer compreendê-los em sua rica e vasta sabedoria. Fica uma luta desigual porque se encobre o que há de melhor nelas, tentando impor o que há de pior da sociedade brasileira sobre elas. O ônus é sempre da gente originária.

Vale dizer que há uma vasta literatura que pode ajudar a compreender melhor a riqueza desses povos e ela está disponível para todas as pessoas em muitas plataformas digitais, livrarias e bibliotecas. Basta ter boa vontade para conhecê-la. Enfim, espero que essas provocações tenham sido úteis para quem deseja conhecer minimamente os saberes das gentes indígenas brasileiras.

GLAUCO FIGUEIREDO

É jornalista, consultor de DE&I, integrante da Comissão Antirracista do Colégio João XXIII (Porto Alegre) e pós-graduando em "História da África e da Diáspora Atlântica" do Instituto de Pesquisa e Memória Pretos Novos (IPN).

CAPÍTULO 34

PRESENÇA NEGRA NA IMPRENSA BRASILEIRA DEVE SER FOMENTADA E VEÍCULOS DO "TRADE" VALORIZADOS

GLAUCO FIGUEIREDO

O desenvolvimento da escrita marca uma dentre as diversas fases da humanidade no decorrer da sua existência. Algumas pesquisas dão conta de que seu surgimento se deu na antiga região da Mesopotânia (atual Iraque), com o estabelecimento da escrita cuneiforme. Ela era realizada por meio de uma pequena ferramenta de entalhe, utilizando símbolos gravados em placas de cerâmica. Em outras partes do mundo, diversas populações também estabeleceram métodos de registrar seus saberes, fatos e conhecimentos para a posteridade.

Na América Central, os astecas contavam com o seu próprio sistema de escrita, o Náhuatl (EBC, 2015); na China, o Hànzi; no continente africano, temos como exemplo o Ge'ez, da Etiópia; em Kemet (atual Egito), o Medu Neter, posteriormente nomeado pelos gregos como escrita hieroglífica. Estabelecida por volta de 3.500 a.C., o Medu Neter tornou-se muito conhecido por meio dos símbolos registrados em sarcófagos, pirâmides, pedras e em papiros, outra invenção kemética que data de 3.000 a.C. (Pinheiro, 2021). O estabelecimento da escrita e a sua evolução no continente africano são costumeiramente colocados em xeque, apesar dos mais variados registros escritos identificados em diversos grupos étnicos que caminharam ao lado dos registros orais.

Esses conhecimentos africanos atravessaram o oceano Atlântico, chegando às Américas durante o período da escravidão ocidental. Os islamizados, por exemplo, tinham o conhecimento da escrita arábica e aprenderam a língua e escrita em português, no caso do Brasil. Esse fato também foi ampliado em tempos e etapas distintas com as pessoas egressas da África Ocidental, como os povos iorubá, fons e ewé; e os da África Austral, formados pelo grupo bantu, como os kimbundus, ambundus, entre outros.

Ainda que em menor proporção em razão de todos os efeitos do sistema escravista, que privou maciçamente o acesso da população negra à educação formal, algumas pessoas conseguiram "romper" essa barreira. E o domínio da escrita permitiu que se enveredassem pelo caminho da imprensa. Tanto é assim que, em 1833, nascia a primeira publicação da "imprensa negra" brasileira com o lançamento do jornal *O Homem de Cor* (Nunes e Paz, 2023), criado pelo jornalista, poeta, tipógrafo e livreiro Francisco de Paula Brito, no Rio de Janeiro. A ele sucederam outros, como o *Brasileiro Pardo* e *O Cabrito*. Esses veículos tinham objetivos distintos dos jornais tradicionais, segundo o jornalista, mestre e doutor em Integração da América Latina, pela Universidade de São Paulo (USP) Juarez Xavier.

> Eu acredito que essa imprensa negra, diferente da imprensa hegemônica, já nasce com uma pauta. A imprensa hegemônica, fundada no Brasil em 1808 com o jornal 'Gazeta do Rio de Janeiro', tinha como objetivo construir uma ideia ideológica sobre o Brasil informando a população branca sobre determinados acontecimentos. A imprensa negra herda a luta política do século 16 ao século 19 e tem uma pauta política extremamente importante de luta contra o racismo, a escravização, a segregação e a brutalidade à população negra.

O estabelecimento desses outros jornais tinha como enfoque denunciar as práticas abusivas e racistas direcionadas contra a população negra. Desde o seu estabelecimento no século XIX, esse segmento do jornalismo passou por outras etapas de crescimento, tendo como um dos seus maiores expoentes o *A Voz da Raça*, que fazia parte da Frente Negra Brasileira (FNB). O veículo chegou a ter setenta edições publicadas, mas foi extinto junto com a FNB e vários outros partidos políticos com o estabelecimento do Estado Novo, após o golpe perpetrado por Getúlio Vargas.

Após esse período, a imprensa negra retomou o vigor a partir de 1945, com os lançamentos de novos jornais, como o *Alvorada*, criado pela Associação dos Negros Brasileiros (ANB), que ainda contava outras publicações, como *O Novo Horizonte* e *Cruzada Cultural*. Em 1950, Abdias do Nascimento lançou o impresso *Quilombo*, que tinha como foco divulgar a Convenção Nacional do Negro. Essas publicações exemplificam o quanto a pauta de enfrentamento ao racismo e à desigualdade encontraram por meio do jornalismo um canal para a população poder expressar a sua agenda de posicionamento político e de reivindicação de igualdade e equidade de oportunidades na sociedade brasileira.

CENSO NO MEIO JORNALÍSTICO AINDA APONTA DISPARIDADES DE REPRESENTATIVIDADE NEGRA

Um fato que expõe a necessidade da promoção de uma agenda efetivamente inclusiva para a população negra nas redações dos veículos de imprensa em geral foi detectado por meio da pesquisa **Perfil Racial da Imprensa Brasileira**, realizada em 2021, numa parceria que envolveu o Jornalistas&Cia, Portal dos Jornalistas, Instituto Corda e I'Max. O levantamento foi desenvolvido em três etapas e ouviu um total de 1.952 profissionais de imprensa em situação ativa durante a pesquisa. Os resultados demonstraram a disparidade entre brancos e negros, tanto no aspecto numérico, principalmente em cargos de gestão/chefia, como na vivência de situações de racismo.

Para 98% das pessoas entrevistadas, o desenvolvimento de carreira é uma das maiores dificuldades em relação aos brancos (Perfil Racial, 2021, p. 26).

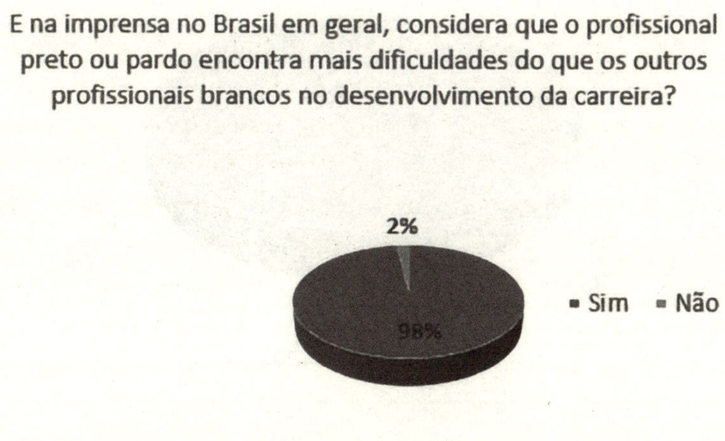

Fonte: Pesquisa Perfil Racial — Fase 3 — Jornalistas negros

Do total de profissionais entrevistados, 57% alegaram marcas de discriminação ao longo das suas respectivas carreiras (Perfil Racial, 2021, p. 23):

Fonte: Pesquisa Perfil Racial — Fase 3 — Jornalistas negros

No que tange à ocupação de cargos nas redações, 61,8% das funções gerenciais são exercidas por pessoas brancas e apenas 39,8% por pessoas negras. Os cargos operacionais são majoritariamente exercidos por pessoas negras (60,2%), enquanto pessoas brancas ficam com a menor parte (38,25%) (Perfil Racial, 2021, p. 13):

Cargo no veículo do trabalho principal (em %)		
Cargos gerenciais*		Cargos operacionais**
57	Total	43
62	Branca	38
40	Negra (preta+parda)	60
65	Amarela	35
25	Indígena	75

Fonte: Base: 750 entrevistas (amostra ponderada pelo peso de cor/raça entre os profissionais de redação). Pesquisa Perfil Racial — Fase 1 — Questionário autopreenchido.

*Diretor, editor, colunista, redador-chefe, subeditor, chefe de reportagem

**Repórter, redator, produtor, apresentador, revisor, diagramador, repórter fotográfico

Passadas várias gerações, a existência de "novos" meios de imprensa negra, como Alma Preta Jornalismo, CultNeTV, Mundo Negro, Notícia Preta, *O Menelick*, revistas *Raça* e *Afirmativa*, podcast África em Pauta (Ponta de Lança) e Correio Nagô oportunizam para a população negra o acesso a reportagens e conteúdos jornalísticos que espelham as nossas diversas realidades no país. Além disso, eles fomentam a conexão com fatos e acontecimentos que se dão no continente africano e nos conectam com outras pessoas da diáspora africana mundo afora. A esses canais se juntam outros importantes portais e perfis de redes sociais Africanize, As Negas do Ziriguidum Geledés, Coletivo Lena Santos, Centro de Estudos das Relações de Trabalho e Desigualdades (Ceert), que impulsionam a presença negra e promovem a valorização das pessoas negras, exaltam as nossas raízes ancestrais, desenvolvimentos tecnológicos fundamentais para o avanço da humanidade, e valorizam as nossas existências de forma positiva.

Cabe agora aos veículos da chamada "imprensa tradicional" ou "grande imprensa", promover de forma eficiente políticas e práticas de inclusão de pessoas negras em cargos gerenciais nas redações. É preciso estabelecer critérios e indicadores que orientem metas de crescimento de profissionais negras(os) para posições de liderança.

Para isso, podem ser estabelecidas metas que visem, por exemplo:

Aumentar o número de pessoas negras em posição de gestão: realizar censo nas redações que meçam a quantidade de profissionais e quantas são as pessoas negras (soma de pretos e pardos). A partir disso, estabelecer metas de percentual mínimo de lideranças negras que devem ser promovidas/contratadas em uma determinada janela de tempo. Exemplo: ter na redação do jornal X 30% de gestores negros até 2027, considerando os cargos de direção, editor(a), colunista, redador(a)-chefe, subeditor(a), chefia de reportagem.

Além disso, também é possível firmar *Key Performance Indicator* (KPI) ou indicadores-chave de desempenho que considerem:

- **Desenvolvimento de talentos**: estabelecer um programa de mentoria que envolva diretores e editores na orientação dos talentos negros das redações e estabelecer feedback para as pessoas participantes;
- **Inovação na redação**: mensurar novas ideias ou projetos que sejam sugeridos e adotados pela equipe;
- **Engajamento da equipe**: medir a retenção dos membros da equipe.

Promover processos reparatórios é um movimento que exige compromisso e intencionalidade sincera para que sejam efetivos. Eles devem ser observados, considerados os danos causados por um ciclo de espoliação, apagamentos e desumanidades cometidos contra os africanos sequestrados e seus descendentes, como a doutora em Administração pela FGV-EAESP e professora do curso de Administração Pública da Unilab-CE, Eliane Barbosa da Conceição considera:

> Mas como reparar um povo que há séculos vem sendo subjugado, explorado e expropriado? Como sugere o parecer jurídico do Instituto dos Advogados Brasileiros, a reparação da escravidão é algo complexo, visto que "a dívida humanitária para com a população escravizada e seus descendentes não pode ser reduzida a números ou a uma dúzia de medidas políticas". Diante disso, é pacífico entre

estudiosos e tomadores de decisão política que reparação é um conceito amplo, que inclui medidas de restituições não materiais e materiais. (Conceição, 2023)

Olhares e vivências negros diversos nessas posições podem agregar de forma positiva e qualificada as avaliações de cenários, pautas, sugerir novas fontes e proporcionar uma maior paridade de representação de pessoas negras em cargos de liderança que estejam alinhados à existência de 55,5% de população negra. Como canta Emicida, viver é "partir, voltar e repartir (é tudo pra ontem)". Sim, tudo pra ontem.

REFERÊNCIAS BIBLIOGRÁFICAS

CONCEIÇÃO, Eliane Barbosa da. *Tributação justa, reparação histórica*: uma discussão necessária. 1. ed. [S. l.]: Casa do Direito, 2023.

EBC. Como se deu o desenvolvimento da escrita, 2015. Disponível em: https://memoria.ebc.com.br/infantil/voce-sabia/2015/08/como-se-deu-o-desenvolvimento-da-escrita. Acessado em: 14 out. 2024.

NUNES, Caroline; PAZ, Dindara. Alma Preta. 190 anos de imprensa negra: história, luta, 2023. Disponível em: https://almapreta.com.br/sessao/cotidiano/190-anos-imprensa-negra-historia-luta-legado/. Acessado em: 14 out. 2024.

PERFIL RACIAL da imprensa brasileira, novembro/2021, p. 13. Disponível em: https://www.jornalistasecia.com.br/files/perfilracialdaimprensabrasileira.pdf. Acessado em: 17 out. 2024.

PERFIL RACIAL da imprensa brasileira, novembro/2021, p. 23. Disponível em: https://www.jornalistasecia.com.br/files/perfilracialdaimprensabrasileira.pdf. Acessado em: 17 out. 2024.

PERFIL RACIAL da imprensa brasileira, novembro/2021, p. 26. Disponível em: https://www.jornalistasecia.com.br/files/perfilracialdaimprensabrasileira.pdf. Acessado em: 17 out. 2024.

PINHEIRO, Bárbara. *História preta das coisas*. 1. ed. São Paulo: Ed. Livraria da Física, 2021.

ELIANE LEITE ALCANTARA MALTEZE

CEO e fundadora da Uzoma Diversidade, Educação e Cultura.

Licenciada e graduada em Matemática pela PUC-SP, pedagoga e especialista em Gestão Estratégica da Educação pela IBTA e especialista em diversidade e inclusão pela USP.

ELIZABETE SCHEIBMAYR

Fundadora da Uzoma Diversidade, Educação e Cultura.

Apaixonada por pessoas e movida pelo propósito de contribuir para uma sociedade melhor para todos. Matemática, advogada, MBA pela Universidade MSD.

CAPÍTULO 35

EMPREENDEDORISMO NEGRO: CAMINHOS PARA A INOVAÇÃO E O CRESCIMENTO

ELIANE LEITE ALCANTARA MALTEZE | ELIZABETE SCHEIBMAYR

Sou a mudança que quero ver no mundo.
Mahatma Gandhi

COMO ESTÃO OS DADOS DO EMPREENDEDORISMO NO BRASIL

Neste capítulo, vamos falar sobre o empreendedorismo negro, mas para isso é importante entendermos o cenário do empreendedorismo no Brasil. Uma pesquisa conduzida pelo Sebrae e pela Associação Nacional de Estudos em Empreendedorismo e Gestão de Pequenas Empresas (Anegepe) revela que o Brasil conta com pelo menos 42 milhões de empreendedores. Esse número pode mais do que dobrar nos próximos três anos, considerando a quantidade de pessoas que têm a intenção de iniciar um novo empreendimento nesse período, segundo o levantamento.

Com esses números em relação aos empreendedores em potencial o Brasil se manteve com a segunda maior estimativa absoluta, atrás apenas da Índia.

Considerando a taxa total de empreendedores, que é a porcentagem em relação à população, o Brasil ocupa a oitava posição, com 30,1% da população adulta envolvida com o mundo dos negócios. Levando em consideração a proporção da população empreendedora, em primeiro lugar está o Equador, seguido pela Guatemala, Arábia Saudita, Chile, Panamá, Tailândia e Uruguai.

Quando olhamos especificamente para o empreendedorismo negro, os dados do Sebrae com base em dados da Pesquisa Nacional por Amostra de Domicílios Contínua (PNADc), em 2013, existiam 12,8 milhões de pessoas negras donas de negócios; saltando, em 2023, para 15,6 milhões, o que mostra um crescimento significativo.

Em 2023, o perfil do empreendedorismo negro, no Brasil, responde pelas seguintes características:

- A maioria, 67,8%, são homens;
- 50,8% têm entre 30 e 49 anos de idade;
- 42,8% têm o ensino médio completo e 13,5% têm o ensino superior completo; somente entre as mulheres pretas e pardas empreendedoras, 18,5% têm ensino superior, 47,2% têm ensino médio;
- Cresce a quantidade de negros donos do próprio negócio que contribuem para a Previdência — em 2023, atingiu o recorde de 28,7%, diferença de 10,7 pontos percentuais em relação a 2012;
- Estão presentes majoritariamente nas regiões Sudeste (37,7%) e Nordeste (32,7%);
- Atuam, em sua maioria, no setor de Serviços, que atinge seu recorde histórico em 2023, com 41,4%.

ASPECTOS HISTÓRICOS DO EMPREENDEDORISMO NEGRO

O empreendedorismo negro teve suas raízes logo após o fim da escravidão, ainda no período colonial. Sem acesso a emprego governamental, empreender tornou-se uma estratégia de sobrevivência e resistência para a população negra. Nesse contexto, o empreendedorismo de subsistência reflete a realidade de muitos, especialmente os que enfrentam maiores dificuldades econômicas.

Além disso, o empreendedorismo negro pode ser entendido como uma forma de romper com as relações desiguais e subordinadas presentes no mercado de trabalho, permitindo que essa parcela da população encontre alternativas para a inclusão econômica e social.

COMO PODEMOS PROMOVER O EMPREENDEDORISMO NEGRO

Para entender verdadeiramente os desafios enfrentados pelos empreendedores negros hoje, precisamos primeiro examinar o contexto histórico. Durante séculos, indivíduos e comunidades negras foram submetidos a racismo e discriminação sistêmicos, o que teve um impacto profundo em sua capacidade de prosperar economicamente.

Um dos desafios mais significativos que os empreendedores negros enfrentam são os estereótipos, preconceitos e discriminações generalizados que existem em nossa sociedade. Essas percepções negativas podem prejudicar sua capacidade de garantir financiamento, atrair clientes, ter acesso a mercados e construir relacionamentos profissionais. Os empreendedores negros geralmente precisam trabalhar duas vezes mais para provar que são capazes de gerir seus negócios e superar as noções preconcebidas que outros podem ter sobre suas habilidades e qualificações.

Existe uma série de desafios a serem enfrentados como: acesso limitado a capital, mentoria e falta de relacionamentos bancários e de credores fortes. Tudo isso se soma à pressão diária de administrar um negócio. Ainda assim, a sociedade pode apoiar melhor os empreendedores negros de várias maneiras.

AMPLIFICANDO E ELEVANDO OS NEGÓCIOS DO EMPREENDEDOR NEGRO

Os consumidores e, principalmente, grupos envolvidos nas lutas antirracistas, têm um papel fundamental para contribuir, amplificar e elevar os negócios de empreendedores negros, consumindo produtos e serviços deles, recomendando e compartilhando experiências positivas com esses negócios.

FAZER A COISA CERTA

Criar um programa de diversidade de fornecedores pode ser difícil no curto prazo em mercados especializados onde há poucos fornecedores qualificados. Mas para a maioria das grandes empresas, esses programas representam uma oportunidade de se juntar ativamente à luta contra a discriminação racial, criar oportunidades econômicas e aprimorar seus negócios, tornando-o mais criativo e lucrativo.

As práticas DEI na cadeia de fornecimento trazem uma série de benefícios, incluindo resiliência, práticas éticas, reputação de marca aprimorada e, claro, lucratividade. Embora obstáculos ocorram naturalmente, as empresas precisam adotar medidas proativas e garantir que sua jornada de implementação de DEI na cadeia de suprimentos leve a um futuro sustentável e equitativo para todos.

INVESTIR PARA O CRESCIMENTO DO EMPREENDEDORISMO NEGRO

Também podemos investir em negócios negros, seja com nosso tempo, expertise ou recursos. Empreendedores negros historicamente enfrentaram desafios para acessar capital — não apenas de bancos tradicionais, mas também de empresas de capital de risco. Comparados com seus colegas, eles frequentemente não têm riqueza geracional que possa fornecer capital inicial para seus negócios ou conexões familiares que abram certas portas.

Vale destacar que o acesso ao capital é um fator crítico para o sucesso de qualquer negócio, e empreendedores negros, independentemente da origem, muitas vezes enfrentam barreiras significativas quando se trata de garantir financiamento. Estudos mostram que empresas de propriedade de negros recebem uma quantia desproporcionalmente pequena de capital de risco e empréstimos bancários em comparação com suas contrapartes brancas. Essa falta de acesso ao capital pode tornar desafiador iniciar ou expandir um negócio, limitando sua capacidade de competir no mercado.

Networking e mentoria são componentes essenciais da jornada de qualquer empreendedor, mas empreendedores negros frequentemente enfrentam desafios adicionais nessa área. Construir um sistema de suporte forte pode ser difícil quando há uma falta de modelos e mentores diversos que possam fornecer orientação e suporte. É crucial para empreendedores negros buscar ativamente oportunidades de networking e se conectar com outros que enfrentaram desafios semelhantes.

Educação e desenvolvimento de habilidades são vitais para o sucesso de qualquer empreendedor, e empreendedores negros em toda a sua diversidade precisam de acesso a programas de educação e treinamento de qualidade que possam equipá-los com o conhecimento e as habilidades necessários para prosperar no mundo dos negócios de hoje. Infelizmente, disparidades em oportunidades e recursos educacionais podem limitar sua capacidade de adquirir as ferramentas de que precisam para ter sucesso. É essencial que formuladores de políticas e líderes empresariais invistam em programas que forneçam aos empreendedores negros a educação e o treinamento necessários para superar essas barreiras.

Apesar dos desafios que podem enfrentar, os negros de todas as origens trazem uma perspectiva única para o mundo dos negócios. Sua capacidade de navegar em diferentes contextos culturais e entender perspectivas diversas pode ser um ativo valioso no mercado global de hoje. Eles têm o potencial de desafiar normas tradicionais e trazer ideias inovadoras.

POLÍTICAS PÚBLICAS IMPACTANTES

Nos últimos anos, diversas legislações na esfera municipal, estadual e nacional foram criadas para promover o empreendedorismo negro, que podem promover o fortalecimento de iniciativas empreendedoras negras.

Projeto apresentado pelo senador Telmário Mota (Pros-RR) cria a Política Nacional de Apoio ao Afroempreendedorismo. O PL 2.538/2020 promove e fortalece iniciativas empreendedoras lideradas por pessoas negras.

PRÊMIO DE IMPACTO PÚBLICO

Propõe uma política de oferecimento de crédito a empreendedoras negras, sob condições facilitadoras.

O Projeto de Lei n. 5.619, de 2023, da Câmara dos Deputados, institui o Programa Nacional do Afroempreendedor. O objetivo é criar políticas públicas e incentivos para promover o desenvolvimento econômico e a inclusão dos afroempreendedores.

POSICIONANDO EMPREENDEDORES NEGROS PARA PROSPERAR

Quando as empresas negras vão bem, suas comunidades e a economia em geral também vão.

Pequenos negócios são a força vital de suas comunidades. Eles criam empregos, retribuem e tornam seus bairros lugares mais agradáveis para viver. Os bens e serviços que os negócios negros produzem contribuem para o crescimento econômico da nossa nação, e a criatividade e resiliência dos empreendedores negros alimentam inovações futuras que transformam o mundo ao nosso redor.

O ponto principal é que quando empreendedores negros estão posicionados para prosperar, todos nós nos beneficiamos. Então, precisamos garantir que o aumento atual do empreendedorismo negro não seja apenas uma tendência passageira, mas sim duradoura.

Embora tenha havido progresso, a luta pela igualdade no empreendedorismo está longe de terminar. Empreendedores negros continuam a enfrentar desafios e barreiras únicas que podem dificultar nosso sucesso. No entanto, ao reconhecer e abordar esses desafios, podemos trabalhar para criar um ambiente de negócios mais justo e inclusivo. É essencial que indivíduos, comunidades e formuladores de políticas se unam e apoiem empreendedores negros de todos os tipos, garantindo que todos tenham uma oportunidade igual de ter sucesso. Juntos, podemos quebrar barreiras e criar um futuro mais inclusivo e próspero para todos.

REFERÊNCIAS BIBLIOGRÁFICAS

AGÊNCIA SENADO. Projeto cria Política Nacional de Apoio ao Afroempreendedorismo. Disponível em: https://www12.senado.leg.br/noticias/materias/2020/07/20/projeto-cria-politica-nacional-de-apoio-ao-afroempreendedorismo. Acessado em: 4 dez. 2024.

ASN. Agência Sebrae de Notícias. Negros são maioria dos empreendedores brasileiros, 2023. Disponível em: https://agenciasebrae.com.br/dados/negros-sao-maioria-dos-empreendedores-brasileiros/. Acessado em: 4 dez. 2024.

FREEMAN, Richard B. *Race and Economic Opportunity in the Twenty-First Century*. Russell Sage Foundation, 2020.

NOGUEIRA, Claudia Santos. *Afroempreendedorismo no Brasil*: a força das mulheres negras. Paco Editorial, 2021.

RAY, Rashawn Ray; & TYNES, Brendesha, M. Tynes (Orgs.). *Black Entrepreneurship*: Theory and Practice. [S. l.]: Emerald Group Publishing Limited, 2019.

TRENDS. Brasil tem 42 milhões de empreendedores e número pode dobrar em 3 anos, 2024. Disponível em: https://www.trendsce.com.br/2024/04/16/brasil-tem-42-milhoes-de-empreendedores-e-numero-pode-dobrar-em-3-anos/. Acessado em: 4 dez. 2024.

FERNANDA SANTORO

Mulher, negra, mãe da Malu e fundadora da Trahma. Ativista do acolhimento pela equidade de raça e de gênero. Mentora, palestrante e facilitadora de treinamentos, desenvolve lideranças executivas e culturas organizacionais conscientes e inclusivas.

CAPÍTULO 36

MULHERES NEGRAS NA LIDERANÇA EXECUTIVA: UM LUGAR DE RESISTÊNCIA

FERNANDA SANTORO

Inicio este capítulo convidando você a ler lentamente e com atenção este perfil: mulher, negra, brasileira, nascida em Nova Iguaçu, Baixada Fluminense, que completou o ensino médio em 1998, quase catorze anos antes da Lei 12.711/2012, conhecida como a Lei de Cotas, sem nenhuma pessoa ascendente que sequer tenha iniciado o ensino superior. Agora, peço que faça uma pausa, deixe cada uma das características desse perfil ecoar em sua mente e imagine: onde está essa mulher hoje? Faça esse exercício deixando vir até você as respostas mais imediatas e automáticas e somente depois retome a leitura.

Quais respostas vieram até você? Onde está essa mulher hoje? Talvez, pelo título deste capítulo, o seu cérebro tenha dado uma forcinha a você, tentando ignorar as respostas automáticas, influenciadas pelos vieses, e já tenha rapidamente enviado a mensagem: "Em uma posição executiva". Caso isso tenha acontecido, faço um novo convite à reflexão: se essa pergunta fosse feita em uma roda de pessoas amigas ou familiares, qual seria a sua resposta imediata? Onde estaria essa mulher negra hoje? Onde estão as outras tantas mulheres negras com perfis similares a esse?

Segundo o censo de 2022 do IBGE, mulheres são 51,5% da população e, entre elas, 54,5% são negras. Mulheres negras representam o maior contingente populacional do Brasil: 28% das pessoas, mas essa alta representatividade está longe de ser uma realidade nos espaços de poder. Segundo o relatório *Perfil Social, Racial e de Gênero das Maiores Empresas do Brasil 2023-2024*, do Instituto Ethos, o perfil médio nas posições hierárquicas mais altas dessas empresas é o considerado "padrão" pela sociedade: homem, branco, sem deficiência, com 45 anos ou mais, curso superior ou pós-graduação/mestrado, os quais ocupam 77% das posições em conselhos de administração e 60,8% do quadro executivo/diretoria. Mulheres negras ocupam apenas 1,8% das posições de conselhos de administração e 3,4% do quadro executivo; e é aqui que eu, essa mulher negra da pergunta inicial, estou! Se fôssemos adicionar outros recortes de interseccionalidade, como o lugar onde nasci e o fato de hoje eu ser mãe, esse percentual certamente cairia de 3,4% para menos de 1%.

> "Aquilo que eu não percebo, não existe."
>
> George Berkeley

Você acredita ou confia naquilo que não vê, não percebe ou não sente? Em geral, as crianças, sim — acreditam em praticamente tudo que contamos a elas, por mais fantasiosas que sejam as histórias. Já as pessoas adultas, devido às suas crenças e vieses cognitivos, tendem a questionar e até mesmo descredibilizar tudo aquilo que não conhecem ou que já tenham vivenciado, mesmo que as histórias sejam bastante realistas.

Um estudo da McKinsey & Company (2023) mostrou que empresas com maior diversidade de gênero, assim como as com maior diversidade étnica e racial, têm probabilidade 39% maior de ter um desempenho financeiro superior ao de seus pares. No entanto, como mulheres negras representam apenas 3,4% das posições executivas no Brasil, a probabilidade de uma pessoa conhecer uma mulher negra diretora é bem pequena (em torno de 0,00167%, segundo o ChatGPT), o que faz com que essa junção gênero + raça + posição executiva esteja bem distante do imaginário social. Nesse imaginário, mulheres negras ainda ocupam apenas lugares de suporte e subserviência. Ao se deparar com uma realidade diferente dessa, a reação imediata da pessoa adulta sem letramento ou abertura à diversidade, é buscar provas que refutem essa verdade desconhecida, mesmo que tenham que recorrer à fantasia, associando a ocupação de espaços de poder por mulheres negras à benevolência das organizações ou a um "modismo que levará as organizações à falência". Para reforçar os pensamentos fantasiosos, ou o viés cognitivo de confirmação, de que mulheres negras não são boas o suficiente para ocuparem posições de poder e liderança, diversos mecanismos são utilizados e um dos mais danosos é o das microagressões, pela sua forma "sutil" de questionar ou desqualificar a pessoa.

O COMEÇO DA JORNADA

Bruxinha de pano, juba de leão, cabelo de alma, moreninha... todos esses apelidos permearam a minha vida desde a infância. Vieram, na maioria das vezes, de pessoas próximas e, a princípio muito bem-intencionadas, mas quase formaram em mim uma autoimagem bem negativa, que nada tinha a ver com a imagem social padronizada de sucesso — bela, branca, de cabelos esvoaçantes, forte, segura. Digo quase, porque ser chamada de "juba de leão" parece ter feito, mesmo que de uma forma fantasiosa, com que eu me visse através da força desse leão ao qual me associavam, apropriada dessas duas últimas características — força e segurança. Amo a pureza e a criatividade das crianças e agradeço à minha criança ingênua e criativa por ter me salvado da complacência em aceitar que eu era feia ou menos merecedora daquilo que eu sonhava e desejava para mim. Ser criada por uma mãe que sempre representou força e coragem também foi fundamental para que o quase não se tornasse a realidade.

NUNCA FOI (SÓ) MÉRITO; SEMPRE FOI SORTE!

Uma das habilidades que desenvolvi desde a infância, talvez pela minha personalidade e pela sorte de ter podido fazer aulas de teatro durante um período na escola, foi a comunicação. Ter desenvolvido essa habilidade me fez conhecer e me aproximar de pessoas de uma forma muito natural, pelo interesse genuíno em suas vivências. Por sorte, elas me abriram portas.

A primeira delas, eu conheci treinando em uma academia — ele, consultor; e eu, aluna. Tempos depois, nos encontramos na rua e ele me perguntou o que eu estava fazendo. Tinha me graduado há pouco e estava desempregada. Minha resposta foi: "procurando emprego". Ele comentou que estava em uma nova academia e precisava desenvolver um projeto para melhorar a integração da equipe e o atendimento a clientes e me perguntou se eu topava. Na mesma hora eu disse sim e ali eu iniciei minha carreira profissional, de trás para a frente, como eu sempre digo. Sem experiência no mercado, tive sorte de encontrar o Marcus, que confiou em mim e me deu a oportunidade de começar a atuar como consultora autônoma.

Mergulhei nos livros, peguei referências de ex-professores e iniciei o trabalho, que foi incrível. Aprendi muito e, mesmo com pouca experiência, também consegui ensinar. Foi um trabalho tão bacana, que me rendeu um segundo projeto. Por sorte, uma das educadoras físicas da academia do Marcus conhecia a dona de uma imobiliária, que estava precisando de um trabalho similar. Ela me recomendou, a pessoa foi assistir a um dos meus treinamentos, gostou e fui contratada para desenvolver mais uma equipe.

Eu nunca deixei de participar de processos seletivos para o mundo corporativo, que era o meu real objetivo de carreira. Foram muitas respostas negativas, ansiedade, momentos com a voz trêmula de insegurança, até que, já finalizando o projeto na imobiliária, tive a sorte de conhecer a Thea, a quem eu sou eternamente grata por ter aberto as portas do mundo corporativo para mim.

Passei por diferentes empresas, lideranças e cargos até que, dez anos após minha entrada no mundo corporativo, assumi minha primeira cadeira executiva, no Senior Management Team LatAm de uma multinacional. Tive a sorte de o meu gestor concordar e chancelar minha proposta de ocupação fixa dessa cadeira e não mais ocasional, apenas "quando houvesse temas de RH". E os desafios só aumentaram, em todos os sentidos, inclusive na percepção sobre o meu direito, como mulher negra, de ocupar aquele espaço.

CHEGAR É DESAFIO, PERMANECER É RESISTÊNCIA

Quanto mais alta a cadeira que você ocupa, maior é a força do racismo para derrubar você desse lugar, que a sociedade insiste em tentar provar que não é seu de direito. Vivi situações de racismo durante toda a minha vida, mas nunca foi tão exaustivo e emocionalmente desgastante resistir quanto a partir do momento em que ocupei a primeira cadeira executiva. A "sutileza" das violências enfrentadas recorrentemente, as tais microagressões, fazem com que a vontade de desistir seja diária.

Microagressões podem ser entendidas como comportamentos verbais ou não verbais, intencionais ou não, manifestados de forma "sutil", que comunicam hostilidade, invalidação ou descredibilização de pessoas de grupos minorizados. Desde "Você fala tão bem, me surpreendeu!", "Seu cabelo está muito *style*", "Você quer ir a um restaurante mais barato?" até "Devo estar falando grego para você (em uma conversa sobre negócios)" ou "Quem autorizou o envio dessa informação?", esses comentários que carregam estereótipos racistas implícitos minam a autoconfiança, a autoestima e fazem com que passemos a questionar nossas ações, nossa capacidade e o direito de ocuparmos aquele espaço.

Por mais de uma vez, atuando em posições executivas, de diferentes organizações, me perguntaram se eu trabalhava para uma pessoa branca do meu time. O fato de eu, mulher negra, estar ocupando aquele espaço de poder, parecia inadequado e inconcebível, até para pessoas próximas.

Qualquer que seja a escolha nessas situações, o desgaste emocional é inevitável. O silêncio gera frustração, arrependimento e até mesmo raiva de si pelo não posicionamento; a resposta gera receio de retaliação, conflitos e perda de oportunidades. Silenciar nunca foi uma opção para mim; a reação agressiva também não. Respirar fundo, garantir que minha mente estava presente ali, que eu conseguia nomear o que eu estava sentindo, sem deixar a emoção ser maior do que a minha identidade e responder com ponderações, como: "Eu não entendi. O que você quis dizer exatamente?" ou "Sim, trabalho com ela — ela é analista na minha equipe" ou ainda "Eu acho meu cabelo simplesmente lindo!" são os caminhos que encontrei para transformar em resistência o impulso diário de desistir. A única vez em que precisei silenciar repetidas vezes, diante das violências "veladas" direcionadas a mim, meu corpo adoeceu e, além das dores da alma, vieram também as dores físicas. Precisei nomear, respirar e me abrir — não com a pessoa diretamente, mas com quem poderia me ajudar. Nem sempre estamos fortes ou dispostas a reagir de imediato, mas falar é necessário, até mesmo para não repetirmos os comportamentos de quem oprime — por isso, as redes de acolhimento são fundamentais.

CONECTAR PARA RESISTIR

Ao contar sobre a minha jornada, foram muitas as vezes que mencionei a palavra sorte, mas não é difícil compreender que essa sorte não está em todas as esquinas, disponível a encontrar pessoas negras, em especial as mulheres, em cada fase de sua jornada. Investir em relacionamentos de forma genuína foi fundamental para encontrar a tal sorte (que ainda hoje insiste em tentar fugir de mim) e chegar aonde cheguei, mas tenho outras estratégias igualmente importantes. Como uma das minhas missões é ajudar outras mulheres negras a encontrarem sua sorte, finalizo compartilhando algumas delas.

- Cuide da sua saúde mental: os desafios e as dores que o racismo nos obriga a enfrentar são diários, mas com autoconhecimento e suporte psicológico é possível separar o que é nosso do que é do outro, fortalecer nossa autoconfiança e transformar experiências negativas em algo que nos impulsiona.
- Defina objetivos para sua vida e carreira: o que fica no campo das ideias será sempre um sonho; o que é escrito, vira um compromisso. Compromissos nos motivam a desenvolver agilidade emocional e antifragilidade para seguirmos, ainda que precisemos ajustar rotas e mesmo diante das adversidades e dos múltiplos "nãos" da jornada.
- Invista em você: defina quem você quer ser, mapeie as competências fundamentais para a sua evolução e estude — muito! Com foco, interesse e dedicação, qualquer competência pode ser desenvolvida.
- Tenha ousadia: identifique oportunidades, não tenha medo de se arriscar diante do novo e de "ser cara de pau" para pedir ajuda. O não já está posto. A inércia não é um caminho para transformá-lo em sim.
- Encontre seu porto seguro: pode ser alguém da sua família, uma amizade, uma música ou uma lembrança que te fortaleça, ou ainda,

os coletivos negros, em que nos reconhecemos e nos acolhemos. Ter onde encontrar inspiração e afeto é fundamental para não desistir.

- Amplie suas redes de relacionamentos: podem começar no evento sobre empregabilidade, promovido pela prefeitura do seu município, na feira de estágios da sua instituição de ensino ou nos múltiplos eventos gratuitos hoje disponíveis. Sei que não é uma tarefa trivial, mas ampliar a rede de conexões é uma forma poderosa de resistência, fundamental para percebermos que é possível romper as barreiras do racismo e avançar!

Com práticas intencionais, é possível resistir e avançar para a real equidade nos espaços de poder e posições de liderança.

REFERÊNCIAS BIBLIOGRÁFICAS

IBGE. Instituto Brasileiro de Geografia e Estatística. *Censo Demográfico, 2022.* Disponível em: https://www.ibge.gov.br/estatisticas/sociais/populacao/22827-censo-demografico-2022.html?. Acessado em: 5 dez. 2024.

INSTITUTO ETHOS. *Perfil social, racial e de gênero das 1.100 maiores empresas do Brasil e suas ações afirmativas, 2024.* Disponível em: https://www.ethos.org.br/iniciativa/perfil-social-racial-e-de-genero-das-1100-maiores-empresas-do-brasil-e-suas-acoes-afirmativas/. Acessado em: 5 dez. 2024.

MCKINSEY & COMPANY. *A diversidade importa cada vez mais: o valor do impacto holístico, 2023.* Disponível em: https://www.mckinsey.com/featured-insights/destaques/a-diversidade-importa-cada-vez-mais-o-valor-do-impacto-holistico/pt. Acessado em: 5 dez. 2024.

ADRIANO BANDINI

Psicólogo, especialista em diversidade, equidade, inclusão e neurociência, palestrante, mentor e empresário. Pós-graduado em Economia Comportamental pela FIA, coach pelo ICI e Espiritualidade, Carreira e Sentido da Vida pela PUC-PR.

CAPÍTULO 37

ESPIRITUALIDADE: CAMINHO PARA AMPLIAR OS RESULTADOS DE DEI

ADRIANO BANDINI

Este capítulo explora as descobertas da neurociência sobre espiritualidade e como ela pode integrar as práticas de DEI dentro e fora das empresas. A espiritualidade é um caminho para a evolução individual e coletiva, amplia a conectividade com a vida, com o ambiente à nossa volta, gerando senso de propósito, legado, responsabilidade e interesse por algo além de si mesmo. Além disso, amplia a criatividade e o desejo de fazer pelas outras pessoas o melhor possível. Em outras palavras, desperta e engaja pessoas aliadas.

Diariamente temos cada vez mais informações sobre a importância da preservação ambiental, sobre a necessidade de respeitar todas as pessoas, de sermos pessoas éticas e muito mais. Isso deveria ser suficiente para que as pessoas (especialmente as líderes) tomassem decisões mais sustentáveis, respeitosas, responsáveis e adequadas à sobrevivência coletiva.

No entanto, vemos comportamentos e decisões no caminho oposto. Racionalmente, o conteúdo faz sentido, mas se a percepção de ganho individual (da pessoa, da empresa ou do país) puder ser maximizada, a decisão passa a aceitar maiores riscos de impacto ambiental, impacto na saúde das pessoas e tantos outros.

O processo de tomada de decisão ganha um maior peso emocional, dentro da relação "ganhos x perdas", e usa a razão para criar narrativas que tornem o prejudicial, egoísta e insustentável em algo "aceitável", tolerável e aparentemente bom.

O trecho apresenta uma breve e poderosa dinâmica entre duas inteligências: a intelectual e a emocional, mas uma lacuna foi identificada:

como acontece o diálogo entre as inteligências? Onde fica a consciência de si mesmo, a aderência de propósito e a coerência de sua identidade e de seus valores com a decisão tomada, resultando em responsabilidade e sentido na vida?

Essa investigação nos levou à descoberta de uma nova inteligência que permite integração e harmonia entre a razão e a emoção. Falo sobre a inteligência espiritual, uma forma importante de evoluir, entender e praticar a espiritualidade.

A inteligência espiritual não é uma condição religiosa ou sobre ter fé ou não. Refere-se a um nível de consciência que pode ser aplicado à vida pessoal e no ambiente de trabalho. Um dos estudos sobre o tema identificou como as experiências transcendentais causadas pela fé, por exemplo, são processadas no cérebro humano, em uma região do córtex parietal, área diferente da inteligência.

As religiões podem ser um caminho para o desenvolvimento da inteligência espiritual, mas não são o único. As crenças às quais me refiro neste capítulo dizem respeito àquilo que acredito: natural ou sobrenatural, religioso ou não, crente ou ateu; e por isso modula meu pensamento e tomada de decisão, consciente ou inconscientemente. Este capítulo também não se propõe a provar ou não a existência de Deus ou alguma entidade religiosa.

Segundo Paulo Sérgio Carrara (2016), doutor em teologia, em seu trabalho: "Espiritualidade e saúde na logoterapia de Victor Frankl", entendemos que a **busca por sentido** é parte essencial do ser humano:

> Uma das grandes contribuições de Frankl para a Psicologia e para a Antropologia se encontra na descoberta da vontade de sentido, considerada por ele motivação primária no ser humano e não apenas racionalização secundária de impulsos instintivos (Frankl, 2006: 93). Tal vontade de sentido está relacionada com a capacidade que tem o ser humano para decidir e ser responsável. Segundo Freud, o ser humano é movido por impulsos inconscientes; já para Frankl, o propriamente humano começa onde começa a liberdade e a responsabilidade (Frankl, 1997, p. 19).

Ser quem somos, assumindo a responsabilidade por isso e gerando consciência de um sentido e propósito para a própria vida é uma busca antiga. A frase "torna-te quem tu és", utilizada pelo filósofo Friedrich Nietzsche (1844-1900), com origem no autor grego Píndaro, desafia a humanidade para o caminho da individuação, tema central da psicologia analítica de Carl Gustav Jung (1875-1961).

Segundo Nietzsche, para se tornar o que se é, é preciso criar e superar valores ou validar conscientemente os que existem, assumindo a responsabilidade por si mesmo e se libertando do contexto em que se encontra e que nos condiciona. Esse condicionamento herdado da sociedade por meio de estereótipos, preconceitos, culturas, ditados populares, mídias sociais e tantas outras fontes são conscientes e inconscientes.

No livro *Frames of Mind: The Theory of Multiple Intelligences*, Howard Gardner (1983) apresenta a definição de inteligências múltiplas. Ele propõe que a inteligência não é uma capacidade única e geral, mas um conjunto de habilidades específicas. Cada uma dessas habilidades ou inteligências é relativamente autônoma e está ligada a diferentes áreas do cérebro.

A definição de inteligências seria a "habilidade de resolver problemas ou criar produtos que são valorizados em uma ou mais culturas". Criar e gerar valor a si mesmo e para a sociedade passam a ser ao mesmo tempo um desafio e o resultado de uma inteligência em ação.

Gardner identifica inicialmente sete tipos de inteligências (mais tarde adicionando uma oitava, a naturalista, e considerando a possibilidade de uma nona, a existencial. Ele mencionou a inteligência existencial pela primeira vez em seu livro *Inteligência — um conceito reformulado* (Gardner, 2000).

INTELIGÊNCIA EXISTENCIAL E INTELIGÊNCIA ESPIRITUAL (QS)

Em princípios da década de 1990, a pesquisa realizada pelo neuropsicólogo Michael Persinger da Laurentian University, no Canadá, e em 1997 pelo neurologista Vilayanur Ramachandran e sua equipe, na Universidade da Califórnia, identificou a existência de um "ponto de Deus" no cérebro humano. Esse centro espiritual interno localiza-se

> entre conexões neurais nos lobos temporais do cérebro. (Zohar; Marshall, 2023, p. 25)

A física e filósofa Danah Zohar e o psiquiatra Ian Marshall, seguindo essa linha de pesquisa, identificam no cérebro as funcionalidades equivalentes e publicam as suas descobertas no livro *QS: Inteligência espiritual*. Eles afirmam que a inteligência espiritual é a base para que a inteligência intelectual e a emocional funcionem de forma harmoniosa e eficiente.

> Por QS refiro-me à inteligência com que abordamos e solucionamos problemas de sentido de valor, a inteligência com a qual podemos inserir nossos atos e nossa vida em um contexto mais amplo, mais rico, mais gerador de significado, a inteligência com a qual podemos avaliar que um curso de ação ou caminho na vida faz mais sentido do que outro. (Zohar; Marshall, 2023, p. 17)
>
> O QS permite que os seres humanos sejam criativos, mudem as regras, alterem situações. [...] alguns antropólogos e neurobiólogos argumentam que foi esse anseio por sentido que gerou a imaginação simbólica, o aparecimento da linguagem e o crescimento extraordinário do cérebro humano. (Zohar; Marshall, 2023, p. 18)

A inteligência existencial proposta por Gardner e a inteligência espiritual proposta por Zohar são conceitos relacionados, mas não exatamente a mesma coisa.

A inteligência existencial refere-se à capacidade de refletir sobre questões profundas e abstratas, como o sentido da vida, a morte, transcendência, a existência do universo e questões filosóficas.

A inteligência espiritual refere-se à capacidade de abordar questões sobre significado, propósito na vida e a capacidade de transcender crises e adversidades. Possui um foco mais prático em como essa inteligência pode ser aplicada para tomar decisões com base em valores profundos, ética e conexão com algo maior do que o "eu" individual.

Ambas as inteligências estão ligadas à reflexão sobre a condição humana, transcendência, busca por sentido e propósito além de conexão com algo maior que si mesmo.

Embora os conceitos compartilhem uma base comum, Zohar vai além e aponta a concentração das inteligências múltiplas em três estruturas principais que se fundamentam em diferentes estruturas e tipos de comunicação entre os neurônios.

O QI está associado às funções cognitivas racionais, como a resolução de problemas, o pensamento lógico e a análise crítica. Muitas dessas operações acontecem no lobo pré-frontal.

O QE se refere à capacidade de consideração e gerenciamento das emoções, o que é essencial para construir relacionamentos saudáveis e promover a colaboração. Aqui se destacam o sistema límbico e as amígdalas cerebrais.

O QS está ligado à comunicação e habilidade neural de integrar a razão e a emoção, promovendo um sentido e um propósito maior ao resultado dos fenômenos neurais, além de uma visão de mundo holística que prioriza o bem-estar coletivo e a sustentabilidade a longo prazo. Destaca-se em atividades no lobo parietal, mas não apenas. A QS gera um resultado maior do que a soma das partes do cérebro operando individualmente.

No contexto de DEI, a inteligência espiritual pode ser um benefício poderoso para transformar as dinâmicas comportamentais, incluindo o engajamento de lideranças, até então pouco abertas às pautas. Ela convida as pessoas a se conectarem conscientemente com seus valores mais profundos, fazerem revisão de suas atitudes e de suas certezas até aqui consolidadas, mitigando vieses inconscientes e promovendo um senso de propósito e pertencimento jamais trabalhado.

As características de uma pessoa com alta inteligência espiritual são:

1. **Autoconhecimento:** entende melhor suas próprias crenças e valores, bem como os fatores que a motivam e impactam em sua tomada de decisão;
2. **Espontaneidade criativa:** busca a conexão consigo próprio, afastando medos e receios, além de sentimento de culpa, e por isso vai além, cria segurança psicológica em si e nos que estão em sua volta;
3. **Idealismo:** age a partir de princípios e crenças e vive de acordo com seus propósitos;

4. **Holismo:** pensa de forma holística, considerando o todo, e não apenas uma parte ou aspecto, bem como tem sentimento de pertencimento;
5. **Compaixão:** tem uma profunda empatia, conectando-se com sentimentos e necessidades alheias, manifestando respeito e amor;
6. **Respeito à diversidade:** valoriza as pessoas, incluindo suas diferentes características, tendo consciência de suas individualidades, identidades e que são fontes de criatividade e aprendizado;
7. **Independência:** demonstra autonomia em relação à condução da própria vida, tendo a coragem de se colocar contra uma multidão para defender suas convicções;
8. **Curiosidade:** aprende ao longo da vida, pergunta os porquês, busca entender as coisas e chegar à profundidade delas;
9. **Adaptabilidade:** olha uma situação de diversos ângulos para ter uma visão mais ampla do contexto. Reconhece que ninguém sabe tudo;
10. **Foco:** percebe a complexidade da vida sem perder a capacidade de focar o essencial.

Lideranças espiritualmente inteligentes se transformam em pessoas aliadas muito ativas e que compreendem que a diversidade não é apenas uma questão legal, publicidade ou uma meta a ser alcançada, mas uma riqueza intrínseca que gera segurança psicológica, pertencimento, aumento da eficiência e da criatividade.

Elas se comprometem a criar espaços onde todas as pessoas possam prosperar, confirmando a interconectividade e incentivando práticas de inclusão que se baseiam na empatia e no respeito genuíno pelas diferenças. O resultado é a prosperidade e o crescimento da empresa e das pessoas que ali estão.

Um programa de desenvolvimento de pessoas que inclua a espiritualidade deve utilizar mecanismos da neurociência, processos de autoconhecimento e informações de múltiplas disciplinas para acelerar o desenvolvimento da inteligência espiritual.

Os avanços da neurociência na compreensão das diferentes formas de inteligências e processos de tomada de decisão seguem em evolução e têm oferecido novas ferramentas para desenvolver lideranças mais conscientes, seguras de si, sustentáveis, resultando em equipes mais colaborativas, criativas e eficientes.

REFERÊNCIAS BIBLIOGRÁFICAS

CARRARA, Paulo Sérgio. Espiritualidade e saúde na logoterapia de Victor Frankl. *Interações*, v. 11, n. 20, 2016. Disponível em: https://www.redalyc.org/journal/3130/313049300006/html/#:~:text=Resumo:%20Victor%20Frankl%20criou%20uma,coletiva%2C%20caracterizada%20pelo%20vazio%20existencial. Acessado em: 5 dez. 2024.

FRANKL, Victor. *A presença ignorada de Deus*. Petrópolis: Vozes/Sinodal, 1997.

FRANKL, Victor. *Em busca de sentido*. Petrópolis: Vozes/Sinodal, 2006.

GARDNER, Howard. *Frames of Mind*: A Theory of Multiple Intelligences. New York: Basic Books, 1983.

GARDNER, Howard. *Inteligência* — um conceito reformulado. 1. ed. Rio de Janeiro: Objetiva, 2000.

GOLEMAN, Daniel. *Emotional Intelligence*: Why It Can Matter More than IQ. New York: Bantam Books, 1995.

GARDNER, Howard. *Inteligências múltiplas:* a teoria na prática. 1. ed. Ed. Artes Médicas; 1 janeiro 1995).

INSTITUTO DE LONGEVIDADE. Ponto de Deus: conheça a área da inteligência espiritual no cérebro, 2023. Disponível em: https://institutodelongevidade.org/longevidade-e-comportamento/ponto-de-deus. Acessado em: 26 set. 2024.

ZOHAR, Danah; MARSHALL, Ian. *SQ: Inteligência espiritual*. 11. ed. Rio de Janeiro, Edições Viva Livros, 2023.

LILIAN RAULD

De nacionalidade chilena-espanhola, graduada em Ciências Políticas e Comunicação, gerente de sustentabilidade & ESG na Sodexo, com anos de experiência em empresas multinacionais em países como: Espanha, Estados Unidos, Chile e Brasil.

CAPÍTULO 38

O REFÚGIO E A CRISE CLIMÁTICA

LILIAN RAULD

A crise climática e o deslocamento de pessoas estão cada vez mais interligados. À medida que eventos climáticos extremos e condições ambientais pioram com o aquecimento global, eles contribuem para múltiplas crises, ameaçando os direitos humanos, aumentando a desigualdade social e a perda de meios de subsistência, tensionando as relações pacíficas entre comunidades e, em última análise, criando condições para mais deslocamentos forçados.

Os desastres naturais, como inundações, secas, ciclones e incêndios florestais, colocam em risco os direitos básicos das pessoas, incluindo o direito à vida, à segurança e à moradia. As comunidades mais vulneráveis são frequentemente as mais afetadas, exacerbando as desigualdades existentes. A destruição de infraestruturas e meios de subsistência devido a eventos climáticos extremos leva ao aumento da pobreza. Agricultores que perdem suas colheitas, pescadores que veem seus estoques de peixes diminuírem e trabalhadores que perdem seus empregos devido à destruição de fábricas e empresas são exemplos de como a crise climática pode empurrar mais pessoas para a pobreza. A degradação ambiental e a escassez de recursos naturais, como água e terras férteis, resultam na perda de meios de subsistência para muitas comunidades. Isso força as pessoas a abandonarem suas terras e buscarem novas oportunidades em outras regiões, muitas vezes sem sucesso. O deslocamento forçado pode levar a tensões entre as comunidades de origem e as comunidades receptoras. A competição por recursos escassos, como água, alimentos e empregos geram conflitos e aumentam a instabilidade social.

O tema do refúgio despertou meu profundo interesse em 2014, quando o mundo testemunhou grandes deslocamentos de pessoas na Europa, fugindo de guerras, perseguições políticas e crises econômicas devastadoras em seus países de origem. Cheguei ao Brasil em 2013, expatriada do Chile pela empresa onde trabalho atualmente. Um ano após minha chegada, ingressei na Fundação Getulio Vargas (FGV) para estudar Gestão Estratégica e Econômica de Recursos Humanos. Esse cenário global me motivou a investigar a situação dos refugiados no Brasil, especialmente no que diz respeito à sua integração no mercado de trabalho. Durante minha pesquisa, percebi a importância de abordar o tema de forma abrangente e desmistificar os preconceitos existentes. Assim, juntamente com dois acadêmicos da FGV, começamos a escrever um livro que visava disseminar conhecimento e esclarecer o tema do refúgio para pessoas e empresas. O livro foi lançado no Congresso Nacional sobre Gestão de Pessoas (CONARH) em 2019, com o objetivo de promover uma compreensão mais profunda e empática sobre a contratação de refugiados e imigrantes nas organizações brasileiras.

Hoje escrevo sobre refugiados sob uma nova perspectiva. Escrevo do ponto de vista do impacto climático, da sustentabilidade e da necessidade urgente de entender que o que acontece no meio ambiente (o "E" de *environmental* na sigla ESG ou A de ambiente) está diretamente relacionado com as pessoas (o "S" de Social na sigla ESG) e com nosso presente e futuro. Já não vemos movimentações apenas por causa de guerras ou perseguições políticas. Hoje, vemos deslocamentos forçados devido ao risco de países deixarem de existir, seja por inundações, secas prolongadas, terremotos, ciclones ou outras catástrofes naturais. As mudanças climáticas estão transformando o cenário global de migração, criando uma nova categoria de refugiados: os "deslocados climáticos".

Escrever sobre pessoas deslocadas sob a perspectiva do impacto climático e da sustentabilidade é reconhecer a complexidade e a urgência dessa crise. É entender que as mudanças no meio ambiente estão intrinsecamente ligadas ao bem-estar das pessoas, e que ações imediatas são necessárias para proteger nosso presente e o futuro das próximas gerações. Ao adotar uma abordagem empática e proativa, podemos criar um mundo mais justo e sustentável para todos.

O Relatório "Groundswell", publicado em 2021 pelo Banco Mundial, previa que as pessoas seriam forçadas a se mudar de suas regiões principalmente por escassez de água, diminuição da produtividade agrícola, temperaturas elevadas (estresse térmico), aumento do nível do mar e eventos climáticos extremos. Estimou-se que, até 2050, o número de pessoas obrigadas a deixar suas casas no mundo poderá chegar a 216 milhões — seria como se toda a população brasileira tivesse que se deslocar devido aos efeitos das mudanças climáticas.

Hoje o que vemos é uma consequência direta da crise climática, uma crise causada por nós, seres humanos, e pela degradação ambiental gradual. Exemplos reais incluem o Haiti, devastado por terremotos desde 2010, a Ilha Gardi Sugdub no Panamá, cujos habitantes tiveram que se deslocar para cidades vizinhas, e as ilhas do Pacífico, como Tuvalu e Kiribati, que estão sendo submersas pelo aumento do nível do mar. Bangladesh enfrenta inundações frequentes e ciclones devastadores. A Síria, além da guerra civil, sofre com secas severas que têm devastado a agricultura, forçando muitas famílias a deixarem suas terras em busca de sobrevivência. A região do Sahel na África, que inclui países como Mali, Níger e Chade, enfrenta desertificação acelerada e escassez de água, levando a conflitos por recursos e deslocamentos em massa. O arquipélago das Ilhas Maldivas está em risco de desaparecer devido ao aumento do nível do mar. Os habitantes das ilhas mais baixas já estão sendo realocados para áreas mais altas. A Califórnia, nos Estados Unidos, enfrenta incêndios florestais cada vez mais frequentes e intensos que têm forçado milhares de pessoas a evacuarem suas casas. Outro exemplo é Moçambique, devastado pelo ciclone Idai em 2019, que causou inundações massivas e destruiu comunidades inteiras, forçando milhares de pessoas a se deslocarem.

De acordo com dados da Organização Internacional para as Migrações (OIM), os deslocamentos provocados por catástrofes naturais e ambientais superaram, em 2023, as crises causadas por guerras. Esses deslocamentos forçados provocam traumas psicológicos significativos, sendo um dos impactos sociais mais graves. Precisamos entender que a tragédia pode ter origem ambiental, mas suas consequências vão muito além disso: desamparam e afetam a integridade moral, física e social de muitas pessoas.

Meus primeiros estudos nesta matéria me proporcionaram um profundo entendimento sobre o sofrimento das pessoas que são forçadas a abandonar seus lares, suas histórias de vida e suas famílias, em busca de liberdade e de uma nova chance de recomeçar em um lugar, livres de perseguições ou guerras. Hoje observo a mesma dor nas populações que enfrentam a dolorosa realidade de que, em breve, o país que as viu nascer pode deixar de existir.

Segundo dados da ACNUR (Alto Comissionado das Nações Unidas para os Refugiados), os desastres relacionados ao clima provocaram mais da metade dos novos deslocamentos relatados em 2022: "quase 60% dos refugiados e das pessoas deslocadas internamente vivem em países que estão entre os mais vulneráveis às alterações climáticas". Em 2023, o Brasil foi o sexto país que mais recebeu pessoas deslocadas por desastres naturais. Segundo a OIM, o país registrou 745 mil deslocamentos, atrás da China (4,7 milhões), Filipinas (2,5 milhões), Somália (2 milhões), Bangladesh (1,7 milhão) e Mianmar (995 mil). Isso destaca a gravidade da situação e a necessidade urgente de ações coordenadas para mitigar os impactos das mudanças climáticas.

É importante destacar que a Convenção de Refugiados no Brasil oferece proteção para pessoas que fogem de guerra, violência de conflitos ou perseguição e cruzaram uma fronteira internacional em busca de segurança. No entanto, a crise climática está criando uma categoria de deslocados que não se enquadram nessas definições tradicionais. Por isso, o ACNUR recomenda a terminologia "deslocados internos em razão das mudanças climáticas" em vez de "refugiados ambientais". Essa distinção é crucial para garantir que essas pessoas recebam a proteção e o apoio necessários.

É igualmente importante abordar a migração interna que ocorre dentro dos países, motivada principalmente por razões econômicas e desastres ecológicos. A migração interna refere-se ao movimento de pessoas dentro de um mesmo território, seja entre regiões, estados ou municípios. Segundo um estudo do Banco Mundial, 17 milhões de pessoas na América Latina se deslocarão dentro de seus próprios países até 2050.

Um exemplo lamentável dessa realidade é o ocorrido no Sul do Brasil em 2024, quando uma enchente devastadora, em maio, destruiu quase um terço do estado. Esse desastre natural forçou milhares de pessoas a se deslocarem para outros estados do Brasil, temendo enfrentar novamente uma situação semelhante.

Considerar essas situações e apoiar é de extrema importância para indivíduos e organizações. Como indivíduos, deve-se praticar a empatia, que é a capacidade de compreender e compartilhar os sentimentos que invadem os refugiados climáticos. Isso significa reconhecer as dificuldades e os traumas que essas pessoas enfrentam e responder com compaixão e apoio. E como empresas, com um papel crucial a desempenhar, liderando pelo exemplo, adotando práticas empresariais sustentáveis, reduzindo suas emissões de carbono e investindo em tecnologias verdes. Além disso, as empresas podem apoiar os refugiados climáticos através de programas de inclusão e diversidade, oferecendo oportunidades de emprego e integração social e contribuindo para reduzir os preconceitos existentes. É essencial que as empresas intensifiquem seus esforços para ajudar esses recém-chegados a se integrarem economicamente em suas novas comunidades, promovendo um ambiente inclusivo e acolhedor.

Algumas ações concretas que as empresas podem implementar para mitigar os impactos podem ser:

- Realizar contratação inclusiva, oferecendo oportunidades de emprego e integração econômica aos refugiados climáticos.
- Oferecer treinamento profissional e capacitação para refugiados, ajudando-os a adquirir habilidades necessárias para o mercado de trabalho.
- Adotar práticas sustentáveis que reduzam a pegada de carbono, como o uso de energias renováveis e a implementação de processos de produção mais limpos.
- Estabelecer parcerias e colaborações que trabalham com refugiados climáticos, fornecendo apoio financeiro e logístico.
- Desenvolver campanhas internas sobre a crise climática e a situação dos refugiados, educando os colaboradores sobre a importância da sustentabilidade e da inclusão.

- Incentivar programas de voluntariado que apoiem refugiados climáticos e iniciativas ambientais.
- Implementar projetos de responsabilidade social corporativa focados em sustentabilidade e apoio a refugiados climáticos, como a construção de abrigos sustentáveis e a criação de programas de integração social.
- Publicar relatórios de sustentabilidade que detalhem as ações da empresa em relação à crise climática e ao apoio aos refugiados.

Estudos da Fundação TENT indicam que a presença de refugiados ou imigrantes no quadro de colaboradores eleva a produtividade, o desempenho, o engajamento e a inovação. Além de criar ambientes de trabalho mais humanizados, respeitosos e solidários, as empresas também se beneficiam com maior visibilidade e uma reputação elevada em termos de responsabilidade social. Tudo se interconecta e se complementa, destacando o papel fundamental que todos desempenhamos nesse contexto.

Ao adotar essas ações, as empresas não apenas contribuem para a mitigação dos impactos da crise climática, mas também promovem a inclusão e o bem-estar dos refugiados climáticos, que representam uma das novas configurações sociais emergentes devido às mudanças climáticas, exigindo uma nova abordagem tanto das empresas quanto dos governos. É crucial que os tomadores de decisão, sejam eles do setor privado ou público, direcionem sua atenção para essas questões imediatamente. Esses esforços são cruciais para mitigar os impactos sociais e econômicos dos deslocamentos forçados e para promover um futuro mais sustentável e justo para todos.

REFERÊNCIAS BIBLIOGRÁFICAS

ACNUR, Agência da ONU para refugiados. ACNUR Brasil. Disponível em: https://www.acnur.org/br/. Acessado em: 6 dez. 2024.

CLIMAINFO. Desastres climáticos já geram mais refugiados que guerras e repressão, 15 de maio de 2024. Disponível em: https://climainfo.org.br/2024/05/15/desastres-climaticos-ja-geram-mais-refugiados-que-guerras-e-repressao/. Acessado: em 6 dez. 2024.

NAÇÕES UNIDAS NO BRASIL. Estudo do Banco Mundial alerta sobre "grande onda de migração interna" com crise do clima. 21 set. 2021. Disponível em: https://brasil.un.org/pt-br/145380-estudo-do-banco-mundial-alerta-sobre-%E2%80%9Cgrande-onda-de-migra%C3%A7%C3%A3o-interna%E2%80%9D-com-crise-do-clima. Acessado em: 17 fev. 2025.

NATIONAL GEOGRAPHIC. O que são refugiados climáticos?, 14 de maio de 2024. Disponível em: https://www.nationalgeographicbrasil.com/meio-ambiente/2024/04/o-que-sao-refugiados-climaticos#:~:text=Ainda%20segundo%20dados%20da%20ACNUR,%C3%A0s%20altera%C3%A7%C3%B5es%20clim%C3%A1ticas%E2%80%9D%2C%20informa. Acessado em: 6 dez. 2024.

OIM. Organización Internacional para las Migraciones. OIM, ONU, 25 de noviembre de 2024. Disponível em: https://www.iom.int/es. Acessado em: 6 dez. 2024.

TENT U.S. The Tent Partnership for Refugees. Disponível em: https://www.tent.org/us/. Acessado em: 6 dez. 2024.

CATARINA CESARINO

Assistente social, sanitarista, consultora em diversidade e inclusão e especialista na temática de pessoas egressas do sistema prisional. Coordenadora no Serviço de Verificação de Óbito de Salvador e representante técnica do Instituto Responsa na Bahia.

KARINE VIEIRA

Assistente social, consultora em diversidade e inclusão, especialista na temática de pessoas egressas do sistema prisional, fundadora e CEO do Instituto Responsa.

CAPÍTULO 39

PESSOAS EGRESSAS DO SISTEMA PRISIONAL

CATARINA CESARINO | KARINE VIEIRA

O mundo está avançando em termos de tecnologias, mas será que estamos avançando socialmente?

É notável o desenvolvimento tecnológico nas últimas décadas, entretanto, no que diz respeito ao avanço social, percebemos um compasso diferente. Embora a tecnologia consiga impulsionar desenvolvimentos sociais, o progresso não é uniforme e muitos entraves são encontrados, uma vez que a interação entre sociedade e tecnologia é bem complexa.

Por um lado, a tecnologia expande com muita velocidade, por outro, sistemas e máquinas substituem as pessoas e suas funções. É importante que não seja suprimida a necessidade nem diminuída a importância de avanços no trato e no cuidado com os seres humanos, e que a necessária existência dos seres humanos não se resuma à alienação.

Mas por que falar de tecnologia nesse contexto?

A resposta é simples! Entendemos que, se a tecnologia consegue avançar, a sociedade deve acompanhar isso.

É indispensável afirmar que, em relação à (re)integração de pessoas egressas do sistema prisional, a sociedade tem demonstrado pouca evolução, porém por meio da persistência de grupos envolvidos com a temática e da implementação de políticas públicas que visam à promoção da diversidade e inclusão, a discussão permanece ativa.

Ainda há muito que se falar a respeito da inclusão social de pessoas diante de suas diversidades. Refletir sobre os avanços tecnológicos, bem como o espaço que os seres humanos ocupam, é fundamental.

Quando falamos em inclusão social de pessoas egressas do sistema prisional, é importante registrar que a nossa abordagem não deve reduzi-las a vítimas, mas sim identificar as vulnerabilidades enfrentadas pelo público em questão, reconhecendo sua capacidade de transformação. Além disso, não podemos deixar de considerar os contextos sociais e suas histórias de superação, diante de suas trajetórias complexas e diversas.

Não obstante, falar de evolução social é compreender que os avanços devem seguir, também, em direção aos marginalizados, com o objetivo de equilibrar esse ecossistema.

Isso significa que focar essas questões auxilia na redução das desigualdades, corrigindo desequilíbrios históricos e promovendo a justiça social. Além disso, é uma responsabilidade coletiva, que promove um desenvolvimento sustentável e que se atrelam num compromisso comum.

No trabalho com pessoas egressas do sistema prisional, buscamos entender suas histórias, analisar suas vulnerabilidades e habilidades para construir, conjuntamente, o processo individual de inclusão, numa perspectiva socioeducativa.

A "correção" dessas pessoas está em apresentar a elas novas perspectivas, visando auxiliá-las na redefinição de suas identidades e, com isso, reconhecer os seus talentos, valorizando essas habilidades no processo de (re)integração social.

Nessa perspectiva, analisarmos o contexto familiar e social, explorando pontos importantes da vida, é de grande importância para o desenvolvimento de ações que visam à inclusão de pessoas egressas do sistema prisional, pois entendemos esse movimento como um ponto de partida para gerar proximidade e transformação, não só de pessoas egressas do sistema prisional, mas da sociedade como um todo.

Entretanto, reconhecemos que (re)integrar socialmente essas pessoas é um desafio que envolve indivíduo, comunidade e Estado e que se esbarra em uma série de obstáculos que envolvem estigmas e preconceitos, acessos limitados ou insuficientes, rede de apoio fragilizada, escassez de informação, questões legais e restritivas, círculos viciosos, além de problemas relacionados à saúde mental.

Quando falamos em dar oportunidades e incluir socialmente as pessoas egressas do sistema prisional, estamos ensejando algo valioso para a sociedade como um todo, começando pelo pilar da educação como fundamental para essa transição. Através de projetos e programas educacionais, é possível apoiar essas pessoas para aquisição de novas habilidades, aumentando suas chances na empregabilidade.

Quando citamos a importância da educação como instrumento de transformação, nos referimos ao desenvolvimento crítico que constrói e inclui. Um processo com metodologia avançada que busca a emancipação através da autonomia e do empoderamento de pessoas.

Essa técnica tem como objetivo promover a troca de experiências e saberes e fomentar o processo de conquista de conhecimento. Aqui, o fator preponderante é citar o modelo ideal, visto que nas escolas o controle social pode não ser um objetivo.

Nessa perspectiva, utilizamos a tecnologia como facilitadora no nosso cotidiano de trabalho com as pessoas que saíram do sistema prisional, entendendo como maior desafio a desconstrução de comportamentos dessas pessoas.

Atuamos numa perspectiva socioeducativa que visa à promoção de mudanças nessas estruturas comportamentais, como método para auxiliar na inclusão social e respeitando suas particularidades, entendendo que é impossível incluir as pessoas sem respeitar suas diversidades, sejam individuais, sejam coletivas.

É importante salientar que grupos e coletivos são diversos, e essa riqueza deve ser respeitada, pois apresentam panoramas e experiências diferentes, considerando a diversidade, equidade e inclusão como essenciais para que grupo ou coletivo represente sua causa importante e conteúdo relevante na conquista de espaços de fala e escuta.

Pensando nisso, é possível reunir questões sociais que permitem o levantamento de indicadores qualitativos e quantitativos, com os quais temos a possibilidade de pensar e elaborar propostas que atendam a grupos e coletivos que estão envolvidos e/ou representam a temática de pessoas egressas do sistema prisional, além daqueles que lutam por pautas semelhantes.

Visto o exposto, é mister pontuar, dentre as mazelas que interferem na vida das pessoas, a experiência do desemprego e da exclusão social, que marginaliza e causa grandes impactos nesses indicadores.

Esse preconceito socialmente construído estigmatiza as pessoas e dificulta as aproximações. Além da segregação social que limita o acesso aos serviços básicos, essas pessoas se deparam com as barreiras na contratação, o que pode gerar nelas um sentimento de desvalorização que afeta sua autoestima.

Além disso, para nós, é necessário gerar nessas pessoas os sentimentos de responsabilidade e pertencimento, os quais são capazes de produzir efeitos positivos, impactando a dinâmica social, causando engajamento, aumento de autoestima, solidariedade, desenvolvimento identitário e compromisso coletivo.

Pensando nisso, é crucial que se tenha foco no amparo psicossocial direcionado às pessoas egressas do sistema prisional, incentivando-as e permitindo-lhes lidar com as experiências da privação de liberdade, dos estigmas pós-cárcere e com outras vivências traumáticas, buscando a transformação e reconstrução de suas vidas. Além disso, políticas que incentivem a redução do estigma social podem auxiliar para um clima de inclusão e aceitação.

Entendendo a importância de dar visibilidade à temática de pessoas egressas do sistema prisional, é válido afirmar que é de responsabilidade do Estado a criação e aplicação de políticas públicas que favoreçam novas oportunidades para o público em questão. Vale citar programas de assistência à moradia, de saúde e de orientação jurídica, como determinantes para que essas pessoas possam se restabelecer.

No contexto da empregabilidade, entendemos que trabalhar age como a mola propulsora que proporciona estrutura, responsabilidade e propósito para as pessoas. Sendo assim, lutamos para garantir oportunidades de acesso ao mundo do trabalho para pessoas egressas do sistema prisional, como uma forma de permitir que tenham uma fonte de renda que motivará a diminuição significativa do risco de reincidência criminal e carcerária.

Além disso, oportunidades de trabalho e geração de renda permitem que essas pessoas se tornem mais independentes, desenvolvam suas habilidades e adquiram novos conhecimentos laborais. Possibilitam, também, que elas (re)construam sua identidade e autoestima, consigam adquirir estabilidade para o suprimento de necessidades básicas pessoais e familiares e para que, inclusive, sirvam de exemplos positivos para a comunidade.

Contribuir com a inclusão social e colaborar com a transformação da vida de pessoas egressas do sistema prisional é uma missão possível para todos, uma vez que a inclusão social é uma responsabilidade coletiva.

Existem diversas maneiras pelas quais a sociedade pode apoiar isso. Não é diferente no caso da inclusão social de pessoas egressas do sistema prisional, pois a coletividade exerce um papel essencial nessa transformação, que pode ser praticada através de ações que vão desde a promoção de diálogos sobre a temática até a propagação da cultura da empatia.

É possível, também, usar a tecnologia a nosso favor, pressupondo sua intervenção na mobilização social, no acesso à informação, abrangendo a diversidade, equidade e inclusão.

Para as pessoas egressas do sistema prisional, a tecnologia pode trazer diversas oportunidades e recursos que visam facilitar o acesso à nova realidade, seja através da educação e formação online ou até mesmo de acompanhamentos e mentorias virtuais, numa espécie de rede de suporte.

Fazendo referência às boas práticas, frisamos, mais uma vez, a importância do processo socioeducativo.

A socioeducação está elencada com a inserção, integração, inclusão e ensino. Refere-se a um conjunto de abordagens que promovem educação, desenvolvimento social e humano, em que podemos destacar o educar para o convívio social e para o trabalho, além de promover a inclusão, considerando as diferenças.

Esse processo socioeducativo a que tanto temos dado visibilidade nas nossas discussões deve envolver áreas de uma organização ou empresa, trazendo à compreensão que esta deve ser constituída por profissionais múltiplos, como assistentes sociais, psicólogos, pedagogos, advogados, gestores ou analistas de Recursos Humanos, médicos, enfermeiros, além de todos os profissionais que executam funções operacionais e administrativas, formando uma equipe multiprofissional e multidisciplinar.

O envolvimento de profissionais múltiplos possibilita a discussão ampliada e o olhar voltado para as demandas diante da realidade das pessoas. Além disso, a promoção do bem-estar e desenvolvimento de atividades, intervenções e ações que gerem conhecimento e levem à construção do pensamento crítico.

Dessa forma, é possível vislumbrar muitos resultados qualitativos, aumentando a eficácia de indicadores quantitativos.

Diante de tudo que foi exposto neste capítulo, compreendemos que falar sobre diversidade é discorrer sobre histórias, tratar realidades, falar sobre educação, debater sobre orientação sexual, identidade de gênero, faixa etária, raça e etnia, entre outros, reforçando a necessidade de incluir, visualizando a relação entre diversidade e inclusão como a junção perfeita.

Dissertar sobre o corpo e revelar sobre a mente é a interconexão como aspecto vital para promoção da diversidade e inclusão, reconhecendo essa relação como uma das garantias para o alcance de um ambiente de acolhimento e respeito.

Diante desse cenário, entende-se que a mudança é sempre possível, que a completude reside em ser quem somos e que os estigmas depositados sobre nós não nos definem. Essa é uma perspectiva poderosa, uma vez que ela tem um impacto social e pessoal necessário para o avanço que tanto almejamos.

REFERÊNCIAS BIBLIOGRÁFICAS

FOUCAULT, Michel. *Vigiar e punir*. Petrópolis: Vozes, 2014.

SANTOS, Talita Mara dos; SILVA, Luiz Carlos Avelino da. Os sujeitos egressos prisionais e o processo de (re)inserção social. *Psicologia em Revista*, Belo Horizonte, v. 23, n. 3, set./dez. 2017. Disponível em: https://pepsic.bvsalud.org/scielo.php?script=sci_arttext&pid=S1677-11682017000300012. Acessado em: 6 dez. 2024.

TOLEDO, Isadora d'Ávila; KEMP, Valéria Heloísa; MACHADO, Marília Novais da Mata. Os sentidos do trabalho para egressos do sistema prisional inseridos no mercado formal de trabalho. São Paulo: *Cadernos de Psicologia Social do Trabalho*, São Paulo, v. 17, n. 1, jun. 2014. Disponível em: https://pepsic.bvsalud.org/scielo.php?script=sci_arttext&pid=S1516-37172014000200007. Acessado em: 6 dez. 2024.

MELINA "MELU" LÓPEZ

É experta em equidade e Marketing, atua no Google desde 2013 em três países. Criadora e produtora executiva do premiado podcast "Ouça Mais Alto", seu trabalho com a comunidade gorda e trans é reconhecido no corporativo e no ativismo.

CAPÍTULO 40

LUTANDO CONTRA A GORDOFOBIA: POR UMA EMANCIPAÇÃO CORPORAL

MELINA "MELU" LÓPEZ

As pessoas querem perder peso porque
acreditam que isso melhorará suas vidas.
Você sabe o que mais faria isso?
Eliminar a gordofobia!
Então, por que não tem mais histórias sobre isso?
Tigress Osborn

Eu fui uma dessas crianças que cresceram nos anos 1990 e se tornaram pré-adolescentes ouvindo Britney Spears e Christina Aguilera, com suas barrigas à mostra e piercings no umbigo. Mas, bem antes de conhecer a música das minhas ídolas, conheci as dietas. Com nove anos, no intuito de cuidar de mim, e por acharem que eu estava *gordita* demais para a minha idade, minha família me colocou numa dieta. Depois de alguns meses em que precisei contar calorias, abolir o pão com manteiga e cortar o consumo de massas, virei, finalmente, uma criança magra o suficiente e que enfim poderia parar de fazer dieta. Depois disso tudo, ficou a incógnita: eu emagreci porque cresci ou porque evitar o *dulce de leche* funcionou? O certo é que minha cabeça ficou tomada por um pensamento: o que aconteceu com todas as meninas que, apesar de fazerem dieta, não tiveram o mesmo desenlace em suas histórias?

Mais tarde, me chamou a atenção o quanto as minhas amigas e familiares relatavam estar "se cuidando" enquanto restringiam fortemente a alimentação. Não é à toa que a Argentina se mantém entre os top três países com mais transtornos alimentares no mundo, quase sempre depois do Japão (sim, o Japão!). Ter vindo ao Brasil me trouxe uma liberdade enorme ao me deparar com a diversidade corporal, étnica e de gêneros que tem por aqui. No entanto, ao ouvir ativistas gordos e criadores de conteúdo articulando tão claramente os problemas da gordofobia no próprio território brasileiro, percebi que esse não é apenas um problema argentino ou mesmo estadunidense. A gordofobia está em todos os cantos do nosso mundo e nos prejudica coletivamente. Existe uma razão pela qual crianças de menos de cinco anos já reconhecem que ser uma pessoa gorda é considerado pior. Elas sabem disso da mesma forma que entendem que ser uma pessoa negra ou ser uma menina é algo que vem carregado de desvantagens na sociedade.

Escrevo este capítulo porque, de onde eu vim, a gordofobia é uma das principais causas de discriminação testemunhada e sofrida —, mas, sim, esse é um fenômeno global. Escrevo também porque precisamos começar a nomear a gordofobia como o que ela é: mais um tipo de opressão que vivemos na nossa sociedade, assim como o racismo, o machismo, a LGBTQfobia ou o capacitismo. Escrevo, sobretudo, para que crianças consideradas "gordinhas demais" possam crescer com liberdade.

O QUE É A GORDOFOBIA (E POR QUE EU ACHO QUE NÃO A ENTENDEMOS COMO UMA OPRESSÃO)

A gordofobia é um sistema de opressão que exclui as pessoas pelo seu tamanho. É uma forma invasiva e insidiosa de discriminação que nega direitos, saúde, vestimentas, bem-estar, relações amorosas e sociais ou acomodação no espaço público.

Mas o efeito da gordofobia não é igual para todo mundo. A ativista britânica Dra. Charlotte Cooper aponta que um dos efeitos dessa opressão é atuar como forma de controle social, regulando os corpos, particularmente os das mulheres — e é especialmente forte com pessoas gordas de gêneros sub-representados. Embora a maioria das mulheres e das pessoas de gêneros dissidentes sofra pressões sociais como efeito da gordofobia, são as pessoas consideradas socialmente gordas quem de fato mais sofrem essa forma de preconceito. Há, sim, um alvo para a exclusão.

Nesse sentido, comentar "me sinto gorda porque comi algo gorduroso", por exemplo, não é uma visão completa dos efeitos da gordofobia. Ser gordo/a não é um sentimento, é uma realidade que priva pessoas de direitos.

A gordofobia também é racializada. A Dra. Sabrina Strings argumenta que as origens da gordofobia estão ancoradas no ideal corporal europeu, e que a gordofobia tem sido, historicamente, um grande instrumento de controle dos corpos negros.

Existem diversas dificuldades para entender a gordofobia como uma opressão de igual importância a outros sistemas que nós, estrategistas do pertencimento e da equidade, já temos entendido que afetam a sociedade:

- Entende-se que uma pessoa é gorda porque ela, individualmente, tem fracassado, sido desleixada ou carente de autocontrole. Muitas pessoas desta comunidade têm gordofobia internalizada, o que faz com que elas mesmas busquem emagrecer para deixar de ser gordas. É algo que torna a discussão atomizada, não vista como um fenômeno social (e aparentemente solucionável) em que um coletivo sofre violências.
- As violências gordofóbicas muitas vezes vêm cobertas com um pano de carinho e preocupação e não são explícitas. "Eu falo isso pelo seu bem" é uma frase repetida dentro dos lares onde se reproduzem estereótipos lesivos.
- O próprio discurso médico também discrimina pessoas gordas. Cientificamente, a chance de uma mulher considerada "obesa" chegar a um peso "normal" é de apenas 0,08% (Hobbes, 2018). Também sabemos que ter oscilações de peso aumenta o risco cardiovascular. Há pessoas gordas com saúde precária, mas o mesmo pode ser dito de pessoas magras. No entanto, o discurso médico frequentemente patologiza as pessoas gordas e reproduz violências que dificultam seu acesso ao sistema de saúde — um afastamento que vem do medo de constrangimentos diversos.

COMO A GORDOFOBIA SE MANIFESTA

NO DISCURSO

A própria palavra *gorda/o* como substantivo carrega uma carga pejorativa, apesar de apenas descrever um tipo de corporalidade, e é comum vermos eufemismos sendo usados em seu lugar (gordinha, grande etc.). Também é muito comum ouvirmos linguagem bélica e de superação sobre pessoas gordas. Expressões como "ela/ele *luta* contra seu peso", ou "venceu a gordura", são comuns. Isso também é conhecido como *inspiration porn.*

NA CULTURA E NA REPRESENTATIVIDADE

Dentre todas as identidades, pessoas gordas estão entre as menos representadas nas mídias de comunicação e em produtos culturais. São inúmeros os casos de modelos ou atrizes tachadas como *plus size* que, na verdade, são pessoas magras (apenas não tão magras quanto outras modelos ainda menores). Mas quando de fato elas são representadas, caem em estereótipos negativos. Podemos pensar em exemplos como o do chefe de polícia da série animada "Os Simpsons", o Wiggum, que é incompetente; ou a Barb de "Stranger Things", que é amiga da protagonista magra e tem um final trágico. Outro clássico é a Monica, de "Friends", constante alvo de piadas e sem valor romântico até emagrecer, ou a própria Úrsula de "A Pequena Sereia", a vilã na história da protagonista magra. Embora tenha tido uma melhora nos últimos anos em séries como "Euphoria", o problema ainda persiste.

NO TRABALHO

Uma pesquisa do Grupo Catho (Exame, 2021) revelou que 65% dos presidentes e diretores de empresas hesitam em contratar pessoas gordas. Também o Mapeamento da Gordofobia (Rezende, 2022) mostrou que 56,1% dos seus entrevistados têm dificuldade em achar ou vestir os uniformes das empresas. O conhecido "vestir a camisa da empresa" nem sempre é simples para pessoas gordas. O estudo da Catho também constatou que profissionais com maior IMC recebem salários menores, chegando a uma perda de 92 reais por mês para cada ponto a mais no índice. Sem autoestima ou conforto e enfrentando a desconfiança da liderança nas suas capacidades, as pessoas gordas têm sua entrada e permanência no mercado muito mais dificultosa do que seus pares magros.

Como se isso fosse pouco, a brecha de gênero se agrava com a gordofobia. Nos EUA, já foi comprovado que a discriminação salarial contra mulheres gordas pode chegar a uma diferença de até 9 mil dólares por ano (The Guardian, 2014).

NO ESPAÇO PÚBLICO E NO CONSUMO

São inúmeros os espaços que não acomodam pessoas maiores. Alguns exemplos são cadeiras em teatros, universidades, restaurantes e cinemas, poltronas de avião ou ônibus, além de portas, cabines de banheiro, corredores e fileiras sem espaço ou largura suficiente para a passagem. No ambiente médico, macas e aparelhos de ressonância magnética são estreitos. E mesmo dentro da comunidade gorda, as pessoas maiores sofrem mais os efeitos da exclusão.

E não acaba aí, porque alguns espaços se tornam cultural e simbolicamente inacessíveis. É difícil, por exemplo, comprar roupas da moda no próprio tamanho, ir a um restaurante sem enfrentar olhares julgadores pelas escolhas do cardápio ou aproveitar um dia de praia ou piscina com liberdade.

O QUE VOCÊ PODE FAZER PARA NÃO REPRODUZIR GORDOFOBIA

Se você faz parte deste mundo e do mercado de trabalho:

- Não comente sobre corpos alheios e não assuma saber o estado de saúde de uma pessoa apenas pelo tamanho dela.
- Se testemunhar atos de gordofobia, intervenha.
- Evite usar eufemismos sobre a gordura, como: "gordinha" ou "maiorzinha".
- Tenha um olhar crítico sobre nossa própria cultura, o que consumimos e nossas atrações afetivo-sexuais.
- Não presuma que pessoas gordas querem reduzir seu peso, são infelizes ou têm saúde ruim por serem gordas.
- Lembre-se de que a gordofobia também é interseccional, e que pessoas de gêneros e/ou raças subrepresentadas vivem violências gordofóbicas combinadas com racismo, machismo, transfobia, xenofobia etc.

Se você é gerente em uma organização:

- Contrate pessoas gordas: tem muita gente brilhante à espera de uma oportunidade. Certifique-se de que estão recebendo um salário justo e equitativo.

- Analise os potenciais vieses inconscientes sobre essas pessoas para que não ocorram injustiças em avaliações — nem na convivência com elas.
- Não assuma que o tamanho da pessoa é o principal problema ou mágoa na sua vida, mas se posicione se você testemunhar essa pessoa vivendo violências.
- Considere que seu colaborador/a pode precisar de acomodações de acessibilidade (cadeiras de trabalho ou um segundo assento em voos para viagens a trabalho).
- Forneça uniformes com tamanho adequado para todos.

Se você possui poder de influência ou voto em espaços que garantem acessibilidade:

- Lembre-se de que cadeiras estreitas e/ou com apoio de braços impedem pessoas gordas de se sentarem confortavelmente. Tenha uma porção mínima de cadeiras sem apoio de braços e que suportam pesos maiores.
- Nos refeitórios ou em espaços de ócio comunal, deixe espaços de passagem confortáveis para pessoas maiores.

Se você é produtor/a de eventos, audiovisual, marketing ou conteúdo:

- Esforce-se para mostrar e representar pessoas que são gordas de fato, e não apenas de tamanho médio. Policie-se para que as pessoas gordas representadas não sejam apenas brancas, hétero e cis.
- Para eventos, reserve alguns assentos sem apoio de braços e largos para pessoas maiores. Considere colocar mais espaço entre as fileiras para que pessoas maiores tenham como transitar sem constrangimento.
- Para discursos e palestras, não crie conteúdo pesocêntrico. Não faça piadas depreciativas sobre ganho de peso ou sobre quaisquer características físicas de uma pessoa. Mostre pessoas gordas vivendo um leque amplo de situações: sim, pode ser se exercitando (sem uma expressão de sofrimento), mas também aproveitando um jantar com colegas.
- Se estiver impulsionando conteúdo ou contratando influenciadores, considere contratar criadores menos conhecidos. Sua marca pode

fazer uma diferença no crescimento de novas vozes que possam amplificar uma representatividade positiva.

Reflita sempre: como podemos contribuir com o fim da gordofobia e para a liberação de todas as pessoas que habitam corpos de diferentes tamanhos?

REFERÊNCIAS BIBLIOGRÁFICAS

COLECTIVO DE GORDES ACTIVISTAS. Guía Gorda, 2021. Disponível em: https://drive.google.com/file/d/1ElP1lwlk1kTemseW16Ey7sBlSWDyNgns/view. Acessado em: 22 set. 2024.

CONTRERA, Laura; CUELLO, Nicolas. *Cuerpos sin Patrones*: Resistencias desde las geografías desmesuradas de la carne. 1. ed. Buenos Aires: Madreselva, 2016.

COOPER, Charlotte. *Fat Activism:* A radical social movement. 2. ed. Bristol: HammerOn Press, 2021.

EXAME. Gordofobia? 65% dos executivos preferem não contratar pessoas obesas. 2021. Disponível em: https://exame.com/carreira/gordofobia-65-dos-executivos-preferem-nao-contratar-pessoas-obesas/. Acessado em: 6 dez. 2024.

GURGEL, Alexandra. *Pare de se odiar:* porque amar o próprio corpo é um ato revolucionário. 3. ed. Rio de Janeiro: BestSeller, 2018.

HARPER, Da'Shaun L. *Belly of the Beast*: The Politics of Anti-Fatness as Anti-Blackness. Chico: AK Press, 2021.

HOBBES, M. Everything You Know About Obesity Is Wrong (Tudo que você acha sobre obesidade está errado), 2018. Disponível em: https://highline.huffingtonpost.com/articles/en/everything-you-know-about-obesity-is-wrong/ Acesso em: 19 out. 2022.

NADA QUE PERDER. Locução de: Laura Contrera e Nicolás Cuello. Podcast. Disponível em: https://open.spotify.com/show/17GH1KbjnRNtmC2OBgsdpq. Acessado em: 18 out. 2024.

REZENDE, Thamiris. Mapeamento da Gordofobia no Brasil. 2022. Disponível em: https://drive.google.com/file/d/1HKQvSxS3bsyTJ8YqLWm73KfIQs6ZFxFX/view. Acessado em: 18 out. 2024.

STRINGS, Sabrina. *Fearing the Black Body:* The Racial Origins of Fat Phobia. New York: New York University Press, 2019.

THE GUARDIAN. For women, being 13 pounds overweight means losing $9,000 a year in salary (Para as mulheres, estar 13 libras acima do peso significa perder US$ 9.000 por ano em salário). 2014. Disponível em: https://www.theguardian.com/money/us-money-blog/2014/oct/30/women=-pay-get-thin-study#:~:text-If%20you%20are%20deemed%20to,those%20who%20were%20merely%20average. Acessado em: 18 out. 2024.

TOVAR, Virgie. *Meu corpo, minhas medidas*. 1. ed. São Paulo: Primavera, 2018.

FONTES Adobe Garamond Pro, Helvetica Neue
PAPEL Pólen Bold 70g
IMPRESSÃO Santa Marta

FSC
www.fsc.org
MISTO
Papel | Apoiando o manejo florestal responsável
FSC® C005648